Mes aventures pendant la fin de la guerre

Un récit de naufrage, de captivité, d'évasion des prisons françaises et de service en mer en 1804-14

Donat Henchy O'Brien

(Editeur : Charles Oman)

Writat

Cette édition parue en 2024

ISBN : 9789359941844

Publié par
Writat
email : info@writat.com

Contenu

PRÉFACE

Alors que j'étais engagé, au cours des dix dernières années, dans la tâche de maîtriser les autorités originales de l'histoire des guerres napoléoniennes, j'ai dû parcourir de nombreux journaux, autobiographies et journaux des officiers militaires et navals britanniques qui ont été engagés dans le grand lutte. Ils varient, bien entendu, en termes d'intérêt et d'importance, de valeur littéraire et de puissance de présentation vivante des événements. Mais ils ont ceci de commun qu'ils sont presque tous très difficiles à se procurer. Très peu ont été réimprimés ; en effet, je crois que les livres de Lord Dundonald, Kincaid, John Shipp, Gleig et Mercer sont à peu près les seuls qui aient connu une seconde édition. Pourtant, il en existe bien d'autres qui contiennent des sujets du plus haut intérêt, non seulement pour l'étudiant en histoire, mais pour tout lecteur intelligent. Parmi ceux-ci, j'en ai sélectionné dix ou une douzaine qui me semblent mériter d'être réédités.

Parmi ceux-ci se trouve le présent volume, le récit des trois évasions de Donat O'Brien de la captivité française et de ses services ultérieurs en Méditerranée au cours des dernières années de la grande guerre française. J'imagine qu'aucun prisonnier - sans compter le baron Trenck lui-même - n'a jamais fait *trois* courses aussi désespérées pour la liberté que cet entreprenant aspirant irlandais. Il est heureux qu'il ait trouvé le loisir et l'habileté de raconter toutes ses aventures. Il avait un talent pour la description minutieuse, une mémoire merveilleuse et une façon humoristique de regarder le monde qui rappellera au lecteur l'esprit des héros navals du capitaine Marryat.

Il n'est pas, je pense, généralement connu que les évasions d'O'Brien aient réellement suggéré à Marryat une grande partie de l'intrigue de l'un de ses livres les plus connus, *Peter Simple* . Dans cet excellent roman, le narrateur (on s'en souvient) s'échappe en réalité de Givet en compagnie d'un officier de marine irlandais et court cent périls avant de se mettre en sécurité. C'était une étrange liberté à prendre avec un camarade vivant, que Marryat nomme en fait le camarade *de Peter Simple*, O'Brien, et utilise de nombreuses touches des aventures du véritable Donat pour rendre son histoire vivante. Finalement, le fictif O'Brien joue un grand rôle dans l'histoire et épouse la sœur du héros. Ce que le capitaine à la retraite a pensé ou dit en se trouvant ainsi généreusement traité dans un roman n'est pas enregistré. Mais j'imagine qu'il a dû considérer comme difficile que *Peter Simple* soit réimprimé une trentaine de fois, alors que son livre le plus intéressant n'a jamais connu de deuxième édition.

C'est désormais très rare : en dix ans de fouilles systématiques chez les libraires d'occasion, en quête d'autobiographies militaires et navales anciennes, je ne suis tombé que sur trois exemplaires de l'ouvrage. J'espère que grâce à cette édition, il pourra être ramené une fois de plus à la connaissance de tous.

Le lecteur y trouvera une étude des plus merveilleuses sur la vie d'un homme traqué, « une sorte de Nabuchodonosor vivant de tiges de choux », comme se qualifie lui-même O'Brien, lors de sa misérable tapie dans les falaises des Vosges. Presque aussi intéressante est l'esquisse de la triste existence des milliers de prisonniers britanniques « réfractaires » dans les *souterrains* de la forteresse rocheuse de Bitche. Les écrivains français ont souvent dénoncé les pontons de Portsmouth, sur lesquels tant de leurs compatriotes étaient obligés de s'arrêter. Mais ils se comparent favorablement aux cachots souterrains dans lesquels Napoléon a enfermé O'Brien et de nombreux autres marins britanniques. Le court récit de la vie à Verdun contraste fortement avec cette partie de l'histoire, où les *détenus* en liberté conditionnelle semblent avoir eu autant, et même plus, de liberté qu'il n'était bon pour eux. Les tables de roulette et les courses étaient un luxe démoralisant pour les hommes souffrant d'oisiveté forcée. À partir d'autres sections du récit d'O'Brien, le lecteur peut obtenir de curieux éclairages secondaires sur de nombreux aspects du *régime napoléonien* en France : l'omniprésence du *gendarme* et de sa proie naturelle, le conscrit en fuite, la vie nue et sordide de la paysannerie, la éloignement entre la caste militaire et la *bourgeoisie* . Il y a aussi des aperçus de l'Allemagne pendant l'existence du *Rheinbund* , lorsque le peuple était uni dans une sorte de conspiration tacite contre les gouvernements qui s'étaient fait les instruments de Bonaparte. Les derniers chapitres ne sont pas des moins intéressants, dans lesquels O'Brien, enfin libre, nous montre comment l'ascendant naval britannique se maintenait dans l'Adriatique et nous aide à réaliser la vérité du dicton selon lequel « partout où un bateau pouvait flotter, la puissance de Bonaparte se trouvait sa limite. » Ce n'est pas pour rien qu'il se dit roi d'Italie, annexe la Dalmatie et l'Illyrie et établit son beau-frère à Naples : trois ou quatre frégates britanniques, basées sur l'île forte de Lissa, dominent toute la côte, saccagent chaque l'estuaire et détruisit toute la force navale envoyée contre eux, même si, sur le papier, elle représentait deux fois leur propre force. La bataille de Hoste du 13 mars 1811 fut, en ce qui concerne la simple disparité des chiffres, une victoire qui peut être comparée à celle de Saint-Vincent parmi toute la longue liste des succès maritimes britanniques.

J'ai osé couper court au récit d'O'Brien sur la fin de la guerre napoléonienne. Il n'allait pas plus loin dans sa première ébauche, qui (comme je l'ai indiqué dans la note biographique suivante) fut rédigée avant 1815. Lorsqu'il publia son livre en deux volumes, en 1839, il joignit à son récit de la captivité et du service naval trois de longs chapitres, détaillant ses visites et randonnées en Angleterre et en Irlande au cours de ses années d'âge mûr, sa croisière au Brésil et au Chili en 1818-21, et sa tournée continentale avec sa femme en 1827. Dans ces 150 pages il y a si peu de matière pour intéresser soit l'étudiant en histoire, soit le lecteur général, j'ai pensé qu'il était bon de les omettre. Pour O'Brien, comme pour tant d'autres soldats et marins britanniques, « la joie d'une vie mouvementée » a pris fin en 1815.

Pour cette excision, et pour certaines autres petites coupures, je crois pouvoir faire appel en toute conscience au pardon que les éditeurs ont coutume de demander.

C.OMAN.

OXFORD , *septembre 1902* .

BIOGRAPHIE DE L'AUTEUR

DONAT HENCHY O'BRIEN est né dans le comté de Clare au cours du mois de mars 1785. De ses étranges combinaisons de noms, le premier était celui commun dans le sept des O'Briens depuis les premiers âges : il n'a rien à voir avec St. Donatus, comme pourrait le supposer le lecteur occasionnel, mais représente le vieux Erse Donough ou Donoght. [1] Son deuxième nom vient de sa mère, une Miss Henchy, sœur du conseiller Fitz-Gibbon Henchy, un avocat de Dublin ayant une certaine réputation à son époque. À propos du père de Donat, nous ne trouvons rien de plus dans *la biographie navale d'O'Byrne* que la déclaration typiquement hibernienne selon laquelle « il descendait de l'un des anciens monarques d'Irlande ».

Donat O'Brien entra dans la marine le 16 décembre 1796, alors qu'il n'avait que onze ans, encore plus jeune que la moyenne des aspirants de ces jours difficiles. Apparemment, il devait son introduction au service au capitaine (plus tard contre-amiral) Edward Walpole Brown, qu'il qualifie de « son premier patron ». Son premier navire fut l' *Overyssel* (64), un navire de bataille hollandais qui avait été saisi dans le port de Cork en 1795, où il se trouvait lorsque la Hollande fut contrainte de céder à la France et de devenir son allié inféodé. Sur ce navire, il servit pendant trois ans, sous les ordres des capitaines Young et Bazely, principalement dans l'escadre de la mer du Nord. Il fut présent en elle lors de la capitulation de la flotte hollandaise à Texel le 30 août 1799, pendant la vaine campagne du duc d'York. Plus tard dans la même année, l' *Overyssel* fut engagé dans le blocus de trois navires de guerre hollandais qui s'étaient précipités dans le port de Goeree. Alors qu'il était responsable d'un vieux navire marchand, qui devait être coulé à l'entrée du port, pour enfermer plus efficacement les fugitifs, O'Brien courait un grand péril. Le navire fut renversé par un coup de vent soudain, et il échappa de justesse à la noyade, étant sauvé au dernier moment par un bateau du coupeur *Lion* .

De l' *Overyssel* O'Brien passa en décembre 1801 au *Beschermer* (54), autre prise hollandaise, [2] commandée par le capitaine Alexander Frazer. Il n'y resta que quelques mois, car elle était en détention ordinaire à Chatham lorsque les longues négociations pour un accommodement avec la France parurent se terminer avec succès. Au printemps 1802, lorsque la paix d'Amiens fut signée, O'Brien s'embarqua sur l' *Amphion* , une frégate de 32 canons, où il eut de nouveau le capitaine Frazer comme chef. Pendant la courte suspension des hostilités, la frégate naviguait d'abord dans les eaux britanniques pour réprimer la contrebande, puis s'engageait dans une courte croisière vers Lisbonne.

En janvier 1803, O'Brien accomplit ses six années de service comme aspirant et se rendit à Londres pour passer son examen de lieutenant. Ceci étant accompli avec succès, il retourna pendant une courte période à l' *Amphion* , mais fut transféré quelques mois plus tard, en tant que second, au *Hussar* , une nouvelle frégate de 38 canons commandée par le capitaine Philip Wilkinson.

Le nom *Hussar* porte malheur : le dernier navire qui en portait le nom, une frégate de 28 canons, avait fait naufrage au large des côtes françaises le 27 décembre 1796, la plus grande partie de son équipage étant faite prisonnière. Son successeur devait connaître exactement le même sort moins d'un an après sa mise en service. Elle quitta Spithead en mai 1803, immédiatement après la rupture de la paix d'Amiens, et naviguait dans l'Atlantique Nord et dans le golfe de Gascogne pendant les premiers mois de la guerre. Au cours de l'hiver, le *Hussar* reçut l'ordre de rejoindre l'escadron de Sir Edward Pellew au large des côtes espagnoles et se trouvait avec lui dans la baie d'Ares, près de Ferrol, lorsqu'il reçut l'ordre de rentrer chez lui avec des dépêches. Le capitaine Wilkinson fut chargé de communiquer en route avec la flotte de la Manche, stationnée au large du cap Finisterre, sous les ordres de l'amiral Cornwallis, engagée dans le blocus de Brest. C'est ce détournement vers les eaux françaises qui causa la perte du *Hussar* . Le 8 février 1804, il s'échoue sur les rochers *des Saintes* et devient une véritable épave. La majorité de l'équipage a eu du mal à débarquer et est tombée entre les mains des Français.

Ici commence le propre récit de Donat O'Brien. On peut le laisser raconter ses propres malheurs et aventures de février 1804 à octobre 1813. Il suffit de dire qu'il fut prisonnier à Givet du 28 mars au 16 juillet 1804. Il fut ensuite transféré à Verdun, où il reposa. interné jusqu'en août 1807, date à laquelle il fit son premier élan vers la liberté en compagnie de trois autres officiers de marine, le lieutenant Essel et deux aspirants nommés Ashworth et Tuthill. Après avoir traversé d'innombrables dangers jusqu'à Étaples sur la côte picarde, ils furent saisis par les *douaniers* alors qu'ils étaient en vue de la mer et des croiseurs anglais dans la Manche. Leur statut étant bientôt découvert, ils furent renvoyés en prison, après une Odyssée qui dura du 28 août au 18 septembre 1807.

Après la reconquête, O'Brien et ses compagnons furent enfermés dans le fort de Bitche, une sombre forteresse des Vosges, réservée aux prisonniers de guerre réfractaires ou indésirables. Tandis qu'ils s'y rendaient, escortés par *des gendarmes à cheval* , les prisonniers eurent une chance de s'échapper : ils se précipitèrent brusquement vers un bois voisin et coururent pour sauver leur vie. Dans leur fuite, ils se perdirent bientôt de vue et, tandis que les autres étaient repris, O'Brien s'enfuit. Il se dirigea vers la frontière neutre la plus proche, celle de l'Autriche, et faillit atteindre son but. Après avoir traversé le

Rhin, traversé la Forêt-Noire et travaillé loin en Bavière, il fut arrêté pour suspicion à Lindau, sur le lac de Constance. On découvrit bientôt qu'il s'agissait d'un prisonnier anglais évadé et le gouvernement bavarois le renvoya sous escorte en France. Sa deuxième vaine tentative d'évasion avait couvert la période du 15 novembre au 30 novembre 1807.

Ses deux efforts désespérés pour la liberté ont assuré à O'Brien une place dans la casemate souterraine la plus misérable de Bitche. Néanmoins, après un an de captivité, ce second intrépide s'échappa une fois de plus, cette fois en compagnie d'un aspirant nommé Hewson, d'un officier dragon nommé Batley et d'un chirurgien nommé Barklimore. Après avoir construit une corde, ils descendirent des trois murs concentriques de Bitche, d'une hauteur totale de 200 pieds, et s'enfuirent.

Cette fois, la fortune était avec O'Brien. Lui et deux de ses compagnons (le troisième, le capitaine Batley, tomba malade à Rastadt et dut être laissé sur place) traversèrent en toute sécurité l'Allemagne du Sud et atteignirent la frontière autrichienne à quelques kilomètres de Salzbourg. Les autorités locales ont poliment acquiescé à une fiction transparente par laquelle les fugitifs prétendaient être des Américains et leur ont permis de se rendre à Trieste, où ils ont été récupérés par un bateau de l' *Amphion* , l'un des anciens navires d'O'Brien. Le troisième voyage de cet homme qui a beaucoup voyagé dura du 15 septembre au 7 novembre 1808.

Nous n'avons pas besoin de nous attarder sur son service en Méditerranée sur l' *Amphion* , *le Warrior* et *la Bacchante* . Il suffit de dire qu'il devint lieutenant le 29 mars 1809 et fut promu au grade de commandant le 22 janvier 1813. Il avait fait beaucoup de service au cours de ces quatre années et avait été grièvement blessé lors d'une tentative infructueuse de monter à bord et capturer un *trabaccolo* vénitien au large de Trieste. L'action la plus importante dans laquelle il fut engagé fut la victoire du commodore Hoste au large de Lissa le 13 mars 1811.

Promu au grade de commandant, O'Brien dut retourner en Angleterre, aucun navire n'étant disponible pour lui en Méditerranée. Il arriva à Portsmouth le 4 octobre 1813 et prit pendant quelques mois des vacances bien méritées. Il espérait servir contre les Américains, mais les temps n'étaient pas propices. Les guerres napoléonienne et américaine touchaient à leur fin et, comme tant d'autres hommes navals et militaires énergiques, O'Brien se retrouva mis à la demi-solde en 1814.

Il n'eut plus qu'un tour de service à flot, aux commandes du *Slaney* , un sloop de 20 canons, qui croisa sur la station sud-américaine de 1818 à 1821. Le reste de sa vie, il n'avait encore que trente-six ans. - a été mis à la retraite forcée :

dans les années trente et quarante, la marine était maintenue à un niveau bas et il y avait peu de perspectives de travail pour le capitaine à demi-solde.

Le 28 juin 1825, O'Brien épousa Hannah, la plus jeune fille de John Walmsley de Castle Mere, Lancashire, dont il devint le père d'une famille nombreuse, sept enfants en tout. Deux ans après, il emmena sa femme faire un long tour dans le nord de la France, pour lui montrer les lieux de ses emprisonnements et de ses évasions. C'est cette revisitation de scènes anciennes qui l'a poussé à écrire le livre que nous avons ici réimprimé. Mais il ne le publia qu'en 1839, date à laquelle il parut, dédié avec autorisation à la jeune reine Victoria. Il avait cependant déjà publié bien avant un récit plus court de son évasion, à partir duquel le livre en deux volumes de 1839 était développé. Il était apparu dans la *Chronique navale* des années 1812-1815, sous la forme étrange de seize « Bulletins navals » adressés à rien moins qu'à l'empereur Napoléon. La dédicace de ce brouillon original mérite d'être reproduite - elle se lit comme suit : -

« Comme Votre Majesté Impériale s'est longtemps amusée à compiler d'interminables Bulletins, comme on les appelle, dans lesquels la vérité et la franchise ne sont jamais permises d'apparaître, cela vous amusera peut-être, pendant certaines de ces pauses qui surviennent occasionnellement dans votre destruction et votre destruction systématiques. humiliation de vos semblables, pour pouvoir entendre un peu de vérité et retracer la manière dont un individu aussi humble que moi a défié vos persécutions, et a enfin repris son devoir d'officier de marine, malgré tout les cachots, les chaînes et les insultes qui distinguaient votre règne de despotisme.

Le dernier des « Naval Bulletins » parut dans le même numéro du *Naval Chronicle* sous la forme d'un récit d'Henry Ashworth, l'un des compagnons de la première évasion d'O'Brien. À partir de cette histoire incomplète, qu'Ashworth n'a pas survécu pour terminer, certaines parties du récit d'O'Brien peuvent être corroborées et développées.

O'Brien fut promu au grade de contre-amiral le 8 mars 1852. Il survécut encore cinq ans et mourut le 13 mai 1857 à Yew House, Hoddesdon, dans sa soixante-treizième année.

Le portrait peu flatteur de lui que nous avons reproduit en frontispice a été dessiné par J. Pelham et gravé par J. Brown pour le livre de 1839.

CHAPITRE I

La frégate *Hussard* est renvoyée chez elle avec des dépêches et fait naufrage sur les *Saintes*. — Efforts pour sauver le navire. — Tentative de fuite dans les bateaux déjouée par le mauvais temps. — Reddition à l'ennemi.

C'EST le lundi 6 février 1804 que le *Hussar* appareilla de la baie d'Arès en Espagne, à destination de l'Angleterre avec des dépêches de notre commodore Sir Edward Pellew et avec l'ordre de communiquer d'abord avec notre flotte de la Manche au large de Brest. Nous avons eu une brise fraîche du SO ; et le jour suivant (mardi 7), le vent et le temps étaient à peu près les mêmes. A midi, d'après mes souvenirs, nous étions en latitude. 46° 50′, Ouessant, cap N. 37° E., distant de 113 ou 114 milles.

Mercredi (8), le vent et la météo étaient les mêmes, et nous naviguions, autant que je me souvienne, NE par E., et courions à neuf nœuds à l'heure. Tous les cœurs étaient ravis de la joyeuse attente d'être amarré en toute sécurité dans quelques heures au pays de la liberté. Certains étaient employés à écrire à leurs amis et à leurs parents ; mais hélas! combien les espérances de l'homme sont fragiles et illusoires ! Comme notre sort avait été décidé différemment ! L'heureuse arrivée, en grand nombre, n'a jamais eu lieu. Pour tous les autres, cela fut longtemps retardé ; et les vicissitudes et les misères que nous étions voués à souffrir apparaîtront amplement dans les pages suivantes.

C'est ce mercredi fatal, vers 22 heures 45, alors qu'il dirigeait ce cap du NE par l'E., et avançait à la vitesse d'environ sept nœuds à l'heure, par temps sombre et brumeux, le *Hussard* heurta la pointe la plus méridionale des *Saintes*. . Nous heurtâmes un immense récif de roches, emportâmes notre barre en plusieurs morceaux, débarquâmes le gouvernail, et, par la violence du choc sur le récif, nous endommageâmes si considérablement le fond du navire que la fuite devint très grave. Enfin, nous sommes entrés dans les eaux profondes et avons lâché nos ancres pour éviter de nous briser en morceaux sur les immenses rochers qui nous précédaient. Nous avons installé nos vergues et nos mâts les plus performants sur le pont et avons utilisé tous les moyens possibles pour alléger le navire. La plus grande partie de l'équipage était tenue aux pompes ; tandis que le reste, avec les officiers, était employé à enfoncer les tonneaux d'eau dans la cale, à étayer le navire, tandis que la marée descendante montait et qu'il s'inclinait sur tribord, et à faire tout ce qui était jugé opportun pour la sécurité. du navire. Tout était inutile. Le charpentier a signalé qu'elle était calée ; et nous pouvions distinctement entendre les rochers grincer et travailler à travers elle à mesure que la marée descendait.

Au point du jour, M. Weymouth (le capitaine) fut envoyé chercher un passage parmi les rochers, dans l'hypothèse que nous pourrions être en mesure de faire passer le navire à l'aide d'une balise, mais il revint sans succès ; cependant, s'il l'avait accompli, vu l'état dans lequel se trouvait le navire, il n'y aurait eu que peu d'espoir de le faire sortir. Une division de matelots et de marines, avec leurs officiers respectifs, reçut alors l'ordre de prendre possession de l'île, afin qu'à la dernière extrémité il y ait un asile assuré pour les hommes et les officiers. Le reste de l'équipage resta aux pompes, mais sans succès, car la fuite ne cessait de gagner du terrain. L'île a été prise sans aucune opposition, les seuls habitants étant quelques pêcheurs en détresse et leurs familles.

Vers 11 heures du matin, nous avons commencé à débarquer l'équipage, sans aucun espoir de pouvoir sauver notre navire. Cependant, le reste de la population continuait à travailler aux pompes, en attendant le retour des bateaux. A midi, la crue devenait forte et nous atteignions l'avant avec nous, le capitaine Wilkinson donna l'ordre de larguer l'ancre, ce qui fut immédiatement fait. Forts coups de vent du SO

9 février. — Vers 13 heures, tout le monde était débarqué sain et sauf, avec deux ou trois cochons et quelques biscuits, qui étaient la seule subsistance que nous avions assurée. Le capitaine Wilkinson et M. Weymouth sont arrivés dans le dernier bateau. Vers 13 h 30, le capitaine Pridham, MM. Carey, Simpson et Thomas (trois adjudants) et moi-même avons reçu l'ordre du capitaine de retourner au navire, de couper ses mâts et de détruire tout ce que nous pouvions obtenir. à. A notre arrivée à bord, l'eau était presque à l'équerre avec les peignes du pont inférieur. Vers 15 heures 30, nous le quittions, après avoir exécuté avec la plus grande exactitude le devoir qui nous était ordonné : le vent toujours croissant ne nous laissait que peu d'espoir de le voir tenir ensemble pour la nuit.

Nous avons rejoint les officiers et l'équipage dans une petite église ; et c'était le seul endroit de l'île où nous pouvions facilement établir notre résidence. Le temps était excessivement maussade pendant la nuit. À la lumière du jour, découvrant le navire apparemment encore entier, le capitaine Wilkinson envoya M. Pridham et M. Mahoney (matelot du capitaine), avec un groupe d'hommes, pour le détruire par le feu. Les autres officiers et gens furent employés à équiper treize bateaux de pêche, qui appartenaient aux habitants, [3] pour transporter l'équipage du navire, soit vers notre flotte au large de Brest, soit en Angleterre, selon les circonstances. M. Pridham et son groupe revinrent, et le bruit des canons du navire annonça l'exécution du devoir pour lequel ils avaient été envoyés.

Le 10, vers 13h30, nos bateaux étaient prêts, le vent soufflait alors fort du SO. Nous y embarquâmes tous. J'eus l'honneur d'en commander un avec vingt-cinq hommes ; Le capitaine Wilkinson, accompagné du capitaine, conduisait la barge, qui était la seule embarcation du navire en compagnie. Nous avons quitté les petites criques dans lesquelles les bateaux avaient été amarrés, la mer était excessivement haute, et vers deux heures, la barge a hissé au nord-ouest. Nous avons tous, bien sûr, suivi. Vers 14h30 ou 15h00, nous avons repris le travail. Plusieurs des bateaux étaient en détresse, étant très mal retrouvés, n'ayant ni voiles, ni gréements, ni agrès au sol auxquels on pouvait faire confiance. Les lieutenants Pridham et Lutwidge (qui restèrent prisonniers de guerre jusqu'à la paix de 1814) et le lieutenant Barker (qui fut ensuite tué dans un duel à Verdun) devaient rester en tête, car aucun autre bateau n'avait de compas. Vers cinq heures, dans un très violent grain de pluie, nous avons perdu de vue la barge. Tout le monde dans notre bateau pensait qu'elle avait été bouleversée ; et à 17h30, avec un vent extrêmement fort, avec une grosse averse, nous avons perdu de vue tous les bateaux. Vers six heures, nous avons observé la lumière de Saint-Matthieu [4] sur la proue météo. Le vent tourna maintenant vers le nord-ouest, en une très forte rafale, qui emporta notre grand mât dans le gradin [5] et l'attelage avant, et faillit nous submerger, après avoir presque rempli le bateau d'eau. Nous avons ébréché le talon du grand mât, l'avons remis en place et avons fait avancer l'amarre et les drisses, ce qui nous a permis de déployer la voile d'avant et de continuer à courir devant le vent jusqu'à Rock Fort, dans l'espoir de tomber sur certains des autres. bateaux; mais en cela nous avons été déçus. À onze heures, nous décidâmes de jeter l'ancre au fond de la baie de Bertheaume, mais avec très peu ou pas d'espoir de rouler longtemps, notre seul moyen d'attaque au sol étant un petit grappin et quelques brasses de corde d'un pouce et demi.

Nous avons providentiellement réussi à remonter, bien que nous soyons malheureusement trop près du rivage et dans une situation très misérable : la marée météorologique, se heurtant fortement à un violent coup de vent du nord-ouest, a provoqué une mer telle qu'elle nous a souvent ensevelis dans son abîme.

À 2 heures du matin, la mer se brisant de la manière la plus terrible sur nous, et constatant que nous roulions et que nous nous touchions presque vers l'arrière, nous attendant à chaque seconde d'être précipités sur les rochers derrière nous, nous avons tiré vigoureusement sur le grappin, hissé le misaine et portée ronde, déployant la corde de grappin qui venait d'être remontée, jusqu'à ce que nous la fassions passer au-dessus de la hanche, ce qui nous a permis de mettre facilement notre grappin à bord ; puis nous nous arrêtâmes du côté de la baie de Camaret, dans l'espoir de tomber sur quelque petit havre pour nous abriter, ou sur un des autres bateaux ; mais nous avons été déçus par ces deux attentes.

Vers 4 h 30 du matin, constatant que nous avancions considérablement vers la rade de Brest, nous décidâmes de réessayer le grappin ; quoique nous ne soyons pas le moins du monde à l'abri des intempéries, et que nous fussions placés immédiatement sous un fort, que nous distinguions par ses lumières, qui nous permettaient de voir les sentinelles sur leurs postes se promener çà et là. Nous avons fait ici, si possible, un temps pire qu'à notre ancien mouillage, à l'exception du grappin qui a tenu. A 7h30, le vent et le temps sont devenus plus défavorables que la nuit précédente. Pas un de nos bateaux n'était en vue, à chaque minute nous nous attendions à être hélés par le fort, et pas un seul d'entre nous ne parlait un mot de français. Nous étions presque en train de mourir et de mourir de faim à cause des fatigues et des souffrances de la nuit, les quelques provisions que nous avions étant totalement détruites par l'eau salée. Ne voyant pas d'autre alternative que la douleur et la mortification de me livrer moi-même et l'équipage de mon bateau prisonniers de guerre, j'en suis finalement venu à cette résolution. En conséquence, j'ai ordonné à toutes les armes légères de mon bateau de passer par-dessus bord, et à huit heures, j'ai coupé le grappin et j'ai couru dans le port de Brest sous la voile d'avant.

Imaginant que l'équipage du bateau et moi-même pourrions être mieux reçus et traités à bord du navire du commandant en chef que sur un navire privé, j'ai accosté l' *Alexandre* , dont le navire portait son pavillon, et je me suis rendu, moi et mon équipage, comme prisonniers de guerre.

CHAPITRE II

Un accueil bienveillant de la part de l'ennemi - Nos camarades tous prisonniers - Consolations sous les malheurs - Prisonniers envoyés à l'hôpital de Brest - Vol par un marin français - Relever le défi - Dilemme de porter ou d'abandonner une épée - Gentillesse des religieuses françaises - Ordres — Orgueil blessé et rudesse. — Mauvaise foi du ministre de la Marine. — La marche commence pour Verdun. — Arrivée à Landernau. — Différences aristocratiques de salaires ou d'indemnités entre républicains. — Landiviziau. — Illustration de l'égalité. Rennes — Prisonniers et vermine — Vitré — Chiens anglais dans une auberge française — Laval — Spectacle pour la foule — Alençon — Les difficultés s'accroissent — Une partie de l'équipage séparée de ses officiers — Notre arrivée à Rouen — Un honnête geôlier et son aimable épouse — Une facture modérée pour le tarif de la prison. — *Bons garçons* dans une prison. — Notre arrivée à Amiens. — Sympathie anglaise pour les compatriotes souffrants.

JE n'ai pas été déçu de mes attentes, car j'ai été reçu avec la plus grande courtoisie. Toutes les attentions ont été portées à moi et on m'a fourni un ensemble de vêtements secs. Ils m'apportèrent sur-le-champ (dont je n'avais jamais eu autant besoin auparavant) une boisson chaude, donnèrent à chacun de mes hommes un verre d'alcool, et commandèrent pour eux un petit-déjeuner, avec tout ce qui était nécessaire pour recruter la nature épuisée et pour consoler. eux sous leurs souffrances et leurs malheurs. Les pauvres gens étaient dans un état des plus déplorables, frissonnant et tremblant comme des feuilles de tremble ; certains d'entre eux étaient tellement épuisés par la fatigue, la faim et l'extrême rigueur du temps qu'ils pouvaient à peine articuler lorsqu'on leur parlait. Les officiers français m'apprirent aussi que tous les bateaux, sauf le mien et un autre, à cause de l'extrême violence du temps, avaient été obligés de se diriger vers Brest, et étaient arrivés dans la nuit ; tandis qu'ils ajoutaient qu'ils avaient eu les plus grandes appréhensions pour notre sécurité, car il n'était pas supposé possible, à cause de la taille des bateaux et de la manière dont ils avaient été trouvés, qu'ils puissent survivre pendant la rigueur de la nuit. Lieut. Barker, M. Nepean, aspirant et maintenant commandant, et M. Carey, le maître d'équipage (qui mourut plus tard à Verdun), vinrent à bord, des autres navires de guerre français dans lesquels ils étaient prisonniers, pour féliciter moi sur mon évasion extraordinaire et mon arrivée en toute sécurité. Nous avions cependant la crainte la plus forte et la plus douloureuse que M. Robert James Gordon, l'aspirant qui commandait le bateau qui n'était pas encore arrivé, ait péri avec ses compagnons.

Le lendemain 11, à 14 heures, nous fûmes tous envoyés à terre à l'hôpital de Brest, qui était le lieu qui nous était assigné, chacun étant plus ou moins malade des épreuves qu'il avait endurées.

Pour marquer le caractère des marins français et de leur service naval, je dois raconter ici qu'une petite malle ou valise en cuir, dans laquelle j'avais conservé du linge de rechange, etc., avait été retirée des mains d'un de nos marins. , par un marin français qui parlait un peu anglais, sous prétexte de lui éviter la peine de le transporter sur les flancs du navire ; tandis que le coquin, au lieu de le mettre dans le bateau, le rendait par un des ports du pont inférieur. Notre marin, resté sur la passerelle du navire, avait interprété la transaction comme un acte de bonté et avait conclu que la malle avait été déposée en toute sécurité dans le bateau qui devait nous porter à terre ; le vol n'a été découvert qu'à notre atterrissage, lorsque la propriété humble, bien que pour moi inestimable, n'a pas pu être retrouvée. J'en informai aussitôt les officiers qui nous conduisaient, et ils envoyèrent aussitôt à bord l'ordre de chercher la valise. En fait, ils semblaient excessivement blessés qu'un tel acte de méchanceté ait été commis par l'un des membres de leur équipage. Ils m'ont assuré que l'agresseur serait sévèrement puni et que mon petit portemanteau serait rendu sain et sauf. J'en désespérais beaucoup, même si je doutais peu que la première partie de la promesse soit fidèlement tenue. Entre-temps, ces officiers nous conduisirent à l'hôpital et insistèrent pour que je porte mon épée pendant tout le trajet. Le capitaine avait refusé de la recevoir à bord, observant que j'avais malheureusement fait naufrage et que je n'avais pas été pris au combat, et que, par conséquent, je n'avais pas le droit de perdre mon épée ; et il remarqua en outre que, à son avis, nous devrions être renvoyés dans notre pays natal et ne devrions pas être considérés comme des prisonniers ; mais il ajouta que le geôlier à terre me priverait de mes armes de poing, ce qui fut le cas par la suite.

A notre arrivée à l'hôpital, ou plutôt à la prison (car nous étions étroitement surveillés et gardés), le geôlier m'enleva mon épée, et parut très enragé de ce que je ne lui permettais pas de prendre ma ceinture ; cela, lui ai-je fait observer, ne pouvait faire aucun mal. J'ai maintenant le bonheur inexprimable de serrer la main de tous les officiers, à l'exception de M. Thomas (charpentier), qui s'est malheureusement noyé en tentant d'accoster dans la baie de Bertheaume, et de M. Gordon (aspirant), qui, j'ai été très heureux de entendre, était en sécurité à Conquêt, où il avait effectué un atterrissage. Nous l'attendions avec l'équipage de son bateau à Brest le lendemain.

Le 14, nous avons eu le plaisir de le voir arriver sain et sauf avec son équipage ; ils parlèrent très gentiment du traitement qu'ils avaient reçu à Conquêt et pendant la marche. J'ai maintenant reçu une partie des objets qui se trouvaient dans la valise, et le voleur, m'a-t-on dit, avait relevé le défi.

Nous avons été très bien servies pendant notre séjour ici, et avons été soignées par *des religieuses* ou vieilles religieuses, ce qui est une coutume générale dans tous les hôpitaux français. C'étaient les infirmières les plus attentives que j'aie jamais vues : constamment en alerte ; rendre visite à leurs patients; administrer des secours partout où ils peuvent être nécessaires ; et toujours réconforter les découragés.

Le 18, nous reçumes l'information que nous devions commencer dès le lendemain matin notre marche vers notre dépôt ; et c'est pourquoi, le 19, nous étions prêts à tout moment. Vers huit heures, nous étions tous rangés dans la cour de l'hôpital. M. Mahoney et moi (étant les aspirants supérieurs) avons pris nos positions, comme nous en avions l'habitude, à côté des lieutenants ; mais, à notre grande surprise, dès que les noms furent appelés, nous fûmes déplacés, ainsi que M. Carey, le maître d'équipage, et M. Simpson, le canonnier, [6] et placés à côté des matelots. En même temps, chacun de nous s'est vu offrir une miche de pain brun pour la subsistance de la journée, ce que nous avons refusé. Nous avons demandé aux officiers français une explication de cette conduite extraordinaire, et ils nous ont informés que nous étions d'une classe (compagnons de maître) différente de celle de leur marine, et qu'ils nous avaient donc classés comme *adjudants* ou *sous-officiers*. , et ils ont insisté sur le fait qu'ils ne pouvaient apporter aucune modification. Lieut. Pridham est maintenant intervenu en notre faveur. Il parut qu'on lui avait fait savoir la nuit précédente que nous serions ainsi classés ; mais n'étant pas au courant des règlements et des titres du service militaire français, il avait supposé qu'un adjudant était égal à un grade entre un aspirant et un lieutenant dans notre marine ; et cela, bien sûr, il pensait que c'était notre place. Après avoir longuement protesté contre l'inconvenance de notre dégradation et de notre mise au peuple, l'officier accepta d'aller chez le ministre de la Marine pour faire arranger l'affaire, comme il l'appelait. Il revint bientôt ; le ministre de la Marine était absent, mais nous avons reçu l'assurance de son chef de bureau ou de son secrétaire que l'erreur serait rectifiée dès son retour, et qu'un courrier serait expédié après nous à l'étape suivante avec une autre *feuille de route* . Jusqu'ici réconciliés, nous commençâmes notre marche forcée — et, comme nous en avons été informés, vers Verdun, en Lorraine — quoique notre équipage parut tout à fait indigné de cette insulte ou de ce manque de respect offert à ses officiers, et refusa de bouger jusqu'à ce que nous les persuadions d'être obéissant.

Vers sept heures du soir, nous arrivâmes à notre première étape, le petit et misérable village de Landernau, à environ vingt milles au nord-est de Brest. J'attendais avec anxiété à chaque instant l'arrivée du courrier, tant je connaissais peu alors la nature des promesses françaises et le caractère français. Ici, comme une grande faveur, nous fûmes autorisés à nous mêler aux officiers. Notre allocation était de onze sous, soit 5½d. par jour; tandis que le plus jeune aspirant ou volontaire en avait cinquante. L'allocation aux hommes, je crois, n'était que de cinq sous.

Le 20, au point du jour, nous commençâmes notre marche, un peu plus abattus que la veille. Le soir, nous arrivâmes à Landiviziau, à cinq ou six lieues de Landernau, qui était beaucoup plus petite. Ici nous nous arrêtâmes pour la nuit, et les gens furent placés dans des écuries, des granges, etc. Au point du jour, le 21, nous commençâmes notre marche vers Morlaix. Vers deux heures de l'après-midi, à quatre ou cinq milles de la ville, nous fûmes accueillis par un capitaine de *gendarmerie* et deux *gendarmes* qui, nous l'avons compris plus tard, sont sortis pour nous escorter jusqu'à cet endroit. Ils ne nous avaient pas rejoints depuis longtemps lorsque je découvris par hasard un de nos mousses levant la main pour frapper un jeune aspirant. J'ai immédiatement couru et réprimandé le jeune avec un bâton que j'avais heureusement à la main ; mais remarquez mon étonnement ! quand je vis ce capitaine de *gendarmerie fanfaron* , écumant à la bouche, et s'avancer vers moi à toute vitesse, l'épée dégainée. Il semblait très en colère, jura avec véhémence et brandit son épée à plusieurs reprises au-dessus de ma tête. Comme je ne comprenais pas une syllabe de ce qu'il disait, mais que j'étais certain que ce devait être un langage injurieux, à cause de la passion dans laquelle il se mettait, je répétais, comme un perroquet, ses propres expressions du mieux que je pouvais ; ce qui l'irrita au point que si l'officier d'infanterie qui nous escortait et nos propres officiers n'étaient pas intervenus, je ne sais jusqu'où il aurait pu pousser l'outrage. L'officier d'infanterie lui reprocha l'inconvenance de tirer son épée sur un prisonnier nu, qui ne pouvait même pas comprendre un mot de ce qu'il disait. Il déclara et persista que je parlais aussi bien français que lui ; que nous étions tous prisonniers également ; que nous étions maintenant dans un pays où chacun jouissait de la liberté ; et il veillerait à ce que, pendant que nous étions avec lui, nous ne nous tyrannisions pas les uns les autres ; ou, en d'autres termes, que les officiers soient sur un pied d'égalité avec les hommes. J'ai observé que certains membres de l'équipage le comprenaient et qu'ils expliquaient ce qu'il voulait dire aux autres, ce qui semblait leur plaire extrêmement.

Nous n'avions cependant pas fait plus d'un mille quand survint une circonstance qui nous donna à tous un bel échantillon de la liberté dont on se vante dans ce pays de républicanisme et d'égalité. Un pauvre homme, qui paraissait avoir au moins soixante-dix ans, conduisait par hasard une charrette sur la route, et comme il s'approchait de nous, cet amoureux de la liberté lui cria d'écarter ses chevaux jusqu'à notre passage ; mais le pauvre vieillard n'entendant pas et continuant son chemin, cette brute s'approcha de lui, le frappa et le mutila si impitoyablement que les marins le sifflèrent littéralement et lui demandèrent à plusieurs reprises : « Si telle était la liberté qu'il avait tant vantée. environ quelques minutes avant ?

Vers cinq heures de l'après-midi, nous arrivions à Morlaix. Nos gens furent hébergés et traités pour la nuit comme d'habitude ; mais les officiers, y compris moi-même et M. Mahoney, furent autorisés à aller dans une taverne. En m'enquérant, j'appris que ce redoutable capitaine de *gendarmerie* avait été tisserand avant la Révolution et que, par sa perfidie, il s'était élevé au grade qu'il occupait. J'ai été informé qu'il rendait visite à notre peuple pendant la nuit et qu'il faisait tous ses efforts pour les amener à devenir des traîtres et à entrer au service de la France. Je suis très heureux de pouvoir dire qu'il a trouvé tous ses efforts infructueux ; et qu'il soit à l'honneur de notre pays, que chaque proposition qu'il faisait, chaque tentation qu'il offrait, était traitée avec dédain.

Le 22, vers huit heures, nous reprenâmes notre route, et, après une longue marche, arrivâmes à un petit village, Belle-Isle-en-Terre, où nous passâmes la nuit, dans une situation désagréable, le village étant excessivement pauvre et petit, le peuple extorquant le double du prix pour tout ; cependant, j'ai depuis constaté que cela était presque général dans toute la France.

Le 23, à l'heure habituelle, vers huit heures, nous recommençâmes notre route vers Guingamp, où nous arrivâmes assez tôt. C'est une ville spacieuse et parait bien peuplée. Nous nous reposâmes ici pendant vingt-quatre heures et fûmes assez bien traités. Le pays, quoique tard dans la saison, paraissait beau. Elle est très fertile et pourtant la paysannerie semblait excessivement pauvre et en détresse.

Le 25, au point du jour, nous recommençâmes notre marche vers Saint-Brieux, dernière ville du littoral que nous devions aborder, et nous arrivâmes vers quatre heures. Nous étions très étroitement gardés, ce qui était certainement nécessaire, car la ville n'était qu'à un mille et demi de la mer, et un grand nombre avait l'intention de lâcher leurs chaînes ; cependant, cela s'est avéré impossible. Nous fîmes commander une nouvelle garde, ce que nous regrettâmes tous, car l'officier qui nous avait conduits de Brest à cet endroit était un parfait gentleman, et gardait la plus grande modération envers les prisonniers, qui d'ailleurs n'étaient pas toujours très bien. s'est comporté. J'ai ici planifié une évasion, mais je n'ai pas pu la réaliser.

Le 26, au point du jour, nous recommençâmes notre route avec notre nouvelle garde. Vers dix heures, en passant près de la mer, nous fûmes arrêtés ; les gardes chargeaient leurs pièces, examinaient leurs serrures et faisaient tout pour nous intimider et intimider toute envie de leur résister. Ils semblaient inquiets à l'idée que nous essayions de nous échapper, bien qu'ils soient presque aussi nombreux que leurs prisonniers. Cela eût été une affaire désespérée, et aucun navire n'était à proximité dans lequel 300 hommes pourraient être embarqués ; mais la simple possibilité de nous échapper nous avait presque incités à courir le risque.

Vers cinq heures nous arrivâmes à Lamballe, et le 27, à huit heures, nous fûmes mis en marche pour Rennes. Nous sommes arrivés à notre lieu de destination le 29. Les officiers furent autorisés à aller dans une taverne, mais nous, qui étions encore grades *adjudants,* fûmes conduits à la prison commune ; et, malgré plusieurs représentations et remontrances adressées au commandant général de la ville, nous fûmes tenus en détention jusqu'au 2 mars, après avoir eu à Rennes ce qu'on appelait une journée de *séjour*. J'aurais bien préféré continuer *mon chemin* , car dans cette prison nous étions associés à des malfaiteurs et des criminels de toutes confessions et, malgré tous nos efforts, nous nous trouvions couverts de vermine. Nous fûmes enfin placés sur nous par une autre garde, rejoignîmes nos officiers, et fûmes très heureux d'être de nouveau dans l'air pur.

Nous fûmes alors mis en route forcée vers Vitré, où nous arrivâmes vers huit heures du soir du 2 mars, après avoir parcouru ce jour-là près de dix lieues, soit environ vingt-cinq milles anglais. Dans cette ville, nous n'avons rencontré qu'un triste traitement sous notre mortification et nos détresses. Nous avions beaucoup de difficulté à entrer dans une auberge, et encore plus à nous procurer des rafraîchissements de quelque sorte que ce soit. Après avoir fait des remontrances au propriétaire au sujet de notre misérable souper, et au prix exorbitant qu'il nous demandait, il rétorqua en nous traitant de « chiens anglais », et nous dit que nous devrions être heureux de recevoir n'importe quoi, et que les officiers et les autorités publiques Nous étions coupables de ne pas nous avoir placés dans une écurie, ou dans quelque autre lieu plus approprié à de telles brutes qu'une auberge. S'il avait sa volonté, ajoutait-il, il nous traiterait très bientôt comme ces chiens le méritaient. Il continua sur ce ton, un ton qui nous irritait beaucoup moins que son mauvais souper et ses accusations extravagantes. Cet échantillon du sentiment national de la France, à cette époque d'effervescence, montre que les Français avaient une bonne opinion des bouledogues anglais, du moins en ce qui concerne leur digestion d'un long menu. La rivière Vilaine traverse Vitré et la ville semble abondamment poissonneuse.

Le 3 mars, au point du jour, nous quittions notre hôte *poli* et *hospitalier* , et nous marchâmes vers Laval, ville assez grande sur la Mayenne, renommée pour ses manufactures de lin. Nous arrivâmes vers cinq heures du soir, et restâmes quelque temps sur la place du marché, pour donner un *spectacle* aux habitants, avant d'être conduits à nos places respectives pour la nuit. Quelques-uns des gens qui parlaient anglais vinrent nous informer que notre gracieux souverain George III était mort depuis plusieurs jours et que le résultat serait une paix générale. Nous avons méprisé leur intelligence et, à leur grand mécontentement, leur avons assuré que nous ne leur accordions pas le moindre crédit.

De Laval nous passâmes par Préz-en-Paille, une toute petite ville, jusqu'à Alençon, où nous arrivâmes le 5 au soir, et où nous fûmes reposés pendant vingt-quatre heures. Jamais le repos n'a été plus nécessaire aux personnes découragées et fatiguées. Nous avions maintenant marché plusieurs jours sur de mauvaises routes pendant une saison inclémente et dans tous les sentiments qui privent le voyageur de l'élasticité d'esprit qui soutient la santé corporelle et lui permet de vaincre toutes les difficultés, de supporter toutes les fatigues et de négliger toutes les difficultés. privations. Jusqu'alors, tout l'équipage de notre navire, avec ses officiers, était resté ensemble, mais maintenant même cette consolation allait être détruite. A Alençon, la grande route bifurque dans deux directions, l'une menant à Paris par Versailles, l'autre bifurquant vers le NE vers Séez, Bernay et Rouen. Malheureusement, les dirigeants français avaient ordonné que ceux qu'ils appelaient « les officiers » se rendent jusqu'au bout de leur voyage par l'ancienne route, tandis que l'équipage se rendrait à son lieu d'emprisonnement prévu par la route passant par Rouen. C'est ici que l' erreur commise par le ministre de la Marine sur mon rang m'a le plus gravement touché. Je ne devais pas entrer dans le grade d'officier. Les lieutenants, aspirants et autres officiers reçurent donc l'ordre de marcher sur la route de Paris, tandis que moi et M. Mahoney, avec le maître d'équipage et le tireur, comme *adjudants* , ou sans officiers, reçurent l'ordre de procéder avec la moitié de l'équipage du navire par la route qui traverse Rouen jusqu'à Charlemont, ou Givet, dans le département des Ardennes.

J'avoue que cette séparation m'a extrêmement peiné. Se séparer de mes camarades et amis dans un pays étranger, ainsi que l'insulte et l'injustice d'être placé à un rang inférieur à celui de mes frères officiers, ne pouvaient manquer de produire la dépression si naturelle à tout esprit honorable. Le sentiment fut réciproque de la part de mes frères officiers, et nous nous séparâmes à regret, eux sur la route de Paris, et moi et mes compagnons sur la route plus morne du Nord.

En quittant Alençon, nous passâmes par Séz et Bernay, et arrivâmes enfin à Rouen, vers deux heures de l'après-midi du 12. Les épreuves que nous avons endurées étaient inconcevables.

Cette grande et splendide ville, avec sa magnifique cathédrale et ses manufactures, et avec le beau paysage qui l'entoure, pourrait exciter l'attente et la joie chez le voyageur qui s'approche, mais de telles sensations ne peuvent pas être éveillées chez celui qui a été épuisé dans une prison, épuisé épuisé par la fatigue, dégoûté par les mauvais usages, et qui n'a que la perspective d'un long emprisonnement.

A notre arrivée à Rouen, nous fûmes tous mis dans la prison commune, et cela était de nature à nous donner une idée peu favorable de la gestion et de la discipline pénitentiaire en France. Mais je ne peux passer sous silence un fait qui s'est produit avant notre arrivée. Aussi trivial soit-il sous un certain rapport, il illustre néanmoins le caractère français quant aux impositions dans les auberges, même dans les villes de province ou les petits villages.

Vers neuf heures du matin, le jour de notre entrée à Rouen, nous fûmes arrêtés dans un village au bord de la Seine, pour nous procurer des rafraîchissements, et pourtant nous ne trouvâmes que des œufs et du pain. Mais si l'on veut manger un œuf avec une cuillère, il faut que celle-ci ait une certaine proportion par rapport à l'œuf : ici cependant, on nous a fourni des cuillères en étain de dimensions peu ordinaires. J'ai fait observer à l'officier français qui nous détenait que des cuillères plus petites seraient plus pratiques ; et, comme il ne pouvait nier une vérité si palpable, il demanda à la vieille dame de la maison si elle en avait. Elle répondit par l'affirmative, et, avec empressement, ouvrit un grand coffre, et en sortant six cuillères à thé en argent, elle les posa sur la table. Avec ces cuillères, nous mangâmes nos œufs, et, après avoir fini notre pauvre repas, nous réclamâmes notre note ; mais quelle ne fut pas notre surprise, nous, pauvres prisonniers épuisés, lorsque, dans notre misère, nous découvrîmes que la vieille sorcière nous avait facturé, ce qui n'est pas une bagatelle dans un village français, un sou chacun pour l'usage de ses cuillères en argent ! Même l'officier français fut très étonné et lui demanda ce qu'elle voulait dire par une telle exigence. La vieille créature mercenaire, qui s'est révélée être un mélange d'extorsion et de nationalité, répondit avec *sang-froid* : « Vous voyez, monsieur, ces Anglais sont si particuliers qu'ils ne peuvent même pas manger comme les autres. Mes cuillères ne sont pas sorties de ma poitrine depuis plusieurs années et je suis déterminé qu'ils paieront pour les ennuis qu'ils m'ont causés. L'officier responsable aurait dû résister à cette imposition, mais il n'a pas fait une telle tentative ; et, étant sans défense, nous payâmes nos sous et souhaitâmes respectueusement bonjour à l' *honnête vieille dame* .

J'ai eu une autre occasion à Rouen d'être témoin de l'astuce française. J'ai observé un certain nombre de bricks et de petites embarcations amarrées dans le fleuve, dans un état démantelé et totalement négligé, et je n'ai pu m'empêcher d'exprimer, à l'un des Français confinés chez nous, mon étonnement que ces navires n'aient pas été équipés et envoyé en mer dans le cadre d'une entreprise commerciale. « Et à quoi servirait, monsieur, répondit le Français, cette tentative alors que les Anglais auraient les navires avant d'avoir terminé un voyage ? C'était sans réponse.

La perspective sur la Seine était grande et belle. Mon point de vue, cependant, avait maintenant changé pour adopter un caractère très différent. La transition du paysage délicieux, avec la fraîcheur et l'exaltation de la nature, aux misères d'une prison commune, fut rapide, et bien augmentée, dans ce cas, par le visage sombre du geôlier et de sa chère compagne d'épouse. Ils nous montrèrent un parfait spécimen de concorde matrimoniale, car tous deux s'accordèrent cordialement pour nous aborder en termes très antipathiques ; et ils étaient encore plus harmonieux sur le plan matrimonial dans leurs assurances que si nous ne payions pas immédiatement *deux* nuits d'hébergement, nous serions placés dans des cellules qui n'étaient pas de la meilleure description et avec des coupables des plus pires. Nous ne pouvions pas entretenir le moindre soupçon sur la véracité de ces dignes gens, ni concevoir le moindre doute sur le fait que nous étions sous la domination d'un pouvoir absolu et irresponsable ; et, bien que nous savions que ce que ces aimables gens avaient dit était une loi, nous nous sommes permis de demander pourquoi ils exigeaient le paiement de *deux nuits* ; et, en concorde matrimoniale, ils répondirent : « Que nous allions jouir *d'un jour de* repos dans la prison, et que l'officier qui nous avait escortés les en avait assurés. » Il était impossible de résister à une telle logique, et nous ne pouvions pas non plus maintenir la position selon laquelle le gouvernement français devait subvenir aux besoins de ses prisonniers de guerre ; et nous étions réduits à devoir payer le confort d'un logement de deux nuits en prison que nous avions le bonheur d'occuper seulement une journée entière.

Cet officier français, dont le nom, autant que je me souvienne, était Galway, vivait avec nous dans toutes les petites villes que nous traversions, nous professant une grande amitié pendant que nous payions ses dépenses, et déclarant à plusieurs reprises que il empêcherait que nous soyons enfermés dans la prison de Rouen, serait lui-même responsable de nous à cause de notre conduite courtoise, et nous permettrait par ce moyen de rester dans une auberge. Mais hélas! La mémoire de cet honorable monsieur était si superficielle qu'il oublia même de nous laisser notre dernière allocation de jour, ou argent de prisonnier, de onze sous, ou cinq pence demi-penny sterling, et ne se souvint pas de remettre à son successeur au pouvoir sur nous le certificat qu'il avait reçu. de nos officiers, précisant notre grade et expliquant la malheureuse erreur qui avait été commise à ce sujet à Brest. Son maintien du point d'honneur, de l'honnêteté et du devoir nous aurait été d'un service matériel ; mais je suppose qu'il ne s'est même pas souvenu, après s'être débarrassé de nous, qu'il y avait une prison dans la ville, car nous ne l'avons jamais vu ni entendu parler de lui après que nous ayons été placés sous les barreaux et les verrous.

C'est alors que nous nous sommes mis d'accord avec notre hôte et sa côte, et leur avons payé une somme égale à deux shillings chacun, pour les deux nuits d'hébergement. Cela leur plut tellement qu'ils furent convaincus que nous étions des officiers et des gentlemen ; et ils nous conduisirent, avec beaucoup de respect et de politesse, dans un appartement où se trouvaient deux prisonniers et trois lits. Deux des lits nous ont été attribués. Nos colocataires, nous l'avons vite découvert, étaient des débiteurs. L'hôtesse me fit remarquer très charitablement qu'elle était certaine que nous devions être faibles et avoir besoin de rafraîchissement ; et elle ajouta gentiment qu'elle nous enverrait du pain et une bouteille de bon vin pour le moment, et qu'elle nous procurerait, *pauvres enfans !* un dîner confortable dans environ une heure ; puis elle et son mari, après mille révérences et salutations, se retirèrent, sans oublier de tourner la clef de la porte et de l'emporter avec eux. Nous étions tous d'accord pour dire que c'était une femme attentionnée, charitable et bonne ; mais nous l'avons beaucoup plus exaltée lorsque nous avons vu la bouteille de vin et le pain. L'homme qui l'a apporté était un clé en main intelligent et actif, qui a déclaré : « Maîtresse est très occupée à préparer le dîner pour les capitaines anglais. J'ai eu le plaisir de servir très souvent des officiers britanniques dans cette prison : ils étaient très extravagants et aimaient très bien vivre, etc. Mais cette conversation ne convenait en aucun cas à ses invités présents ; alors nous avons fait signe à ce type de partir. Il nous quitta en prenant les mêmes précautions que son maître. Nos finances se détérioraient rapidement, et nous commençions à craindre que le dîner qu'on nous préparait ne contribuerait à les soulager. J'ai déjà observé que nous avions droit à une indemnité *journalière de cinq pence et demi* ; mais nous étions très souvent trompés même de cette misérable somme, et si nous n'avions pas chacun procuré un peu d'argent à Morlaix sur nos effets personnels, nous aurions certainement péri de misère. La table fut alors dressée avec une nappe, décence rare dans une prison commune, et peu de temps après parut le dîner, avec deux bouteilles de vin. Il s'agissait d'un peu de poisson frais et d'un petit morceau de mouton bouilli. Les plats furent débarrassés en peu de temps, sans le moindre espoir de second plat. Nous étions impatients de savoir ce que la généreuse bonne dame pouvait ou voulait demander pour ce *somptueux* repas, et nous nous enquîtâmes de notre actif serveur, qui alla chez sa maîtresse ; et aussitôt elle répondit très gentiment : « Pour ne pas nous inquiéter, il serait temps le lendemain. » Nous attendîmes donc le lendemain ; mais nous étions déterminés à ne rien avoir de plus jusqu'à ce que nous sachions quelle était notre dette.

Nos codétenus se montrèrent particulièrement polis et attentifs à notre égard, et nous laissèrent entendre que nous étions grandement trompés dans notre opinion sur l'hôtesse ; ce que nous nous aperçûmes facilement le lendemain matin lorsque nous insistâmes pour savoir combien nous devions payer pour ce qu'elle appelait le dîner et le vin. Elle nous a informé très froidement, quinze shillings ! Nous imaginions qu'il était peut-être environ sept heures. Cependant, c'était en vain de tenter de l'expliquer ; nous avons payé la note et avons été résolus à être plus circonspects.

Vers onze heures, des officiers de la marine française vinrent inspecter nos gens et donnèrent à certains d'entre eux des pièces d'argent, dans l'intention de les inciter à entrer au service français. C'est ce que j'ai vu, comme cela se faisait publiquement dans la cour de la prison, et je regardais par la fenêtre à ce moment-là. Je voulais qu'ils soient précis dans ce qu'ils faisaient. Un homme, un Danois (Hendrick Wilson, un très brave garçon mesurant plus de six pieds de haut, qui avait été emmené par nous et s'était porté volontaire à notre service), répondit : « Nous prendrons l'argent qu'ils choisiront de nous donner, monsieur, et c'est tout ce qu'ils gagneront en venant ici.

Le 14 au matin, vers huit heures, une garde de cuirassiers entra dans la cour. Le geôlier fut très prompt à nous avertir qu'ils venaient nous conduire dans notre marche ; les factures furent donc payées, et tout s'arrangea à la satisfaction de cet homme et de sa bonne dame. Nous avons ensuite été conduits dans la cour et rejoints par les gens. Le geôlier fit observer à l'officier et aux cuirassiers français que nous étions *des bons garçons* . Cet officier paraissait être un homme très affable, bon, de la vraie vieille école française avant que le caractère des habitants ne soit démoralisé par la Révolution. Il nous a informé que M. Galway, son prédécesseur, ne lui avait laissé aucun certificat ; mais il nous a assuré que pour lui cela ne ferait aucune différence. Toutes choses étant réglées, nous commençâmes notre marche vers Amiens, où nous arrivâmes, après une marche fatigante à travers les villes de Neufchâtel et d'Aumâle, le 16 mars.

Notre officier humanitaire a tenu parole. Dans les petits villages entre Rouen et Amiens, il nous emmenait toujours dans une auberge et dînait lui-même chez nous ; mais à Amiens il ne put empêcher notre mise en prison. Cependant, il venait fréquemment nous voir et restait avec nous quelque temps. Comprenant qu'il y avait un Anglais, un certain M. S. Pratt, qui tenait un restaurant dans cette ville, nous l'envoyâmes l'informer qu'il y avait quelques-uns de ses compatriotes, prisonniers de guerre dans la prison, qui souhaitaient lui parler. ; mais la seule réponse que nous avons reçue était qu'il était *occupé* . Cependant, il envoya Mme Pratt, qui versa même des larmes en voyant l'état de détresse de ses pauvres et chers compatriotes.

Cette chrétienne bienveillante paraissait accablée par la bonté si naturelle à son sexe, et par une générosité pour laquelle elle possédait une éloquence particulière, elle nous assurait que « si elle l'avait en son pouvoir, elle donnerait à tous les marins des souliers et des chaussures ». des bas, dont ils avaient tant besoin, et un bon dîner – elle le ferait ; mais, en tout cas, elle irait immédiatement nous préparer un bon dîner, pauvres et chères créatures ! car nous devons être affamés. Elle ajouta à cela une foule d'expressions tendres semblables.

Elle prit *cordialement congé* de chacun de nous et nous dit qu'elle ne reviendrait que tard dans la soirée, de peur que ses visites ne soient remarquées ; mais elle nous assura qu'un excellent dîner serait envoyé le plus tôt possible à ses pauvres et chers compatriotes. Au bout d'une heure environ, nous reçumes un petit gigot de mouton rôti, sans aucun légume, avec deux couteaux et fourchettes, un peu de sel dans un papier et deux bouteilles de vin de très mauvaise qualité. Nous comptions avoir l'occasion, le soir, d'exprimer personnellement à la dame notre sentiment de l'excellence du dîner ; mais elle ne s'approchait jamais de ses « *chers* , chers compatriotes ! Elle avait soin cependant d'envoyer son homme avec la facture dont les frais dépassaient ceux de la geôlière de Rouen !

CHAPITRE III

Départ d'Amiens. — Arrivée à Albert. — Délicatesse et libéralité de nos officiers français. — Fête civique à Bapaume. — Effets du champagne sur les échevins français. — Séparation d'avec notre aimable conducteur. — Nouvelle escorte. — Marche forcée vers Cambray. — État pitoyable et souffrances sévères. des marins. — Entrée à Cambray. — Emprisonnement. — Landrecies, Avesnes, Hirson. — Un cantonnement sur les habitants. — Rocroy. — Un propriétaire brutal. — Le vol et les abus des prisonniers. — Givet. — Charlemont. — Une description des fortifications. Une poursuite infructueuse – Générosité du commandant français – Logement privé – Une logeuse jacobine – Fonds épuisés – Le 4 juin – Honneurs rendus à l'anniversaire du roi George III – Rôti de bœuf et pudding aux prunes – Terreurs françaises d'insurrection – La différence entre décoller et ne touchant que des chapeaux pour saluer les hommes en autorité. Bonne nouvelle. Un joyeux départ en charrette pour Verdun.

Enfin arriva l'heure destinée pour nous de quitter cette ville célèbre et de poursuivre nos marches forcées et tristes jusqu'au lieu de notre emprisonnement. Aussi, vers huit heures du matin, le 17 mars, jour de la Saint-Patrick, jour de grande fête dans mon île natale, nous fûmes mis *en route*, et nous arrivâmes à la petite ville d'Albert, dans le département de la Somme, à cinq heures de l'après-midi. Ici, nous fûmes arrêtés pour la nuit. Le lendemain matin, notre aimable officier nous étonna par un petit déjeuner des plus élégants, composé de tout ce que la petite ville pouvait fournir. Nous nous étions fait un devoir de ne jamais lui permettre de payer aucune de ses dépenses personnelles ou de table lorsqu'il nous conduisait dans une auberge, et son petit-déjeuner lui était offert, je suppose, tout à son honneur, en guise de récompense complémentaire.

D'Albert nous avons marché jusqu'à Bapaume, petite ville fortifiée du département du Pas de Calais. Les habitants se vantent qu'elle n'a jamais été prise, même si le duc d'York en était si proche en 1793. La route était excessivement sale et mauvaise. Nos hommes étaient si extrêmement faibles ce jour-là, le temps étant très rigoureux et la pluie si incessante, que notre bon officier fit prendre par quelques-uns de ses cuirassiers trois ou quatre de leurs prisonniers sur leurs chevaux. Il était environ quatre heures de l'après-midi lorsque nous sommes arrivés. Le policier nous a emmenés dans une taverne. Nous, trempés, fûmes conduits dans un appartement spacieux, où une grande table était dressée, et plusieurs bourgeois à l'air distingué étaient assis autour d'un poêle fixé au centre de la pièce. Ils ne semblaient pas nous prêter la moindre attention, ni même faire de la place à l'officier, qui était mouillé jusqu'aux os. Cependant, il s'est permis de leur demander de l'autoriser à s'approcher, ce qu'ils ont fait avec une apparente réticence. Nous nous efforçâmes maintenant de nous sécher et de nous mettre dans la meilleure situation possible ; ayant commandé en même temps quelque chose pour le dîner, ou plutôt pour le souper, car il était environ sept heures. On nous fit comprendre que c'était le jour de l'élection d'un nouveau maire, à la suite de quoi les échevins et les officiers municipaux avaient ordonné un dîner ; qui, une fois servi, nous laissa en pleine possession du poêle, circonstance qui nous plut beaucoup.

Ces messieurs ne semblaient pas, en termes d'appétit, s'écarter de leurs homonymes dans une certaine grande métropole, bien que je n'aie pas pu voir qu'ils mangeaient de la soupe aux tortues ; le champagne semblait être le seul vin qu'ils appréciaient. Notre souper fut servi sur une petite table près du poêle ; et ces messieurs, à mesure qu'ils s'inspiraient du jus généreux du raisin, daignèrent se familiariser davantage avec les prisonniers anglais et l'officier qui les avait en charge. Ils insistaient pour que nous touchions les verres, et même pour que nous buvions du champagne avec eux ; et au cours de la soirée, ces mêmes gens qui, à notre arrivée, n'avaient pas daigné nous traiter avec la commune civilité, ni même avec l'humanité, devinrent si excessivement hospitaliers, cordiaux et pressants qu'ils se révélèrent complètement ennuyés. Ils ont même prodigué dans leurs coupes de nombreux éloges à la « noble nation » à laquelle nous appartenions. « Quel dommage, s'écriaient-ils, que Anglais et Français ne soient pas unanimes ! Ils emporteraient alors tout devant eux et conquériraient le monde entier.

Nous étions désormais condamnés à subir une triste mortification et un malheur. L'officier amical qui nous avait conduits de Rouen avec tant d'humanité et, je puis dire, de délicatesse, nous informa maintenant qu'il était remplacé et qu'il ne devait plus être notre garde ni notre escorte. Il ajouta même qu'il avait demandé à nous conduire jusqu'à notre lieu de détention définitive et qu'à sa grande honte, il avait reçu un refus. Il parut très blessé de cette déception et nous quitta pour la nuit avec beaucoup d'émotion, nous assurant que nous ne quitterions pas la ville sans nous dire adieu.

Le 19 mars, au point du jour, un sergent nous réveilla avec la fâcheuse nouvelle qu'il avait amené une garde de dragons pour nous conduire à Cambray. Nous fûmes obligés de nous lever immédiatement et de prendre les meilleures dispositions possibles pour notre désagréable voyage. Notre ancien officier et ami, tel que nous le considérions, fit son apparition. Il parla de nous avec beaucoup de chaleur et de bonhomie, et nous recommanda très fortement à l'aimable considération du sergent. Il a ensuite fait des adieux affectueux à chaque individu et a littéralement versé des larmes en nous séparant. Nous avons beaucoup regretté sa perte. Il avait un cœur tendre et compatissant, et faisait honneur à la nation qui lui avait donné naissance, et même à la nature elle-même. Sous cet excellent homme, avec l'indulgence qu'il nous accordait et avec la confiance qu'il avait en notre honneur, aucun de nous n'aurait profité de l'occasion de s'échapper, même la plus favorable. Chacun aurait senti que c'était une honte pour le caractère de notre pays et une preuve d'une mauvaise moralité individuelle et d'une insensibilité à l'honneur.

A huit heures et demie, nous devions commencer notre marche vers Cambray. Tous les éléments semblaient se combiner avec toutes les circonstances pour nous faire ressentir notre condition altérée. C'était une matinée des plus rigoureuses, un froid glacial et le vent du nord-est soufflait violemment dans nos dents. Il grêlait et pleuvait violemment et sans interruption. Notre pauvre équipage était à moitié affamé, misérablement vêtu, sans chaussures ni bas, et certains même sans chemise. Ils étaient en haillons et en lambeaux. L'estomac affamé et le moral brisé, ils furent forcés d'entreprendre cette longue marche vers le lieu triste d'une prison. Sous la nouvelle escorte de dragons, nous poursuivions notre marche jusqu'à Cambray, où nous arrivâmes vers quatre heures de l'après-midi, dans un état vraiment pitoyable. Nous étions un amas de saleté et d'immondices, épuisés et dépourvus de ce seul élément qui peut faire endurer à la nature des difficultés extrêmes : la perspective d'une amélioration ou d'un soulagement. Nous avions la conscience des mérites du passé, mais nous étions misérablement dépourvus de perspectives d'avenir.

C'est dans cet état que nous avons défilé à travers Cambray, sous le regard du peuple, qui se réjouissait de voir un cortège de captifs anglais. Ils éprouvaient une joie extraordinaire à voir prisonniers d'un pays si fier et si triomphant. Après avoir surmonté cette épreuve, nous fûmes logés dans la citadelle.

Si, dans la première partie de notre captivité, moi et mes compagnons avions été dégradés et soumis à des épreuves en tant que marins privés, j'en eus ici ma rétribution, car nous étions tous les quatre maintenant appelés capitaines ; et, en vertu ou en l'honneur de notre rang, nous étions, *pro tempore*, autorisés à être hébergés à la cantine. C'était, en fait, une augmentation de la misère, car nos pauvres marins étaient mis dans les cachots, ou *souterrains*.

Ce n'est que par nos efforts acharnés que nous avons pu procurer à ces pauvres gens de la paille fraîche, que nous avons payée un prix exorbitant, pour leur misérable repos. Dans cette paille, ils jouissaient de la chaleur qu'ils pouvaient, en faisant des cordes et en l'enroulant autour de leurs membres et de leur corps épuisés, après s'être rafraîchis avec une sorte de soupe que nous leur avions préparée et payée aussi cher. C'était ce que les Français appelaient *soupe grasse*, et on la faisait de la manière suivante : On remplit d'eau une grande marmite ou *marmite* . Quand il commence à bouillir, on y jette une ou deux poignées de sel, selon la quantité d'eau, on hache du chou ou des herbes qu'on y met aussi, et enfin une boule de saindoux, de cuisine. -des trucs, des gouttes ou toute autre graisse qu'ils pourraient avoir. Ils laissent ensuite bouillir jusqu'à ce que les matériaux soient bien cuits. On le sert ensuite dans des assiettes creuses ou des plats, dans lesquels on a préalablement mis du pain coupé en tranches très fines. Le prix est de deux pence, et parfois plus, pour chaque assiette. J'ai vu notre hôtesse à Sééz, village près de Rouen, après qu'elle nous ait fait cuire des steaks de bœuf, mis toute la sauce dans la casserole, la remplit d'eau, et après avoir fait bouillir la casserole pendant quelques minutes, versa le tout le contenu dans une grande marmite d'eau qu'elle faisait bouillir sur le feu, préalablement préparée avec du sel et des herbes : elle la servait en soupe à nos pauvres marins, à un prix des plus exorbitants.

Nous restâmes à Cambray jusqu'au 21, lorsqu'une forte gelée avec de la neige s'installa ; et il nous fallut marcher, avec le vent, la neige et la grêle par intervalles en plein visage, jusqu'à Landrecies, à une distance de près de six lieues britanniques. Nos gens y furent mis en prison, et on nous fit l' *honneur* de nous arrêter à la taverne du Palais National. Ils étaient ici très justes dans leurs revendications. Le 22, au point du jour, nous commençâmes notre route vers Avesnes, dans le Pays-Bas, où nous arrivâmes vers quatre heures. Ils nous ont tous jetés sans discernement dans la prison de la ville. Vers cinq heures, le major de la ville vint nous parler et nous obtint la permission d'aller dans une certaine auberge qu'il nous désigna et où nous fûmes terriblement imposés. Les hommes ont été laissés en prison. Le 23, nous avions une autre garde de dragons, sous le commandement d'un sergent, pour nous escorter jusqu'à notre dépôt. Vers trois heures, nous arrivâmes dans un pauvre petit village appelé Hirson, où, n'ayant pas de prison, on nous logea, nous et les marins, chez les habitants. Mes compagnons et moi étions logés chez un fabricant de colliers. Les pauvres gens étaient extrêmement courtois et nous fournissaient des lits assez bons. Nous les avons payés pour tout ce dont ils nous fournissaient.

Le lendemain matin (le 24), nous dûmes prendre congé du fabricant de colliers et de sa famille, et nous fûmes mis en marche vers le village de Maubert Fontaine, qui était de loin plus pauvre et plus misérable que Hirson lui-même. Ici, nous étions de nouveau cantonnés chez les habitants ; et le logement dans des maisons privées était si préférable à l'enfermement dans une prison, que la différence nous réconciliait facilement avec la petitesse de la ville. Les gens chez qui nous étions placés étaient de très grands imposteurs et extorquaient le double de tout ce qu'ils nous fournissaient.

Le lendemain matin (le 25), cependant, nous nous séparâmes de ces fripons insensibles, et fûmes mis en marche vers Rocroy, dans les Ardennes. La distance était courte et nous sommes arrivés de bonne heure ; et nos gens furent immédiatement mis dans la prison commune. Mes compagnons et moi avons déployé tout l'intérêt et la rhétorique que nous pouvions rassembler pour être autorisés, en tant qu'officiers, à aller dans une auberge ; et la demande fut enfin accordée. Ici, nous nous reposâmes vingt-quatre heures, et eurent le malheur de trouver notre propriétaire un scélérat des plus accomplis, qui profitait de chaque occasion, ou plutôt qui s'en procurait, à la fois pour nous escroquer et pour nous insulter. Le lendemain matin, lors de notre départ, il nous présenta un décompte total ou brut de sa demande, sans daigner en préciser un seul élément en détail. Nous discutâmes avec lui sur la nature de sa facture et sur son montant énorme, et désirâmes savoir comment il pouvait la rendre si grande ; car, en fait, nous avions été particulièrement économes, car nos fonds devenaient très faibles. L'imposteur refusa catégoriquement toute explication, mais insista péremptoirement sur un paiement immédiat, nous attribuant des épithètes insultantes et provocatrices, en nombre et d'un caractère qui nous fit croire qu'il n'avait pas de talents ordinaires pour ce genre d'assaut et de coups et blessures. Nous fûmes obligés de nous soumettre à tous ses injures furieuses et répugnantes ; et, ce qui était encore pire dans notre situation, nous étions obligés de payer la facture, ou plutôt de ne pas payer la facture, car c'était une extorsion sans facture. Au grand déshonneur du caractère militaire français, je dois répéter qu'en aucun cas l'officier qui nous dirigeait ne nous a protégés de ces grossières impositions, rendues plus honteuses et cruelles par notre état d'impuissance.

La demande étant satisfaite, et le torrent d'injures digéré avec le moins de bile possible, nous prenons congé de Rocroy ; et, tournant le dos à notre hôte, les dragons nous mirent en marche sur la route du petit village de Fumez, sur la Meuse, si célèbre par ses ardoisières, où nous arrivâmes de bon matin, et où nous étions tous cantonnés chez les habitants, que nous avons trouvés extrêmement civils et obligeants.

Nous n'étions plus qu'à une étape de Givet, avec sa citadelle de Charlemont, et à huit heures du matin le lendemain, 28 mars, nous commençâmes notre dernière journée de voyage.

A trois heures de l'après-midi, nous entrâmes à Givet, ou Charlemont, notre lieu de destination, et ainsi terminâmes notre pénible marche depuis Brest, distance, par le *détour* que nous avions fait, de près de 700 milles, effectué en trente-neuf jours. y compris les jours de repos, à cause des intempéries, des mauvaises routes et dans toutes les circonstances propres à détruire la vie ou à l'aigrir pendant qu'elle dure.

Givet est une ville fortifiée du département des Ardennes et de l'évêché de Liège, divisé par la Meuse. Cette partie du côté sud de la rivière s'appelle Little Givet. Cette ville est commandée par un fort et une citadelle (Charlemont) très forts, bâtis sur un immense rocher : les fortifications ont été construites par Vauban. Une communication entre le Grand et le Petit Givet est assurée au moyen d'un pont flottant : les bateaux centraux sont placés de manière à être halés de temps en temps pour permettre aux navires de monter et descendre, ce qui arrive fréquemment. Les gens paraissaient très disposés à être amis avec nous ; mais nous étions si étroitement et si stricts qu'il était impossible de faire connaissance. Tout ce qui est nécessaire à la vie est bon marché dans cette ville : leur bière est assez bonne. Le vin est plutôt cher, car il y a très peu de vignobles dans le quartier.

Nos prisonniers, au début, étaient enfermés dans cet endroit ; mais quand ils devinrent nombreux, ils furent transférés à la caserne des chevaux, par crainte, je suppose, de se révolter un jour et de prendre possession de la citadelle, de la ville et de tout le reste. S'ils possédaient l'un, l'autre serait entièrement à leur merci et à leur disposition. Durant notre séjour dans ce dépôt, quatre des marins s'évadèrent de leur prison, dont deux appartenaient à notre défunte frégate. Lorsqu'ils furent manqués le lendemain matin, des détachements de *gendarmes* à cheval furent envoyés par le commandant pour les rechercher dans toutes les directions, avec l'ordre strict de les mutiler et, en fait, *de ne pas les ramener vivants* ; « afin que cela puisse servir d'exemple » (selon sa propre expression) « au reste des prisonniers ». Mais heureusement pour ces pauvres gens, ils ont échappé à leurs poursuivants, du moins pour cette période. Ils furent ensuite emmenés à Dunkerque alors qu'ils allaient s'embarquer dans un bateau non ponté. Le commandant avait aussi fréquemment l'habitude de se rendre à cheval dans la cour de la prison et de sortir ses pistolets de leurs étuis, en examinant l'amorçage afin de nous effrayer. Il le faisait généralement le soir, et les prisonniers ne pouvaient s'empêcher de rire de cette conduite insensée.

A notre arrivée ici, nous trouvâmes, comme prisonniers de guerre, les équipages de la *Minerve* et de la *Shannon*, frégates qui avaient été commandées par les capitaines Jahleel Brenton et Gower, qui, avec leurs officiers, étaient à Verdun. Il y avait également en détention un certain nombre de marins anglais capturés sur des navires marchands. Nous reçumes immédiatement la visite d'un certain M. Bradshaw, l'un des commis du capitaine Brenton, envoyé ici par lui, qui fut autorisé à résider dans la ville, afin qu'il puisse agir comme commissaire de cet officier. [8] M. Bradshaw m'a présenté, moi et mes compagnons, au capitaine Petervin, de la *gendarmerie*, qui était commandant des prisonniers de guerre. Un Jersey, nommé Gorée, était employé comme interprète, et il expliqua au capitaine Petervin notre rang dans le service anglais ; mais le capitaine, bien que peu disposé à nous mettre en détention, semblait ne savoir que faire de nous, car nous lui avions été envoyés comme marins privés. Il hésita et resta longtemps indécis ; mais il consentit enfin à ce que nous allions ce soir-là à la taverne de la Tête de Cerf. Nous nous rendîmes à la Tête de Cerf avec joie avec M. Bradshaw, après avoir remercié mille fois M. le Commandant de sa condescendance. Nous constatâmes que nous avions été envoyés dans une taverne très convenable, la première de la ville, ce qui nous convainquit que le capitaine de *gendarmerie* avait une opinion favorable des *adjudants anglais* . Nous avons justifié son acuité en commandant un bon dîner. M. Bradshaw dîna avec nous et réjouit nos esprits abattus en nous assurant que le commandant serait incité à nous permettre de loger dans la ville. Forts de cette bonne nouvelle, nous commandâmes une bouteille de vin supplémentaire, et passâmes la soirée le plus gaiement possible, avec le souvenir des souffrances passées et la triste perspective d'un long emprisonnement, en dehors des glorieux services qu'était alors notre profession. rendu à notre pays.

Le lendemain, le commandant nous reçut avec la politesse dont ses compatriotes étaient autrefois si proverbiaux. Nous avons expliqué par l'intermédiaire de notre interprète l'injustice et la cruauté excessives d'être envoyés au dépôt des marins et traités différemment de nos confrères officiers. Il sympathisait avec nous dans tout ce que nous disions, nous assurant qu'il enverrait une dépêche au général Wirion à Verdun (qui était commandant en chef des prisonniers britanniques) et lui exposerait le cas. En même temps, il nous conseilla d'écrire à notre commandant et promit de lui faire transmettre notre lettre. Il nous pria de rester tranquillement à notre taverne et nous assura qu'il ferait tout ce qui était en son pouvoir pour soulager nos angoisses. Nous lui rendîmes nos meilleurs remerciements, pris congé et retournâmes à la Tête de Cerf.

Après une révision de nos finances, nous avons eu la mortification de constater que nous ne pouvions pas rester plusieurs jours dans une taverne, n'ayant pas un sou pour notre subsistance ; l'indemnité journalière de cinq pence et demi *se* terminant au moment où nous sommes arrivés au dépôt. M. Bradshaw ne pouvait nous apporter aucune aide pécuniaire sans la permission du capitaine Brenton ; par conséquent, notre situation devenait de plus en plus mauvaise à chaque instant. Comme le logement, nous a-t-on dit, était excessivement bon marché dans la ville, nous avons conclu qu'il valait mieux demander au commandant l'autorisation de louer quelques chambres, avec des ustensiles de cuisine, etc., plutôt que de continuer plus longtemps ainsi. Cependant, nous craignions qu'il ne nous fasse entrer dans la caserne avec les matelots si nous commencions si tôt à exiger des faveurs. Nous avons donc convenu d'être extrêmement économes et d'attendre encore quelques jours. Ces jours étant expirés, nous avons fait la demande prévue, et avec succès. Il approuva notre projet et nous donna la permission écrite de nous promener dans la ville. Il le fit sous sa propre responsabilité, et nous assura qu'il comptait sur notre honneur pour ne pas sortir des limites de la ville ; ajoutant que si nous abusions de cette indulgence, nous serions sévèrement punis. Nous avons déclaré que nos intentions n'étaient pas de lui causer le moindre ennui ou inquiétude, et nous avons été particulièrement attentifs à respecter notre promesse.

Le même jour, nous louâmes deux chambres chez Madame de Garde, veuve d'un *ci-devant* général. Elle nous a fourni deux lits pour nous quatre, des ustensiles de cuisine et tout le nécessaire pour le ménage, et ce, à un prix très modéré. Nous avons informé Mons. le commandant de notre succès, qui nous félicita, mais, en même temps, parut désolé que nous logions chez cette vieille dame, observant qu'elle était *une jacobine* et de la *vieille école* . Tous ceux qui, à cette époque, étaient connus pour être attachés aux Anglais étaient réprouvés comme jacobins ; et je n'ai pas besoin de dire que nous aimions davantage la vieille dame grâce à cette information, bien que nous ayons pris soin de déguiser nos sentiments et de cacher le fait. Notre *ménage* commença le lendemain matin. Nous assumions la cuisine quotidienne et les différentes tâches par rotation ; mais nous pûmes bientôt nous débarrasser de ces services désagréables, car nous obtinrent la permission pour qu'un vieil homme infirme nommé Allen, qui avait été l'intendant de notre capitaine, vive avec nous comme cuisinier et domestique. Nos plats n'étaient certes pas très variés ni très exquis : la soupe et *le bouilli* , accompagnés de légumes, constituaient notre menu quotidien ; et même cela, nous le craignions, dépasserait bientôt nos finances en diminution rapide.

Tous les mois d'avril et de mai s'étaient passés lamentablement et aucune réponse à nos lettres n'avait été reçue de Verdun. Notre loyer était en retard et nos bourses au point d'être épuisées. Nous avons sollicité M. Bradshaw pour qu'il nous accorde l'indemnité de marin d'une livre de viande *par jour* ; mais même cela, il ne pouvait le faire sans l'autorité du capitaine Brenton. Celui-ci fut cependant reçu de Verdun par retour de courrier. La livre de viande s'est avérée d'un service très matériel pour les pauvres *adjudants* , et ils étaient très reconnaissants envers leur chef humanitaire, le capitaine Brenton.

Enfin arriva le glorieux 4 juin, jour de l'anniversaire de notre souverain George III ; et pendant ce jour au moins nos souffrances furent oubliées et nos chagrins jetés au vent. Nous étions résolus, si possible, à faire quelque démonstration en l'honneur de cette journée ; et finalement, malgré nos moyens financiers modestes, nous parvinrent à offrir un dîner d'anniversaire au commandant et au payeur du dépôt. De ce dernier officier, dont le nom était Payne, nous avions reçu de nombreuses courtoisies.

La journée se passa dans l'ensemble très agréablement jusqu'au coucher du soleil, quand arriva le moment d'enfermer les marins dans les différentes salles de la prison. Ils poussèrent alors trois acclamations formidables, qui coulèrent du cœur, en commémoration du jour qui donna naissance à leur gracieuse souveraine ; et, tandis que les dernières acclamations stupéfiaient et terrifiaient les Français stupéfaits, ils hissèrent les couleurs des différentes nations qu'ils avaient fait couler toute la journée par chaque fenêtre, en prenant soin d'avoir sous chacune le drapeau tricolore français, ce qui n'a jamais été remarqué. par le commandant ou les gardes. Les acclamations enthousiastes de près d'un millier d'hommes faisaient un bruit des plus puissants : c'était de la musique à nos oreilles lorsque nous étions assis à table, nos logements étant contigus. Le commandant, très alarmé, imagina que les marins s'étaient révoltés et étaient effectivement sortis de prison : si grande était la hâte de cet officier, qu'il ne fit qu'un pas du haut jusqu'au bas de l'escalier. Nous avons eu quelques difficultés à le remettre sur ses jambes, et avons été très heureux de constater qu'il n'avait subi aucune blessure à cause de cette marche, ni plutôt de cette chute, lui assurant que ses craintes n'étaient pas fondées. Cependant il allait s'en convaincre personnellement : il se rendit donc à la prison, et se réjouit de trouver tout parfaitement tranquille.

À son retour, il observa que les Anglais étaient *des braves gens* et qu'il boirait un autre verre de vin en commémoration de l'anniversaire du roi George. Le plat national, le rosbif au plum pudding, que nous avions préparé nous-mêmes, n'a pas été oublié à cette occasion. *Monsieur* aimait beaucoup la partie bien cuite ou extérieure du premier ; mais aucun de nos invités ne voulut y toucher longtemps. Enfin, à force de persuasion, ils daignèrent y goûter ; et la transition faite sur eux par ce goût fut si soudaine que nous avons eu quelques peines à nous assurer une part, même si c'était un pudding assez considérable. Ils s'exclamaient en l'avalant : « *Sacré bleu, comme il est bon !* » – « *Ma foi, oui !* » répétait chacun alternativement. Nous avons été très heureux de cette vue et avons ri de bon cœur.

A une heure tardive, ou plutôt, par rapport à la matinée, de bonne heure, *Messieurs* prirent congé, visiblement de bonne humeur, et nous nous retirâmes pour nous reposer.

Depuis notre arrivée à ce dépôt, plusieurs de nos hommes les plus robustes et apparemment les plus sains étaient morts d'une fièvre qu'on croyait avoir contractée dans certaines des prisons du chemin. Notre pauvre serviteur Allen en fut saisi et expira au bout de quelques jours. Quant au confort, nos prisonniers étaient dans une mauvaise situation ; mais les médecins français de Givet étaient certainement humains et attentifs.

Vers la fin du mois de juin, à notre grande surprise et à notre grand chagrin, le commandant parut très changé dans ses manières à notre égard. Nous ne pouvions imaginer quelle pouvait être la cause d'un changement si soudain et si total. M. Bradshaw nous a cependant informé qu'il lui avait fait remarquer « que les officiers anglais » (comme il a eu la gentillesse de nous appeler) « étaient excessivement fiers ».

«Je ne les rencontre jamais, dit-il, mais j'enlève mon chapeau, tandis qu'eux ne me lèvent que le leur.»

Il est certain que, chez toute l'humanité, une offense ou une insulte, réelle ou imaginaire, intentionnelle ou fortuite, produit plus de rancune qu'une injure. Par la précipitation accidentelle ou la négligence d'utiliser une plaquette au lieu de la cire à cacheter pour une lettre, le Premier ministre d'Angleterre, en pleine crise du pays, perdit pour un temps le soutien de l'un des ducs les plus riches et les plus influents du monde politique. monde.

Mais la colère de notre commandant ne fut pas de sitôt apaisée. Il envoya une nuit une garde de *gendarmes* pour nous conduire de notre logement au poste de garde, car nous étions dans la rue après neuf heures, alors qu'il faisait à peine nuit à cette époque de l'année, et bien que nous n'ayons pas d'heure régulière prescrit par lui d'être à l'intérieur. Au poste de garde, nous restâmes toute la nuit sur un trottoir froid, ne sachant pas de quoi nous étions coupables. Nos gardes nous assurèrent que ce n'était qu'un caprice du commandant. A midi, M. Bradshaw nous a rendu visite, mais sans laisser aucun espoir de libération. Le commandant l'avait informé que nous étions confinés pour ne pas avoir répondu à une sentinelle de son poste qui nous avait interpellés ou interpellés. Nous le niâmes catégoriquement, car nous n'avions pas dépassé une seule sentinelle cette nuit-là. Monsieur Brasseur, commandant en second, vint alors nous rendre visite et exprima une grande tristesse de nous voir ainsi enfermés sans aucune raison. Il servit le commandant, devint responsable de notre conduite et nous fit transporter dans notre logement, où il nous fut ordonné de nous confiner jusqu'à « de nouveaux ordres ».

Notre excellente hôtesse nous reçut avec la plus grande joie imaginable, nous baigna de ses larmes et nous fit préparer des rafraîchissements, quoiqu'elle nous eût envoyé un très bon déjeuner au corps de garde et qu'elle fût elle-même très pauvre. En trois jours, nous étions de nouveau libérés ; mais désormais nous étions toujours enfermés chaque fois qu'avait lieu une procession religieuse ou une cérémonie publique, et ce qui, à cette époque particulière, était très fréquent. Notre principal amusement était une partie de billard et une promenade autour des remparts, ou plutôt des ruines. Nous rencontrions fréquemment au billard des officiers militaires, qui se comportaient toujours avec la plus stricte politesse et nous faisaient une offre de table dès notre entrée dans la salle, ce que, bien entendu, nous refusions jusqu'à ce qu'ils aient fini.

D'après la conduite du commandant ces derniers temps, nous craignions constamment d'être étroitement liés aux matelots : il paraissait plus invétéré contre moi que tous les autres. Cependant, vers le 10 ou le 12 juillet, nous reçumes une lettre de notre commandant à Verdun, nous informant que le général Wirion avait enfin envoyé l'ordre que M. Mahoney et moi-même soyons conduits au dépôt de Verdun. Le commandant reçut l'ordre par le même courrier. M. Bradshaw avait également une lettre du capitaine Brenton, qui lui avait demandé gentiment et avec considération de nous fournir de l'argent liquide pour nous permettre de continuer. Toutes ces nouvelles arrivant en même temps nous accablèrent presque de joie ; mais les deux autres pauvres gens qui devaient rester, le maître d'équipage et le canonnier, étaient non seulement inconsolables de l'inégalité de leur sort, mais pleins d'appréhension que, dès que nous les aurions quittés, le commandant offensé ne deviendrait à la fois plus mesquin et plus cruel. sa sévérité.

Enfin, le 16 juillet, nous devions quitter Givet pour Verdun. M. Mahoney avait un mauvais pied, et une charrette fut donc fournie dans laquelle j'eus le privilège de monter. Tout fut enfin réglé pour notre départ, et nous avions été préalablement autorisés à voir l'équipage de notre navire, plaisir dont nous étions privés depuis quelques semaines. Cette scène était tristement intéressante, et nous avons laissé aux braves gens des vœux réciproques. Nous fîmes nos adieux affectueux à nos deux camarades et à notre bonne logeuse, et commençâmes notre route vers Verdun, sous l'escorte de deux *gendarmes* .

CHAPITRE IV

Notre arrivée à Verdun. — Un accueil joyeux. — Le général Wirion. — Son indulgence envers les prisonniers. — Les rencontres d'anciens camarades et amis. — L'emploi mental, meilleur antidote contre *l'ennui* et la dissipation. Angleterre. — Méditations sur une évasion. — Moyens pour éviter une violation de la parole ou toute violation de l'honneur. — Trois camarades ou *compagnons de voyage*. — L'escalade des remparts. — Une descente de soixante-douze pieds. — La campagne. — La marche commence. — Vol de nuit. , et se cachant dans les bois le jour. — Fortes pluies, routes lugubres et lits marécageux, avec une mauvaise nourriture et de bons cœurs. — Sautant un fossé. — Un genou luxé. — La marche reprit et se poursuivit boiteusement. — La ville de Neuville. — L'eau fut enfin obtenue, l'angoisse apaisée, et la fuite se poursuivit avec un esprit renouvelé.

LE 16 juillet 1804, nous arrivâmes de bonne heure à Fumez. Ici, une vieille femme faisant office de crieur attira mon attention. Au coin d'une rue, elle commença son préambule. Elle avait une petite barre de fer dans une main et une grosse clé dans l'autre, en guise de cloche. Nous étions autorisés à faire ce que nous voulions à notre arrivée et à aller dans n'importe quelle auberge de notre choix. Notre garde nous informa que le commandant de Givet avait inséré dans notre *feuille de route* que nous devions être considérés comme des officiers en liberté conditionnelle et traités en conséquence.

De Fumez nous fûmes conduits à Mézières et hébergés dans une taverne, étant maintenant officiers de grade, ce dont notre hôtesse semblait avoir été informée. Cette vieille dame était, si possible, plus extorquée que toutes celles que nous avions rencontrées jusqu'à présent. Nous avons constaté que, à moins que nous ne fassions au préalable un accord, précisant particulièrement ce que nous souhaitions et réglementant le prix de chaque article, nous serions passibles des plus lourdes taxes ; et c'est d'ailleurs assez généralement le cas dans toute la France. De Mézières nous passâmes par Sedan, Stenay et un petit village, Sivry ; et le 23 nous arrivâmes à Verdun, le lieu tant désiré de notre destination finale.

Nous avons été reçus par le capitaine Brenton, nos officiers et nos compatriotes de la manière la plus joyeuse et la plus cordiale. Pendant deux nuits, en attendant de pouvoir nous loger, nous fûmes logés à l'auberge des Trois Maures, où l'empereur Napoléon s'arrêta à son retour après sa splendide campagne d'Allemagne et le traité de Tilsit. Deux ou trois jours après notre arrivée, M. Pridham nous présenta au général Wirion, qui nous autorisa à nous promener dans les faubourgs, à condition que notre commandant devienne responsable de notre conduite, *corps pour corps* ; ce que le lieutenant Pridham avait fait. Au cours de quelques jours, j'ai trouvé un logement, récemment libéré par un *détenu* , Sir James de Bathe, avec M. Ashworth, un aspirant, qui avait été l'un de mes camarades de bord sur notre dernier navire, le *Hussar* . Il mourut ensuite à Minorque, des suites des blessures qu'il avait reçues au large de Tarragone, alors qu'il était lieutenant du HMS *Centaur* , alors qu'il était en train d'arracher à la destruction les malheureux Espagnols qui étaient sabrés par la cavalerie française alors qu'ils se précipitaient à la mer vers nos bateaux. pour la protection. [9]

Dès que je me sentis un peu installé, en collaboration avec mon très estimé ami Ashworth, j'employai un maître français et poursuivis mes études avec la plus grande assiduité. Je n'ai jamais quitté la ville, sauf occasionnellement les jours de courses ou d'autres divertissements publics. Il faut remarquer que les courses et toutes sortes d'amusements qui peuvent priver un Anglais de ses biens, ou détourner un instant son attention, étaient permis par le général qui commandait les prisonniers. J'ai été informé qu'il y avait des prix fixes pour toutes ces indulgences. La table des hasards et *le rouge et noir* ont causé la destruction de beaucoup de nos compatriotes. Toutes sortes de débauche et de libertinage, j'ai le regret de l'ajouter, étaient permises et pratiquées dans cette ville. Dernièrement, les principaux gens du monde et les hommes possédants ayant été dispersés, les courses de chevaux cessèrent, ainsi que les jeux de hasard, dans une large mesure.

Nous engageâmes également un maître d'armes, et dès que nous fûmes assez avancés dans la langue française, nous nous procurâmes un maître italien et nous nous efforçâmes d'étudier sous lui avec la plus grande diligence. Ces recherches littéraires nous étaient d'un avantage incalculable ; car, tandis qu'ils fortifiaient l'esprit et répandaient sur lui les charmes inséparables de l'acquisition de connaissances utiles, ils nous fortifiaient contre les attraits de la dissipation, allégeaient le poids de notre captivité et nous sauvaient de cette maladie morale, *l'ennui* , avec toutes ses conséquences. train de passions et d'appétits désordonnés que les gens sont enclins à s'infliger à eux-mêmes en se livrant à des habitudes d'oisiveté. Nous étions stimulés dans notre zèle pour nos études en réfléchissant que nous acquérions ce qui nous rendrait plus utiles à notre pays dans notre profession. Cependant, ce dont nous avons été témoins et ce que nous avons vécu nous ont convaincus des bienfaits inestimables des activités mentales pour atténuer les souffrances de la captivité, ainsi que de la mesure dans laquelle ces souffrances sont aggravées par le manque d'emploi intellectuel.

Quelques mois après mon arrivée, un certain M. M'Grath, un de mes proches, fut escorté jusqu'à ce dépôt, avec M. Wills, second capitaine, et l'équipage d'un bateau de la frégate *Acasta* . M. M'Grath était l'assistant du chirurgien.

Ils avaient été faits prisonniers sur l'île de Beniget, près de Brest. M. Wills avait reçu l'ordre tôt le matin d'accoster sur cette île et de charger son bateau de sable pour récurer les ponts ; et M. M'Grath avait reçu la permission de l'accompagner, uniquement dans le but de se promener et de s'amuser pendant que les hommes chargeaient le bateau ; mais à peine débarqués, ils furent encerclés par un certain nombre de troupes françaises qui leur tendaient une embuscade, et avaient été débarquées la nuit précédente dans le but exprès de surprendre quelques-uns des bateaux anglais qui avaient l'habitude de venir quotidiennement. à terre. Nos pauvres gens furent immédiatement sécurisés, embarqués et conduits vers le continent. A leur arrivée à Verdun, à cause des traitements cruels qu'ils éprouvèrent pendant leur marche, ils furent si épuisés que les deux officiers furent pris d'une violente fièvre. M. Thos. George Wills, excellent officier, maintenant post-capitaine, se rétablit en peu de temps ; mais son compagnon perdit l'usage de ses membres et resta confiné au lit, avec peu ou pas d'interruption, jusqu'en juillet 1808, date à laquelle il creva un vaisseau sanguin et expira sans un gémissement. Il a vécu avec moi la plus grande partie de cette période.

Mais revenons au fil de mon propre récit. Nous restâmes à Verdun à partir de juillet 1804, nous amusant à étudier, et l'hiver à patiner, etc., jusqu'en août 1807, lorsque je commençai à considérer minutieusement ma situation et à délibérer sur ma malheureuse captivité. Ces délibérations ont eu pour effet de me mettre très mal à l'aise et insatisfait ; je ne pus non plus me résoudre ensuite à étudier ou à quelque divertissement que ce soit. Je me suis dit que je perdais la fleur de l'âge en captivité. Je ne voyais aucune perspective de paix ni d'échange de prisonniers ; aucun espoir ni possibilité d'être promu dans mon état actuel, ni de me recommander, par des efforts personnels, à l'attention de l'Amirauté. J'ai été privé, en France, de la possibilité d'apporter à mon pays, à mes amis ou à moi-même la moindre aide. Les visions juvéniles des gloires du service naval me revinrent ; mais malheureusement mon moral fut brisé lorsque je réfléchis que mes espoirs de me joindre aux autres dans la lutte pour l'honneur et le patriotisme étaient détruits, à moins que je ne parvienne à me libérer de l'esclavage.

Dans cet état horrible, presque de stupéfaction, je restai quelques jours ; lorsque mon pauvre ami Ashworth m'a fait remarquer que lui et M. Tuthill, un ami particulier, aspirant également, avaient examiné la cruauté et les difficultés dans lesquelles ils travaillaient et avaient, en conséquence, formé l'intention, si je voulais les rejoindre. , de transgresser, de se voir privés de leur autorisation de sortir de la ville (ce que les Français considéraient comme *une libération conditionnelle*) et de s'enfuir vers leur pays natal. C'était pour moi l'intelligence la plus flatteuse, c'était celle que je tournais dans mon cerveau depuis quelques jours. Nous nous réunissâmes donc dans un endroit désigné pour délibérer sur la meilleure méthode de mise à exécution de l'exploit que nous allions commencer, et convînmes qu'il était nécessaire de se procurer des sacs à dos, des provisions, des vessies pour contenir de l'eau, etc., avant de nous approcher de près. confinés, car nous serions obligés de voyager la nuit et de nous cacher dans les bois pendant le jour.

Ayant donc fourni tous les matériaux requis, à savoir des limes, des vrilles, des scies et d'autres articles qu'il est inutile de mentionner, afin que, en cas d'être pris, nous puissions briser nos chaînes et échapper à l'esclavage. et une punition dont nous savions bien qu'elle nous attendrait ; et M. Ashworth et moi ayant attendu le lieutenant Pridham pour lui demander de retirer sa responsabilité à notre égard, ce qu'il a fait en conséquence, nous avons commencé par manquer un *appel* ; mais, à notre grand étonnement, cette faute de conduite a été ignorée et pardonnée. [10] Nous restâmes ensuite hors de la ville très tard. Cela nous a également été pardonné, même si nous sommes même entrés dans le poste de garde. Bref, il fallut plusieurs jours avant que nous parvenions à nous faire priver de nos passeports, ou « permissions » ; et nous soupçonnions, ou plutôt étions sûrs, à cause de la clémence dont nous avions fait preuve, que notre projet de fuite était suspect. Notre honneur personnel, ainsi que celui de la marine, et même de la nation anglaise en général, nous avaient exclu la possibilité de tenter de nous échapper alors que nous étions en liberté conditionnelle selon le commandant *français* ; mais maintenant nous étions littéralement sous captivité ; et, pensant que peut-être une occasion aussi favorable de nous enfuir ne nous serait plus jamais offerte, nous ne tardâmes pas à prendre nos résolutions.

C'est dans la nuit du 28 août 1807 que nous décidâmes de prendre congé en France de notre « maison de prison » ; et nous avions prévu une excellente corde pour pouvoir escalader les remparts. Chacun s'était procuré sa part, ou quantum, de trois à quatre brasses ; mais ce que Tuthill avait obtenu n'était qu'une simple approximation. Bien sûr, on le suivait ou on le plaçait au bas de la corde, afin que si elle cédait, nous aurions le moins de distance à tomber.

On peut imaginer que nos cœurs battent à plein régime avec des émotions contradictoires. Que de grandes souffrances devaient être endurées et de grands dangers rencontrés, mais peu intéressés par des esprits aussi jeunes et ardents que les nôtres ; ou bien ils étaient plutôt submergés par cet amour des entreprises audacieuses et honorables qui stimule souvent la jeunesse aussi bien que la virilité aux plus grands et aux meilleurs efforts. D'un côté, nous avons dû réfléchir à la mortification de la capture, avec une sévérité accrue et, ce qui nous semblait infiniment pire, une durée prolongée de détention ; tandis que, de l'autre, si le succès venait couronner nos efforts déterminés, nos cœurs vibreraient à l'idée de marcher à nouveau sur le pont d'un navire de guerre britannique, dans toute l'exaltation de la confiance que nous servions notre roi et notre pays. dans une juste cause.

Je retournai à mon logement ; mais il me faut remarquer qu'en chemin je rencontrai par hasard un ami, un lieutenant Essel de la marine, qui, avec la plus grande franchise, me communiqua qu'il était parvenu à la résolution de tenter son évasion de France. , et il m'a exprimé combien il souhaitait que je l'accompagne. Cette singulière coïncidence éveilla naturellement dans mon esprit le soupçon qu'il était parvenu à connaître notre secret, et je refusai de lui donner une réponse directe pour le moment ; mais je réfléchis que, comme il ne parlait d'aucun de mes compagnons, c'était une preuve qu'il ne connaissait pas notre dessein, ou qu'il faisait preuve d'une prudence qui pouvait le rendre digne de confiance. Je le quittai, me rendis chez mes camarades et leur communiquai tout ce qui s'était passé. Après une consultation, sur un point qui nous tenait à cœur, nous décidâmes qu'il pourrait se joindre à notre périlleuse expédition, à condition qu'il ne soit pas endetté et qu'il puisse autrement s'échapper de la ville sans déshonneur. Des sentiments très élevés et des notions scrupuleuses d'honneur imprégnaient nos officiers de marine. Notre nouveau camarade nous satisfit sur tous ces points. Il nous a assuré qu'il avait été privé de son passeport, ou « permis » ; qu'il avait réglé toutes ses affaires ; et qu'il disposait d'un excédent de 50 £ à joindre à nos fonds pour faire face aux difficultés que nous n'étions que trop sûrs de rencontrer. Dans ces circonstances, nous nous sommes tous cordialement serré la main ; et jamais quatre jeunes aventuriers ne tentèrent un exploit sous une résolution plus amicale et plus galante de partager un sort commun.

Le moment tant attendu est arrivé ; et une heure avant minuit, nous nous retrouvâmes à l'endroit fixé. Combien nous étions chagrinés et contrariés de constater que non seulement à cette heure tardive les sentinelles étaient inhabituellement en alerte, mais que, ce qui semblait plus extraordinaire, un grand nombre de personnes passaient et venaient. Nous fûmes obligés de remettre notre fuite à la nuit suivante.

J'avoue que j'ai ressenti le plus grand regret de quitter mon pauvre parent malade, notre seul autre camarade, M'Grath ; je ne pouvais pas non plus lui faire part du pas que j'allais faire sans éprouver une émotion impossible à décrire. Ses sentiments lors de notre séparation étaient aussi aigus que les miens.

La côte de la mer, bien entendu, était le point fixé pour notre destination ; et nous convînmes que la région d'Étaples était la partie la plus susceptible de se procurer un bateau.

L'anxiété et le malaise que nous ressentions le lendemain étaient indescriptibles. Quelques-uns de nos compatriotes qui nous appelaient *en passant* , jetaient de telles insinuations et faisaient de tels commentaires sur notre conduite ces derniers temps, que nous étions dans la plus sérieuse crainte d'être enchaînés et en route pour Bitche, avant le grand voyage. -heure souhaitée, onze heures du soir. « Le... », dit Shakespeare, « craint chaque buisson comme un officier ». Nous savions bien qu'il y avait plusieurs Anglais employés et payés régulièrement pour transmettre au général français les événements les plus insignifiants qui pouvaient survenir parmi les prisonniers. J'ai souvent vu des prisonniers de guerre, par malice, être tirés de leur lit pendant la nuit, enchaînés et conduits, sous escorte de *gendarmes* , aux dépôts de punition, sans jamais être informés du crime ou de la faute dont ils étaient responsables. ils avaient été accusés ; et simplement de la part de certains de ces mécréants qui donnaient de fausses informations, afin de se venger de toute animosité privée qu'ils auraient pu avoir contre la personne ainsi traitée.

Le moment tant désiré arriva enfin : le temps intermédiaire s'était écoulé dans une grande excitation. Nous nous sommes rencontrés. Tout semblait calme et favorable à notre fuite. Nous étions dans l'esprit de tirer le meilleur parti des circonstances, ou de créer des circonstances, si les créer était possible. En quelques secondes, à l'aide de notre corde et de l'aide d'un ami, Alexander Donaldson, il y a de nombreuses années, mon camarade de bord, maître dans la marine, puis prisonnier de guerre, — il était originaire de Portsoy, dans le Banffshire, mais ce n'est plus le cas maintenant, - nous avons descendu ces remparts les plus formidables, hauts de soixante-dix à quatre-vingts pieds. Nous sommes descendus, à notre grande surprise, avec peu de dégâts, à l'exception de la perte d'une partie de la peau de mes mains. Cela était dû à la partie en corde de fouet de la ligne, que nous ne pouvions pas saisir fermement, et qui envoyait mes compagnons complètement sur mon dos et sur mes épaules, dans le fossé, avant que je puisse bouger ou me dégager. Heureux serions-nous de nous trouver, du moins jusqu'à présent, libres. Notre cap était le nord-ouest. Chaque homme attacha son sac à dos, disposa ses instruments et ses armes de défense, et, pleins de l'esprit d'aventure déterminée et de souffrance résolue, nous commençâmes notre route.

Le lendemain matin, 30 août 1807, vers trois heures, le jour commença à poindre, et comme nous avions couru la plupart du temps depuis que nous avions quitté notre misérable emprisonnement, nous conjecturâmes que nous étions à au moins cinq lieues britanniques de Verdun. Nous décidâmes de ne nous approcher d'aucune maison, ni de nous exposer pendant le jour, sauf en cas de plus grande nécessité.

Nous étions heureusement près du bois même que nous avions repéré sur notre carte pour notre première halte : c'était aux environs de Varennes, où Louis XVI, sa reine, sa sœur et ses deux enfants furent arrêtés dans leur fuite de aux Tuileries en 1791, et furent reconduits à Paris. Nous entrâmes aussitôt dans ce bois, et, après de longues recherches, nous parvînmes à en trouver une partie épaisse, quoique malheureusement contiguë à un sentier. Cependant nous nous cachâmes si bien que, à moins que la nouvelle de notre fuite n'eût été répandue et que des gens vinssent délibérément à notre recherche, nous n'avions aucune crainte d'être découverts. Dans notre repaire, nous restâmes avec un confort et une sécurité passables jusqu'à neuf heures environ, lorsque notre confiance disparut et nous fûmes très ennuyés ; car nous trouvâmes le sentier très fréquenté, et les voix des passagers et des enfants qui venaient profiter de leur dimanche matin en fouillant et en s'amusant dans les bois, nous affligeaient tous beaucoup. Heureusement, aucun noyer ou buisson n'était très proche de nous, et à midi nous avons eu le bonheur de voir les intrus se précipiter chez eux pour dîner. Nous primes également nos rafraîchissements, et jugâmes sage de détruire nos chapeaux, et de les remplacer par des bonnets de castor blanc, à *la Française*, dont nous nous étions pourvus.

À sept heures du soir, il faisait assez crépuscule, et après avoir mis nos sacs sur l'épaule et pris toutes les autres dispositions, nous quittâmes le bois et recommençâmes notre marche, faisant directement route vers le nord-ouest à travers le pays, par monts et par vaux, montagnes et plaines ; traversant les champs labourés, pataugeant dans les tourbières et les marais, sautant les fossés et franchissant tous les enclos avec une entrain d'esprit qui nous donnait une force et une vigueur étonnantes : rien ne pouvait arrêter ou retarder notre marche. Le bonheur que nous ressentions était inexprimable. La fraîcheur du grand air, l'utilisation active de nos membres libres et l'espoir du triomphe et de la liberté ultimes nous faisaient nous considérer comme des créatures régénérées.

Mais avant le jour (le 31 août), il commença à pleuvoir abondamment. Nous découvrîmes un bois propice à notre dissimulation, sauf qu'il était attenant à une ferme. Après bien des délibérations anxieuses, nous résolumes cependant de nous y cacher ; car nous pensions qu'il ne nous serait peut-être pas possible d'en atteindre un autre, avant que le jour ne nous livre à une paysannerie agitée, à laquelle une moindre chance de danger était préférable. Je me souviens à ce moment parfaitement de l'endroit où nous nous sommes placés, et même à cette distance du temps il me semble voir tout ce qui se passait autour de nous.

Nous nous procurâmes, après de longues recherches, le bois étant excessivement maigre, une assez bonne cachette ; mais nous entendions distinctement les gens converser dans la cour de la ferme, ce qui, j'ai à peine besoin de le dire, nous causa une grande inquiétude. Notre situation toute cette journée était très déplorable. En entrant dans notre cachette, nous étions mouillés jusqu'aux os, et il pleuvait sans cesse jusque tard dans la soirée : l'humidité que nous recevions des branches et des feuilles était bien pire que si nous avions été en plein champ sans arbre. Notre tâche principale consistait à faire sortir l'eau de nos vêtements et de nos bas. Notre magasin de provisions, composé principalement de biscuits légers et de saucisses, a été très endommagé. Au crépuscule, vers l'heure habituelle - sept heures - après avoir pris un petit rafraîchissement, nous avons enfilé nos sacs à dos et nos accessoires et avons continué sur l'ancien parcours, NW. Nous avons marché une bonne distance cette nuit, le temps étant plus favorable.

Le lendemain matin (1er septembre), peu avant le jour, nous entrâmes dans un bois épais des plus excellents, admirablement bien conçu pour les marcheurs nocturnes. Nous prenâmes quelques rafraîchissements et tâchâmes de dormir un peu après les fatigues de la nuit et après nous être félicités mutuellement de notre succès jusqu'ici. Vers dix heures, nous avons été alarmés par les voix de personnes apparemment proches de nous. Nous vîmes qu'ils passaient par un sentier adjacent, que nous n'avions pas aperçu auparavant ; mais nous étions trop bien placés pour craindre d'être découverts. Le nombre d'écureuils, de rats, de souris et de vermine autour de nous ce jour-là était très grand. Après avoir fait nos préparatifs d'usage, à sept heures nous sortîmes de notre trou caché et nous nous dirigeâmes vers la lisière du bois, du côté vers lequel nous devions nous diriger. A notre arrivée, nous découvrîmes quelques ouvriers encore au travail dans un champ voisin de l'extérieur du bois, ce qui nous obligea à nous arrêter jusqu'à ce qu'ils disparaissent. Nous procédâmes alors avec quelque inquiétude, car nous apercevions un village exactement sur notre route, et que nous ne pouvions éviter sans faire un très grand tour. Environ deux heures après avoir quitté le bois, nous trouvâmes notre route soudainement gênée par un fossé ou un fossé, et, en le sondant avec nos massues (qui, soit dit en passant, étaient d'assez bonne longueur), nous la trouvâmes très profonde. ; en fait, sa profondeur dépassait de loin tout ce que nous aurions pu prévoir. Nous avons examiné cette formidable obstruction ou barrière, marchant d'abord dans une direction, puis dans une autre, sans pouvoir parvenir à une résolution, bien que nous savions et sentions tous que, d'une manière ou d'une autre, nous devions la franchir ou nous soumettre à cette formidable obstruction ou barrière. être reconquis.

Enfin je découvris une partie qui était ou semblait être plus étroite que le reste, et dans ce cas d'absence d'alternative, qui devenait de minute en minute plus désespérée, je résolus de faire un grand effort et d'essayer de sauter par-dessus. Je me donnai donc de l'espace pour une bonne course en face du point le plus étroit, et, sautant de toutes mes forces, j'atterris sur la rive opposée, quelques pieds au-delà de la marge. Le canal s'avéra n'être pas aussi large qu'il le paraissait, et, sachant qu'il était extrêmement profond, j'avais été d'autant plus soucieux d'assurer un bon abordage, de peur de retomber dans le courant. L'événement, cependant, était comme s'échapper de Scylla pour se perdre dans Charybde – ou plutôt l'inverse ; car, en évitant l'eau, il me fallait trouver ma blessure sur la terre. La conséquence du grand élan que j'avais donné à mon saut fut que, la rive opposée étant graveleuse et dure, et que mon sac à dos se soulevant et redescendant avec une brusque secousse aussitôt que mes pieds touchèrent terre, je fus jeté sur le côté, et mon genou droit était tellement tordu au niveau de l'articulation que je pensais absolument qu'il était cassé en deux.

Dans cet état, je restais étendu à terre ; et, tandis que je souffrais les plus atroces, je n'arrêtais pas d'avertir mes compagnons d'être plus prudents et de se guider par mon expérience. Ils firent enfin le saut et me rejoignirent sans blessure ni inconvénient. Ils examinèrent l'articulation et constatèrent, à ma joie inexprimable, que le genou n'était pas cassé ; mais un accident si malheureux, dans un moment si critique, me privait de tout espoir de pouvoir poursuivre le long et difficile voyage que nous avions à accomplir. Ces réflexions me troublèrent au point que mes idées en devinrent distraites. Bien entendu, je ne pouvais pas espérer que mes camarades restent avec moi ; et j'avais la triste perspective d'être abandonné par eux, et laissé soit souffrir et périr en plein champ, soit être capturé, et ma guérison aboutir à la prison. Une mort instantanée, je la pensais de loin préférable ; mais la Divine Providence a daigné intervenir sa clémence, et m'a appris l'utile leçon : préférer désespérer une confiance en sa sagesse et sa miséricorde.

Mes camarades ont prêté toute l'attention à ma blessure. Ils irritèrent le joint et le frottèrent avec la petite portion d'alcool dont chacun de nous disposait. J'ai trouvé un grand soulagement grâce à cette application, et en peu de temps, avec leur aide, j'ai pu me lever et mettre le pied à terre.

J'ai fait un effort pour sortir, mais j'ai été obligé de demander qu'on m'aide de chaque côté, ce qu'ils ont fait. Nous avançâmes donc lentement et dépassâmes le village dont nous avions été si inquiets. Mon genou, j'étais heureux de le sentir, s'améliorait progressivement ; et nous parvînmes à faire dans cet état environ trois lieues, lorsque nous découvrîmes un bois très beau et commode.

Il était environ deux heures, le 2, lorsque mes camarades proposèrent que nous nous reposions dans ce bois le jour suivant : ils ne voulurent pas, à cause de moi, aller plus loin. Aucune détermination ne pourrait être plus conforme à mes sentiments que celle-ci. J'étais excessivement déprimé et fatigué. Ayant enfin trouvé une partie convenable du bois, chacun prit position et jouit d'un petit rafraîchissement, puis s'efforça de se reposer ; mais mon genou me faisait si violemment mal que je fus obligé de faire coucher deux de mes amis de tout leur poids sur ma jambe, ma cuisse et mon côté droit. Ils se sont endormis profondément en très peu de temps, mais je ne pouvais pas fermer les yeux. Le reflet pénible et mélancolique d'être laissé pour compte, à cause de ma maladie, revenait encore. L'idée d'être ramassé et conduit dans quelque cachot épouvantable, ou dans quelque autre habitation ignominieuse, était constamment présente ; et, tout en étant agité par de telles idées, quel mortel pourrait songer à dormir ? Ainsi occupé dans mes pensées, oscillant entre l'espoir et le désespoir, je restai près de deux heures, mes amis dans un profond sommeil tout le temps. Enfin, trouvant leur poids sur mon côté gênant, je m'extirpai d'eux sans les réveiller ni leur causer le moindre dérangement.

Je m'imaginai alors que j'avais une excellente occasion d'essayer si je pouvais me lever et marcher seul, et je fis donc un effort pour me lever, ce que je accomplis avec quelque difficulté ; mais en essayant de marcher, la douleur était si grande et la faiblesse du genou si excessive, que je tombai aussitôt à la renverse sur terre. La nécessité de procéder était si urgente que, le jour suivant, je profitai de l'occasion du sommeil de mes compagnons pour répéter l'expérience, mais sans plus de succès. Cependant, afin d'encourager mes aimables et courageux associés, je n'ai cessé de répondre à toutes leurs demandes en leur assurant que je me sentais beaucoup mieux.

A l'heure habituelle de la soirée, toutes dispositions étant prises pour poursuivre notre marche, nous nous dirigâmes furtivement jusqu'à l'orée du bois, que je ne pensais jamais pouvoir quitter. J'étais soutenu par un ami de chaque côté, comme je l'avais été la nuit précédente, et j'ai dû être le plus pénible pour eux. En arrivant à la périphérie, nous avons trouvé qu'il était trop tôt pour quitter le bois. Il y avait un arbre très élevé au point où nous arrivions, et il fut proposé que M. Tuthill grimpe dessus pour découvrir la nature du pays qui s'offrait à nous dans notre route. Il le fit aussitôt avec style, étant intrépide et actif ; et, à notre grande satisfaction, nous rapportâmes que c'était une belle plaine, sans bois, sans rivière, ni quoi que ce soit qui puisse entraver notre progression. De la hauteur excessive de l'arbre, nous ne doutions pas qu'il pût étendre sa vue sur plusieurs lieues.

Nous continuâmes enfin notre route, et j'insistai pour que mes amis me laissent à l'arrière, boitillant et luttant pour moi-même. Je me sentais, je l'avoue, extrêmement déprimé, mais j'étais déterminé à ne pas exposer mes sentiments. Au début, la douleur que j'ai endurée était terrible ; cependant, sûr qu'il n'y avait pas de fracture, quoique dans une agonie atroce, je posai enfin fermement ma jambe au sol et parvins à boiter avec l'aide de ma massue. Nous n'avions pas avancé d'une lieue lorsque nous apercevons un beau vignoble juste devant nous. Nous nous arrêtâmes pour goûter les raisins, ce qui fut pour moi un véritable soulagement, car j'étais presque épuisé. Les raisins, bien qu'aigres, nous ont incroyablement remonté le moral. Après avoir mangé beaucoup, nous avons largement rempli nos poches. En peu de temps, je trouvai mon genou devenu plus facile, et la tristesse qui m'avait tant déprimé disparaissait rapidement, jusqu'à ce que je continue enfin avec une excellente humeur. En effet, je n'ai jamais été aussi surpris que par le changement soudain de ma silhouette, mon genou s'améliorant à chaque kilomètre parcouru.

Au point du jour, le 3 septembre, nous fûmes très alarmés, ne pouvant apercevoir de bois dans aucune direction. Enfin, à notre indicible plaisir, nous aperçumes à peu de distance un bosquet ou espèce de petite forêt, n'ayant pas plus de trois ou quatre acres de circonférence. Nous nous y rendîmes sans hésitation, et le trouvâmes épais et bien adapté à notre dissimulation. Après avoir campé dans un endroit convenable, nous déposâmes nos sacs à dos, nous débarrassâmes de nos pommes, etc., et, après nous être rafraîchis avec un peu de biscuit et de saucisse, accompagnés d'un dessert de fruits que nous pouvions maintenant nous permettre, nous nous rendîmes à repos. Je n'avais pas fermé l'œil depuis que j'avais reçu la blessure ; mais à ce moment, à peine étendis-je mes membres fatigués sur le sol, que je tombai dans un profond sommeil ; et je ne me réveillai pas avant d'être réveillé par mes camarades, alarmés par les voix de deux hommes venus travailler près de notre cachette. Nous les entendions si distinctement que nous pensions qu'ils ne pouvaient être éloignés qu'à cinquante pas. Leur conversation concernait principalement les villes de Charleville et de Mézières. Ils continuèrent leur travail jusqu'au coucher du soleil.

En les entendant mentionner ces villes si souvent, en plus d'autres parties de la conversation, nous étions convaincus que nous étions trop au nord de notre route normale. Voyageant par des nuits, souvent extrêmement sombres, quoique nous ayons une excellente boussole, il était impossible d'éviter parfois de nous tromper un peu, plus particulièrement chaque fois qu'une rivière nous détournait de notre bonne direction. Ces ouvriers étant partis, ce que nous ne regrettions pas, comme le lecteur peut le supposer, nous commençâmes nos préparatifs, comme nous en avions l'habitude, et, à l'heure habituelle de la soirée, nous poursuivions notre marche vers la côte. Mon genou, lorsque nous avons commencé, était douloureux et raide, mais il s'est progressivement amélioré grâce à l'exercice.

A minuit, nous arrivâmes tout à coup à une petite ville située dans une vallée ; nous n'avons pas non plus perçu notre erreur jusqu'à ce qu'il soit trop tard pour revenir sur nos pas pour l'éviter. Cependant, comme c'était une ville ouverte, nous espérions qu'à une heure aussi avancée de la nuit nous pourrions nous échapper sans danger. Nous avançâmes donc le plus vite possible ; nous n'avons rencontré personne non plus jusqu'à ce que nous arrivions dans le fauxbourg d'en face, où nous avons dû rencontrer un paysan à cheval. M. Ashworth lui demanda le nom de la ville que nous venions de traverser, et il nous informa que c'était Neuville. Nous l'avons remercié, avons continué notre route et avons parcouru, cette nuit-là, une distance considérable. Au cours de notre voyage, nous avons souvent connu une terrible pénurie ou une absence totale d'eau ; et cette nuit notre soif était très grande, mais nous avons pu l'apaiser grâce aux fruits que nous avons cueillis dans les vergers.

Le 4 septembre, vers trois heures du matin, nous entrâmes dans un bois très commode ; et ici nous avons résolu de rester cachés pour ce jour-là. Nous nous rafraîchissâmes avec une très petite quantité de nos biscuits et de nos saucisses, et avons eu l'occasion de remarquer que notre stock devenait très bas, malgré que nous ayons été si abstinents que nous pouvions à peine soutenir nos forces pour notre voyage. La rosée était extrêmement lourde et le sol très humide ; ainsi, faisant nos lits de bruyère, de branches feuillues et d'herbe, nous nous endormîmes tranquillement. Je me suis retrouvé heureux au-delà de toute expression, grâce à l'amélioration quotidienne de mon genou.

Le lendemain soir, à l'heure habituelle, nous quittions notre abri, mais dans des circonstances pénibles, car nos fruits étaient épuisés, nous n'avions pas une goutte d'eau et notre soif était excessive. Nous avons avancé, presque périssant faute d'humidité pour nos bouches et nos gorges desséchées et nos poumons haletants ; et c'était en vain que nous essayions de nous consoler par l'espoir de trouver quelque ruisseau ou quelque ruisseau qui soulagerait notre angoisse.

Nous avons voyagé près de sept heures dans cet horrible état, sans pouvoir découvrir une goutte d'eau, sauf à un endroit où il y avait un grand fossé dans lequel le lin était trempé ou déposé. J'y courus pour me soulager et, bien que sa puanteur fût abominable, j'aurais pu boire abondamment si mes compagnons ne m'avaient assuré que la conséquence serait une mort immédiate. Ma soif était si forte que j'avais encore beaucoup de peine à me retenir ; mais finalement j'ai continué sans y goûter.

J'ai été sous tous les climats, presque dans toutes les parties de l'univers ; j'ai enduré une soif excessive à différentes périodes de ma vie; j'ai bu du vinaigre, de l'eau salée, et j'ai même sucé les voiles goudronnées d'un navire pour tenter d'apaiser cette agonie ; mais je déclare solennellement que je n'ai jamais rien ressenti d'égal à ce que j'ai souffert de soif pendant cette nuit.

Ne trouvant aucune chance d'obtenir de l'eau, du moins dans notre cours direct, nous décidâmes à l'unanimité de nous approcher du premier village que nous découvririons, afin de nous approvisionner à quelques puits des habitants. Une occasion se présenta bientôt, et nous nous dirigâmes avec le plus grand empressement vers cet endroit tant désiré ; mais avant notre arrivée au village, nous avons aperçu un petit verger. Mon ami Tuthill, toujours en alerte et naturellement, comme je l'ai déjà observé, actif et expert, escalada le mur du verger en très peu de temps, malgré les aboiements constants d'un chien sur les lieux, et revint avec une réserve de pommes. . Ils étaient très petits et du genre sauvage ; mais ils répondirent à notre objectif et atténuèrent notre état de détresse. Nous avons traversé une extrémité du village, nous sommes approvisionnés de ce dont nous avions tant besoin et avons continué notre route ; nous nous tenons plus à l'ouest que nous ne l'avions fait récemment, à la suite de notre découverte concernant Charleville. Ayant beaucoup d'eau, nous avons maintenant progressé rapidement, le cœur plus léger et l'esprit plus brillant.

CHAPITRE V

Le voyage poursuivi - Un bivouac dans un bois - Dangers d'être fusillé - Se libérer avec un verger - Traversée de l'Oise - Un mode de ravitaillement - Un cabaret et une *fête de village* - La gentillesse des paysans - Petit Essigny - Essorer des vêtements trempés, et les séchant sur des braises fanées. Un misérable propriétaire. Un changement de quartier. Le luxe d'un grenier à foin. Une Samaritaine d'hôtesse. Les misérables souffrances de M. Essel. Recours dans un autre village. Un gentil propriétaire. Sympathies pour les déserteurs. Un sentiment de camaraderie rend les hommes merveilleux. » – Le luxe d'un lit propre – Un séjour dans un autre village – Une hôtesse maternelle – Une connaissance de route chanceuse – Vertu et bonheur dans une vie humble – Le boulanger charitable – Les dangers des sportifs aux gentlemen qui se cachent dans bois-M. Disparition du mal d'Essel - Vitesse accrue pas toujours sans danger pour les fuyards - Froid du temps - Un fermier hospitalier - Une maison de moisson française - Hesdin - Nieuville - Étaples - Sortis d'un lit de paille - Une auberge neuve, avec un *gendarme* déguisé dans la cuisine — Soudoyer un propriétaire — Pas de bateau disponible — Un vieux berger trop rusé pour un jeune lieutenant et des aspirants de marine — Difficultés extrêmes — Grands espoirs — Découragement et ressources.

LENDEMAIN , 5 septembre, rien de particulier ne se produisit. A l'aube, ayant trouvé un bois convenable, nous nous cachâmes, comme d'habitude, pendant le jour. La nuit, nous reprenâmes notre route et, vers onze heures, nous arrivâmes à une route extrêmement large.

Vers minuit, nous nous trouvâmes tout à coup au début d'une rue dont les immeubles étaient grands, et la ville qui l'entourait paraissait considérable. Cette découverte nous étonna d'autant plus que la place n'avait ni rempart ni fortification d'aucune sorte, et que jusqu'ici nous avions pensé qu'il n'y avait pas en France une ville de cette grandeur qui ne fût bien fortifiée. Cependant, nous n'avions pas le temps de débattre ou de réfléchir, car nous apercevions de la lumière dans de nombreuses fenêtres ; les chiens aboyaient ; nous avons entendu des voix humaines dans différentes directions ; et notre danger était extrême. Heureusement, à ce moment-là, nous apercevâmes une ouverture vers laquelle nous nous dirigeâmes aussitôt, et y trouvâmes une ruelle qui nous conduisit hors de la ville ; mais nous ignorions encore complètement de quel endroit il s'agissait, ce qui nous détermina à nous renseigner auprès de la première maison dont nous approcherions, et en quelques minutes une opportunité se présenta.

Nous apercevons plusieurs cabanes au bord de la route. M. Ashworth et moi-même avançâmes, laissant nos compagnons cachés ; et, frappant à la porte d'une des cabanes, un homme (comme nous le supposions couché) nous demanda ce que nous voulions. Nous répondîmes que nous étions de pauvres voyageurs affligés, affamés et évanouis, et que nous serions heureux de savoir à quelle distance nous nous trouvions de la ville voisine. Il nous a dit qu'il n'était pas à plus d'un kilomètre de Montcornet. [11] Nous marchâmes alors, désirant anxieusement le jour, afin de pouvoir constater sur la carte où se trouvait Montcornet.

Un peu avant le jour, le dimanche 6, après avoir traversé une rivière peu considérable appelée la Serre, nous nous arrêtâmes dans un bois à trois lieues à peine de cette ville. Il était très mince, ce qui nous obligeait à nous déplacer et à changer de position plusieurs fois avant de pouvoir trouver une partie capable de nous cacher. Enfin, nous choisissions un endroit que nous rendions assez confortable en cassant des branches et en les plaçant tout autour de nous.

Vers deux heures de l'après-midi, nous avons été alarmés par un oiseleur et son braque. Le chien s'est approché de très près et dès qu'il nous a aperçus, il s'est mis à aboyer et à crier. Le maître s'approchait aussi de nous, et ne cessait de siffler et d'appeler son chien, qui était alors très loin de lui, s'étant retiré précipitamment en nous découvrant. L'homme continuait en ligne droite à la poursuite du chien d'arrêt : nous apercevions distinctement ses jambes et ses pieds au passage ; mais, de par notre position, nous étions certains qu'il ne nous voyait pas. On peut facilement imaginer notre appréhension, ainsi que notre extrême joie face à notre évasion de l'épaisseur d'un cheveu.

A l'heure habituelle, nous quittions notre antre, et avons eu le bonheur de trouver que quelques pommiers, juste à l'extérieur du bois, étaient couverts de fruits très excellents ; avec lequel, j'ai à peine besoin de le remarquer, nous avons tous rempli nos poches et nos sacs à dos. Le peu de biscuit qui nous restait était littéralement réduit en poussière, ce qui faisait de cette provision d'un fruit juteux presque un luxe. La nuit était excessivement sombre et nous avons eu plusieurs chutes gênantes et graves.

Le lieutenant Essel était maintenant très épuisé. Sa fatigue était extrême et il était devenu incapable de nous suivre. D'après le grand changement que nous avions observé dans son aspect depuis deux ou trois jours, nous commencions à craindre qu'il ne pourrait plus poursuivre le voyage à aucun rythme et serait obligé de s'arrêter en chemin. Nous résolus cependant, en tout cas, de rester avec lui le plus longtemps possible. L'alternative serait très douloureuse.

Le lendemain, lundi 7, nous vérifiâmes notre stock de provisions et le trouvâmes misérablement bas. Nous fûmes alarmés de découvrir que de biscuit, ou plutôt de poudre de biscuit, nous n'avions même pas une livre, et que de notre seul aliment restant, des saucisses, notre réserve était à peu près proportionnelle. Que faire dans cette situation critique, nous ne savions vraiment pas. Une chose, au moins, était certaine, c'est que pour exister il faut manger, et que pour manger il faut avoir de la nourriture ; et par conséquent la conclusion était évidente, que notre plan, dans lequel consistait notre sécurité – le système consistant à éviter les villes, à s'éloigner des maisons et à éviter l'approche de tout ce qui a trait à la nature humaine – ne pouvait pas être suivi longtemps, tant qu'il était difficile de concevoir quel autre schéma pourrait être adopté.

Après une discussion très longue et peu agréable, nous arrivâmes à la conclusion que, comme MM. Tuthill et Ashworth étaient parmi nous les plus maigres d'apparence et, par conséquent, les plus semblables aux Français, ils devraient s'efforcer de se procurer du pain chez nous. la première habitation retirée et solitaire que nous devrions voir tôt dans la nuit. Aussi, vers neuf heures, nous aperçûmes directement dans notre cours une maison qui parut répondre à la description demandée. Les deux messieurs francisés s'avancèrent pour vérifier leur adresse : le lieutenant Essel et moi restions assis près d'une haie touffue. Nous restâmes quelque temps dans cette position, attendant le résultat de l'ambassade de nos amis, mon pauvre compagnon se plaignant gravement de l'altération de sa santé. Constatant qu'ils ne revenaient pas, nous imaginions qu'ils avaient peut-être été bien accueillis et qu'ils s'amusaient ; et nous décidâmes, comme la maison se trouvait directement sur notre chemin, de passer négligemment devant elle et, en conséquence, nous continuâmes notre chemin. Au moment où nous avions passé la porte, ils firent leur apparition, accompagnés d'un jeune homme habillé en paysan. Ils nous rejoignirent et nous informèrent qu'ils ne pouvaient procurer aucun secours dans cette maison ; mais qu'il y avait un petit village à quelques centaines de mètres de nous, et que ce jeune homme allait leur montrer un cabaret où ils pourraient s'approvisionner de tout. J'étais décidément d'avis que c'était beaucoup trop gentil de sa part ; et je leur conseillai donc de renvoyer ce guide, car nous pourrions certainement retrouver la maison sans son aide ; mais il insista pour nous conduire et demanda si nous étions aussi du parti ; et bientôt le village était en vue et était très petit, ce dont je me réjouis beaucoup. Il y avait beaucoup de monde et notre guide nous informa que c'était un jour *de fête* .

Le cabaret était maintenant devant nous, et le jeune homme le montra en disant : « Vous pouvez entrer sans crainte », et il nous quitta. Je n'ai pas aimé cette dernière observation. Cependant, nous étions à ce moment-là sur le seuil : un certain nombre de personnes se trouvaient dans l'embrasure de la porte ; il n'y avait pas d'alternative et nous y sommes allés. La maison était remplie de gens des deux sexes, dansant et s'amusant. La danse cessa immédiatement après notre entrée ; tous les regards étaient fixés sur nous. Nous avons demandé un endroit où nous pourrions nous asseoir et nous rafraîchir, et avons été conduits dans une pièce. Nous demandâmes du pain, du fromage et du vin ; je les reçus et mangai de bon cœur, même si nous ne pouvions pas nous vanter d'être très à l'aise ni d'être très à l'aise. Plusieurs paysans et leurs femmes vinrent s'asseoir près de notre table, nous pressant de prendre quelques-uns de leurs *gâteaux*. D'après notre apparence générale, et particulièrement nos casquettes et nos sacs à dos, ils nous ont évidemment pris pour des conscrits partant à l'armée. Nous leur annoncions que nous allions à Guise, et que nous étions obligés de voyager jour et nuit à marches forcées, à cause de l'ordre de départ de notre régiment et de notre trop long séjour chez nous. Heureusement pour nous, ils n'étaient pas un peuple curieux et ne nous interrogeaient ni sur le nombre ni sur les officiers du régiment, ni sur aucune de nos circonstances. Nous réclamâmes notre note et priâmes notre hôte de nous apporter une grosse miche de pain et une bouteille d'eau-de-vie, comme nous en aurions besoin avant de rejoindre notre régiment à Guise. Cela fait, ils nous souhaitèrent tous du succès, et nous nous quittions d'eux, très heureux de nous débarrasser de leur compagnie.

Au point du jour, nous nous arrêtâmes dans un bois attenant à une ferme, au bord de l'Oise. Le mardi 8, vers sept heures du soir, nous recommençâmes notre marche, après avoir été très alarmés par une dame bien habillée et deux enfants qui nous avaient croisés, avec une servante, qui la précédait en secouant les ronces et en faisant tomber l'humidité des arbres. . Ils se sont approchés si près de nous qu'ils ont touché le buisson qui nous couvrait. Vers huit heures et demie, nous traversâmes l'Oise en deux endroits, et nous fûmes encore une fois obligés de traverser un village pour arriver au pont qui passait sur cette rivière.

A l'aube du 9, après une marche fastidieuse et difficile, après avoir traversé un certain nombre de champs labourés en profondeur et de chaumes, par-dessus des collines et à travers des vallées, nous nous retrouvâmes de nouveau dans des plaines découvertes, le pauvre Essel pouvant à peine se déplacer. C'était de loin la pire situation dans laquelle nous nous trouvions placés depuis le début de notre voyage. En examinant avec la plus grande anxiété et la plus grande attention tout autour de nous, nous croyions apercevoir des arbres ; mais ils étaient à une distance considérable et hors de notre route. Nous les avons néanmoins approchés. Il commença à pleuvoir très vite ; et lorsque nous eûmes atteint l'endroit tant désiré, ce n'était plus qu'un mince verger, avec quelques pommiers épars. Nous continuâmes notre marche, étant bien assurés qu'il n'y avait aucun abri pour nous derrière nous, du moins aucun qui ne soit à une grande distance. Nous découvrîmes bientôt un petit village dans la direction même où nous allions, et près de lui apparut un petit bois. Nous avons avancé assez vite. Le pauvre Essel était obligé d'être très en retard. Rencontrant un vieux paysan, nous lui demandâmes le nom du village et trouvâmes que c'était Petit Essigny. Il nous a dit qu'il y avait un chemin sur la droite, si nous voulions éviter de passer. Nous étions, dit-il, à cinq lieues de Saint-Quentin. Les propos de ce vieillard nous parurent bien singuliers : il prit congé et nous continuâmes notre chemin. Il pleuvait et la matinée avançait, il était presque huit heures. Ce que nous imaginions être un bois, attenant au village, s'est avéré, en s'en approchant, n'être que quelques arbustes ; en arrivant à ce point, nous trouvâmes qu'ils étaient assez épais et l'herbe très haute, l'enclos étant entouré d'une haie vive. Nous avons immédiatement franchi cette haie et nous sommes couchés tout près. Notre situation était très désagréable. L'herbe, excessivement humide, ajoutait à notre misère, étant presque trempée jusqu'aux os avant que nous y pénétrions. La pluie tombant des buissons tombait littéralement sur nos pauvres corps dans les écluses ; mais c'était bien préférable au risque d'entrer dans le village, où nous soupçonnions que *des gendarmes* pouvaient se cacher, l'endroit étant si proche d'une grande ville. Nous avons continué dans cette situation misérable jusqu'à environ quatre heures, lorsque M. Essel est devenu très faible et épuisé, et le reste de notre petit groupe n'allait guère mieux. Cela nous a incités à quitter cet endroit inhospitalier et à tenter de nous réfugier dans une maison, quelles que soient les conséquences.

Nous approchâmes donc d'une seule cabane située à peu de distance du village ; Il y entra et y trouva un pauvre vieux paysan et deux garçons, qui se révélèrent être ses fils : ils grelottaient sur quelques cendres et paraissaient très pauvres et misérables. Nous leur avons demandé de faire un bon feu et de nous permettre de sécher nos vêtements trempés et de nous réchauffer ; et c'est ce qu'ils ont fait, mais pas avant que nous ayons promis un paiement libéral. Ils semblaient étonnés de notre apparence et très embarrassés de savoir qui et ce que nous pouvions être. Le feu étant enfin allumé, nous nous mîmes volontiers à essorer l'eau de nos vêtements et à nous efforcer de les faire sécher. Nous avons fait apporter du pain au vieux paysan : il nous a donné aussi un peu de beurre, qu'il avait par hasard dans la maison ; la vieille dame, sa femme, ayant emmené tout le reste ce matin-là au marché de Saint-Quentin.

Nous imaginions que nous ferions extrêmement bien si le vieil homme nous permettait de rester toute la nuit, même au coin de son feu, car il pleuvait si fort qu'il était absolument impossible d'essayer de voyager. Cela fut annoncé à notre vénérable hôte, accompagné de l'assurance qu'il aurait sa récompense ; mais, sans hésiter, il nous déclara de la manière la plus positive que cela était impossible. Que devions-nous faire, car c'était ce genre de nuit qui faisait déclarer à la douce Cordélia qu'elle ne pouvait pas chasser le chien de son ennemi ; et pourtant, nous, chrétiens, messieurs et officiers, semblions être en danger de devenir ces misérables dont « les têtes sans abri et les flancs sans nourriture » étaient si plaints par le fou roi Lear. Nos réflexions n'étaient pas d'un caractère très consolateur.

Enfin, le vieux grognard d'un hôte nous dit qu'il y avait un pub dans le village, où nous pourrions nous approvisionner de tout ; et il ajouta que, comme il était si proche, il ne pourrait y avoir aucune grande difficulté pour y parvenir. A ce moment, deux paysans passaient devant sa porte, et, décidé à nous chasser en tout cas, il appela ces deux bonshommes pour nous guider jusqu'à l'endroit. Les hommes semblaient très polis, mais, si c'était l'inverse, il n'y aurait pas d'alternative ; Nous avons donc payé le vieux Cerbère pour son maigre feu, son pain bis moisi et son beurre aigre, et nous sommes sortis de sa maison avec la disposition de secouer jusqu'à la poussière, ou plutôt, dans ce cas, la boue même, de nos chaussures sur son seuil. La figure de notre armée de silex est toujours devant moi. C'était un homme grand, mince et difforme ; et les effets de son visage cadavérique et hideux n'étaient pas améliorés par un regard des plus sinistres et un ricanement malin et méchant, qui pourraient bien avertir les malheureux qu'ils n'avaient pas grand-chose d'humanité à attendre de sa part.

Sous la conduite de nos guides civils, nous arrivâmes bientôt au village et, à notre inexprimable joie, nous trouvâmes que c'était un endroit petit et misérable. Nos guides nous montrèrent le cabaret et prirent congé. Nous entrâmes dans cette masure misérable et constatâmes que la bonne hôtesse n'avait rien à nous donner que du pain et des œufs ; et de plus, qu'il n'y avait pas de lit dans la maison, ses invités ayant l'habitude de dormir dans un grenier où il y avait beaucoup de foin propre. Cependant, cela était luxueux pour les pauvres vagabonds, qui s'étaient nourris et dormaient de la même manière que nous l'avions fait depuis notre évasion de prison. Mais nous avons dû étudier les apparences, et comme il n'y avait pas d'autre auberge (comme on appelait la misérable masure) dans le village, nous semblions hésiter si nous devions rester ici, ou nous diriger vers la prochaine ville importante ou vers Saint-Quentin. et nous demandâmes en conséquence à quelle distance il se trouvait. Notre hôtesse répondit qu'il n'y avait pas plus de trois ou quatre milles pour atteindre un village assez grand, mais que Saint-Quentin en était éloigné de deux lieues. Nous fîmes semblant d'être très contrariés par cette nouvelle et lui dirent qu'il pleuvait trop fort pour que nous puissions parcourir cette distance et que, si gênant que cela puisse être, nous resterions avec elle et dormirions dans le grenier à foin cette nuit-là, de préférence à être exposé plus longtemps aux intempéries. Nous fîmes un bon feu, terminâmes le séchage de nos vêtements, soupesâmes et nous retirâmes au grenier à foin. La gentille femme nous a donné deux couvertures pour nous couvrir. Nous avons trouvé ce logement assez bien et nous nous sommes très vite endormis.

Le lendemain, heureusement pour nous (car il nous tenait à l'abri), fut très mauvais, il pleuvait sans interruption. Nous restâmes dans notre loft, sauf l'un de nous qui alla chercher le petit déjeuner et prévenir la logeuse (que nous trouvâmes veuve) que nous resterions jusqu'au soir, dans l'espoir que la pluie cesserait. Nous lui avons envoyé nos vêtements en lambeaux, nos bas, etc., à raccommoder. Nous pouvions nous déplacer sans grande crainte dans cet endroit, car nous trouvions qu'ils étaient totalement étrangers à la vue d'un *gendarme*. La bonne dame nous prenait pour des conscrits et compatissait à notre situation. Elle avait un frère dans l'armée, alors en Prusse ; et elle nous apporta à lire une lettre qu'elle avait récemment reçue de lui. Je lui ai dit que j'avais servi dans le même régiment, ce dont elle était très contente.

Vers sept heures, nous payâmes cette digne vieille hôtesse et prîmes congé. C'était une nuit claire et étoilée, et le temps s'annonçait favorable ; mais le sol était si excessivement glissant et boueux, que nous pouvions à peine nous empêcher de tomber à chaque pas que nous faisions. Vers dix heures, M. Essel fut saisi d'un violent saignement du nez et de la bouche. Nous craignions qu'il n'ait fait éclater un vaisseau sanguin. Ceci, joint à une dysenterie dont il souffrait depuis quelque temps, le rendait si excessivement faible qu'il ne pouvait plus faire un pas. Nous fûmes très touchés de ce malheur, et décidâmes de le conduire à la prochaine maison que nous trouverions. Heureusement, le village dont parlait notre hôtesse, lorsque nous arrivâmes pour la première fois chez elle, était en vue, et cette vue donna un nouveau courage à notre amie malade ; mais nous craignions que ce soit trop grand pour notre sécurité ; cependant nous étions résolus en tout cas à lui procurer un logement là-bas, à être vigilants, et si nous apercevions un danger, à nous en aller sur-le-champ. Vers onze heures et demie, nous sommes arrivés à ce village et, à notre grande joie, il s'est avéré de loin inférieur à ce à quoi nous nous attendions. M. Ashworth est entré dans un pub pour faire une reconnaissance et s'enquérir si de la nourriture et un abri pourraient être fournis à notre ami souffrant. Il revint bientôt avec la bonne nouvelle qu'il avait réussi, et il nous assura que, d'après tout ce qu'il put observer, il était convaincu que nous ne courrions aucun danger en restant à l'auberge toute la nuit et même le lendemain. La joie que cette intelligence répand parmi nous est à peine concevable. Nous décidâmes donc tous très cordialement de rester avec notre malheureux ami, espérant sincèrement qu'il pourrait, la nuit suivante, se débarrasser de sa maladie et recouvrer une partie de ses forces. Le saignement avait cessé, symptôme que nous pensions être très en sa faveur, et enfin nous entrâmes tous dans le pub, le monsieur malade et moi fermant la marche.

Nous avons été reçus très poliment par le propriétaire, un honnête jeune homme, qui nous a fait entrer dans une arrière-pièce agréable, propre et confortable, dans laquelle il y avait un lit séparé pour chacun de nous. Il était cependant plutôt surprenant de l'entendre nous assurer que « nous étions parfaitement en sécurité avec lui » ; car cette garantie de sécurité, même sincère, impliquait au moins que nous étions l'objet de soupçons. Nos doutes, cependant, furent bientôt dissipés, car il ajouta, à notre grand soulagement : « J'ai moi-même été dans une situation similaire autrefois, et j'aurai toujours de la sympathie pour les autres dans des circonstances aussi malheureuses. Lorsque j'ai quitté l'armée comme conscrit, j'ai parcouru plusieurs centaines de kilomètres la nuit et je me suis caché dans les bois le jour. C'était consolant, et nous lui avons fait *des signes de tête* d'assentiment et d'approbation ; car il était dangereux de parler, car un mot ou deux auraient conduit à une conversation dans laquelle il n'aurait peut-être pas été commode de répondre aux questions avec vérité, et pas facile d'y éluder par l'ingéniosité, ou même de les vaincre par le mensonge.

Nous prenâmes notre rafraîchissement avec une vivacité qui montrait que nous n'étions pas habitués récemment à la bonne chère, et nous constatâmes, ou nous nous flattions de constater, que notre ami malade allait déjà mieux. Chacun se retira dans son lit, aussi heureux que n'importe quelle créature de l'univers. Cieux! Quel paradis ! Il n'est pas en mon pouvoir d'exprimer ou de donner une idée de la joie et du bonheur que j'ai ressentis en me retrouvant dans un lit confortable, avec tout ce qui m'entourait propre et net. Nous avions passé treize jours et treize nuits sans nous déshabiller une seule fois, sauf la nuit précédente dans le grenier à foin, où nous avions fait réparer nos vêtements, et ces jours et ces nuits avaient été passés, les premiers à dormir, comme par hasard, dans la boue, les tourbières ou les bourbiers, ou sur des feuilles vertes sèches ou humides, tandis que ces dernières avaient été dépensées à travailler, le ventre vide et la gorge desséchée, sur tous les mauvais terrains et les obstacles gênants que doivent rencontrer les voyageurs qui ont des moyens privés. raisons d'éviter les autoroutes ou les sentiers battus. De telles souffrances sont merveilleusement propices à amener les hommes à ressentir et à être reconnaissants pour le confort d'un bon lit ; et je n'ai pas besoin de remarquer que nous restâmes tous au lit, non seulement toute la nuit, mais pendant la plus grande partie de la journée suivante (vendredi 11).

Dès le crépuscule, nous payâmes avec gratitude notre note, qui était modérée ; et, prenant congé de notre hôte simple et bon cœur, nous avons de nouveau bouclé nos sacs à dos et repris notre habitude de voyager de nuit. Essel était grandement rafraîchi ; nous nous trouvâmes comparativement assez forts et en bonne santé, après le repos de la nuit dernière.

Le 12, au point du jour, il commença à pleuvoir sans cesse et à torrents ; nous étions alors tout près d'un petit village. Nos récents succès nous rendirent plus audacieux que lors de notre premier départ, et n'ayant pas de bois pour nous abriter, nous résolus d'entrer dans le village. Nous trouvâmes cela très bien calculé pour notre dessein, et fûmes admis dans un cabaret ; où, après avoir acheté quelque chose à manger, nous demandâmes la permission de nous coucher et de nous reposer un peu n'importe où, dans l'espoir d'être conduits dans un grenier à foin, — mais nous fûmes agréablement surpris ; car notre bonne vieille hôtesse a mis des draps sur les deux seuls lits qu'elle avait, et nous a dit que nous pourrions nous y reposer jusqu'au soir. Nous avons compris qu'elle nous prenait aussi pour des conscrits. Elle offrit quelque chose de chaud à M. Essel et parut très attentive. Au crépuscule, nous payâmes la bonne dame et, comme d'habitude, nous commençâmes notre marche. Le pauvre Essel se plaignait beaucoup et mes pieds commençaient à enfler ; bien qu'ils ne fussent pas douloureux, je craignais quelque conséquence fâcheuse de leur gonflement. Vers dix heures, notre ami déclara qu'il ne pouvait pas avancer d'un pas de plus ; par conséquent, nous nous sommes assis pour lui laisser le temps de se reposer. Nous décidâmes d'attendre avec lui un jour ou deux, pour voir s'il allait s'améliorer, mais nous ne savions pas où l'emmener pour cette nuit. Méditant ainsi, nous avons été rejoints par un homme qui suivait notre route. Il nous salua très gentiment et nous exprima sa tristesse de voir notre camarade si malade. Le digne garçon était de bonne humeur et manifestement de nature communicative, et semblait disposé à nous faire part de tout ce qui le concernait et de ses affaires, ce qui était de loin plus commode pour nous qu'il ne s'était attendu à une égale franchise de notre part. Il nous informa qu'il était boulanger et qu'il revenait de l'endroit où il avait travaillé toute la semaine, vers sa petite famille, dans un village à environ trois kilomètres de là. L'honnête homme paraissait éprouver une sorte de satisfaction mélancolique à s'attarder sur le souvenir de sa femme, qui, ajoutait-il tristement, était décédée récemment, lui laissant trois jeunes orphelins. L'homme de bon cœur concluait sa bavarderie simple et ouverte en nous informant qu'il disposait de deux bons lits, dans lesquels il nous assurait que nous étions les bienvenus, et il nous fit cet accueil avec une telle franchise et une telle chaleur qu'aucun cynique ne pouvait soupçonner de ruse. dans un tel personnage, ou pourrait être réchauffé par la gratitude envers sa nature bienveillante. L'honnête boulanger ajoutait à ses autres assurances qu'il nous procurerait tout ce que nous pourrions désirer ou désirer. Il était évident que nous devions toujours nous prendre pour des conscrits *en retraite* , c'est pourquoi notre joyeux compagnon nous assurait d'un regard complice, ajoutant : « que son village était petit et qu'il n'y avait aucun danger avec lui ». Nos cœurs en ont ressenti la vérité, et en même temps sa valeur inestimable.

Nous arrivâmes bientôt chez ce pauvre homme, et il parut aussi heureux de nous recevoir que s'il avait par hasard trouvé inopinément des amis ou des parents qui avaient été longtemps absents et chers à son cœur. Il alluma un feu flamboyant et ordonna aux enfants de se lever et de préparer les lits pour notre réception. C'est ce qu'ils firent joyeusement, puis se retirèrent dans leur loft. Nous nous sentions particulièrement en sécurité avec ce pauvre étranger hospitalier, et toute la scène domestique était au moins faite pour nous faire comprendre la vérité que le contentement, le bonheur, la générosité et les meilleurs sentiments de notre nature ne sont pas l'héritage exclusif des riches. . Nous nous réchauffâmes devant son foyer rougeoyant, lui souhaitâmes une bonne nuit et nous enfonçons volontiers dans nos lits confortables.

Le lendemain, notre hospitalier ami nous procura tout ce que nous désirions. À tous égards, rien n'aurait pu être plus bon et plus libéral que la conduite de cet homme sans prétention, humble et bon ; et le lecteur, dans la suite, aura d'autres preuves de ma juste appréciation de son caractère.

Comme nous l'avions promis à notre ami Essel, nous attendîmes le dimanche 13 au crépuscule, puis payâmes généreusement à notre hôte tout ce que nous avions reçu. Il nous escorta pendant un kilomètre ou deux sur la route et prit congé, comme s'il était désolé de se séparer, mais plein de satisfaction d'avoir eu l'occasion de si bien accomplir son devoir envers ceux qui étaient dans le besoin extrême.

Le 14 septembre, un peu avant le jour, nous entrâmes dans un bois et trouvâmes un endroit très commode pour nous cacher. Nous supposions que nous étions à cinq lieues d'Arras. Vers onze heures, nous fûmes alarmés par le bruit et le sifflement d'un oiseleur avec un chien, et quelques minutes plus tard nous entendîmes le bruit de son fusil ; le coup de feu retentit dans les buissons dans lesquels nous étions couchés, et une perdrix se percha près de nous. Cette circonstance nous alarma prodigieusement, car nous entendions l'homme et le chien s'avancer vers l'endroit même. Bouger eût été imprudent, car il était si proche qu'il était impossible d'éviter d'être découvert. Nous attendions l'événement, sans le moindre espoir d'échapper à notre vue : le chien s'avançait, chassait la perdrix presque à nos pieds, l'oiseleur près de nous. Heureusement, l'oiseau prit une direction opposée à l'endroit où nous étions cachés, et le maître et le chien le suivirent et nous tirèrent en quelques minutes de la consternation dans laquelle ils nous avaient jetés.

A l'heure habituelle, dans la nuit du 14 septembre, nous quittions notre cachette de feuillage pour commencer notre marche nocturne ; et nous avons été de bonne humeur en constatant que la santé de notre ami s'était grandement améliorée. Nous avons marché une grande distance cette nuit, afin de rattraper nos récents retards et arrêts ; mais nous avions failli être victimes du vieux proverbe : « Plus on est pressé, pire est la vitesse » ; et nous trouvâmes qu'il était moins essentiel à notre sécurité de voyager vite que de nous arrêter, au point du jour ou avant, à la portée d'un bois suffisamment grand et épais pour nous cacher. Cependant, à l'aube du mardi 15, à notre grand désarroi, nous nous trouvâmes dans une plaine découverte, et nous tendîmes anxieusement les yeux dans toutes les directions, sans pouvoir discerner la moindre apparence de bois, bien que, à notre grande inquiétude, nous avons vu plusieurs villages. Comme notre camarade allait beaucoup mieux, nous décidâmes de continuer en évitant autant que possible les habitations humaines. Après avoir dépassé le premier village, nous découvrîmes un bosquet ou un bosquet près du second ; nous accélérâmes donc le pas, et, avançant rapidement, nous y entrâmes par la partie la plus éloignée du village. Il s'est avéré qu'il s'agissait simplement d'une pépinière, et peu peuplée de petits arbres, voire d'arbustes ; mais nous choisissions l'endroit le plus favorable à notre objectif, et heureusement nous parvînmes à nous y cacher jusqu'à ce que l'obscurité nous fournisse le motif habituel de notre sortie. A onze heures, comme nous passions devant un petit village, ayant excessivement soif, et ne pouvant découvrir aucun point d'eau, nous convinmes *de passer la frontière à proximité* , dans l'espoir de pouvoir nous procurer de l'eau à l'un des puits dont regorgent ces villages. . M. Ashworth et notre camarade malade étaient occupés à en obtenir, tandis que M. Tuthill et moi-même nous retirions à une petite distance, à l'abri d'une haie vive. Deux femmes et un homme sont passés à côté de nous. Les femmes continuèrent leur marche, mais celle-ci s'arrêta et tourna les talons. J'étais à côté de lui. Il m'a regardé attentivement et s'est exclamé : « *Vous-êtes Anglois ?* » Ce à quoi j'ai répondu : « *Je suis aussi bon François que vous, je l'espère* . C'était la seule fois de toute ma vie où j'avais eu peur de reconnaître mon pays. Les femmes, entendant la conversation, appelèrent l'homme « à venir s'occuper de ses affaires ». Il semblait vouloir rester ; mais, comme ils l'appelaient à plusieurs reprises, il nous quitta. Ayant été rejoints par nos compagnons, nous avons continué.

Le mercredi 16, à l'aube, nous entrâmes dans un bois épais et excellent, et constatâmes un changement important dans le temps à mesure que nous avancions vers le nord ; parfois il y avait une sorte de gelée grise, qui nous faisait extrêmement froid avant le lever du soleil ; et nous ne pouvions pas non plus bénéficier de cet astre jusqu'à midi, à cause de l'épaisseur de la partie du bois que nous étions (lorsque cela était possible) obligé d'occuper. Nous avons trouvé des avelines en abondance, nous en avons rempli nos poches et nous nous sommes sentis particulièrement heureux d'avoir réussi jusqu'à présent. C'était le dernier bois que nous comptions habiter avant de voir la côte de la mer ; et nous étions parfois remplis de l'idée que ce serait la dernière nuit où nous resterions au pays de l'usurpation et de la tyrannie. A l'heure habituelle, nous commençons notre route et laissons la ville de Saint-Pol à environ deux milles sur notre gauche.

Vers dix heures, notre progression fut gênée par la rivière Canche. Après l'avoir examiné dans plusieurs directions sans succès, nous décidâmes d'envoyer M. Ashworth dans une ferme voisine, pour s'enquérir de l'endroit le plus proche que nous pourrions traverser ; d'où il revint quelques minutes plus tard avec un des hommes du fermier, qui avait été chargé de le diriger, et nous assura que les gens étaient extrêmement polis. Cela lui parut être un bon endroit pour nous ravitailler — nous avions excessivement faim — et, comme le passage de la rivière se trouvait immédiatement au bout de la ferme, et qu'ils avaient déjà découvert notre nombre, nous nous réservâmes mutuellement. nous consentîmes à mettre à l'épreuve l'hospitalité du fermier et, si possible, à nous procurer ce que nous désirions. Nous avançâmes avec l'homme qui nous fit entrer ; et nous fûmes très aimablement reçus par le maître de la maison, qui nous conduisit dans une arrière-boutique convenable. La cuisine, lorsque nous entrâmes, était pleine de paysans en train de souper.

La récolte du fermier était ce jour-là terminée ou rentrée, et il donnait à ses ouvriers un festin à cette occasion, ce qui, nous a-t-on dit, était une coutume immémoriale dans cette partie du pays, dans laquelle bien des choses nous rappelaient notre vie. propre. En fait, nous étions maintenant au milieu d'une maison de récolte française ; et, bien que la scène fût gratifiante, dans notre situation particulière, nous aurions été bien plus satisfaits si nous avions été seuls. Tout n'était que joie et bonheur sous ce toit rustique et hospitalier, si l'on excepte les sursauts d'appréhension qui, de temps en temps, me dérangeaient, moi et mes amis. Rien cependant ne pouvait surpasser l'attention et la gentillesse de ce bon fermier. Il nous a fourni spontanément tout ce que sa maison pouvait offrir. Ce qui est certain, c'est qu'il nous prenait pour des Français et des conscrits, et pensait peut-être que nous allions combattre pour la gloire de la France, sous les aigles du nouvel empereur. Il ne se doutait pas que nous étions des officiers de la marine anglaise, affrontant tous les dangers et endurant toutes les épreuves, dans le seul but de combattre une fois de plus sous les ordres des Anglais.

Le drapeau qui a bravé mille ans
La bataille et la brise.

Comme notre hôte ne voulait accepter aucun paiement pour ce que nous avions reçu, nous fîmes un présent au domestique qui devait nous guider, et nous priâmes de ce bon homme plein de gratitude pour sa bonté.

Nous supposions que nous n'étions qu'à sept lieues d'Étaples, ville située à l'embouchure de la rivière Canche, avec un port assez bon pour les petits bâtiments. Cela nous a mis de si bonne humeur que même M. Essel, malgré sa faiblesse, était déterminé à parcourir cette distance avant le jour. Nous accélérons le pas et avançons le cœur léger et plein d'espoir.

Nous dépassâmes à minuit la ville forte d'Hesdin, et, comme on peut le supposer, nous avions soin de nous en tenir à une distance très respectueuse. Le jeudi 17, au point du jour, nous nous trouvâmes, à notre grande mortification, à trois lieues au moins d'Étaples. Nous nous étions exercés avec vaillance et avions accompli la tâche qui nous était assignée ; mais le voyage fut beaucoup plus long que nous ne l'avions cru en quittant la ferme. Un bourg ou ville municipale, appelé Nieuville, se trouvait maintenant immédiatement sur notre route, sans que nous ayons aucun moyen de l'éviter, à cause du cours sinueux de la rivière. Ni bois ni rien d'autre pour nous abriter n'était en vue. Notre situation était des plus critiques et nous sommes arrivés, à contrecœur, à la conclusion évidente : nous devions traverser la ville. Notre objectif était de le franchir avant qu'aucun, ou du moins un grand nombre d'habitants, ne puissent se lever, et à force d'avancer rapidement. C'est ce que nous avons accompli avec plaisir. Aussitôt que possible, nous traversâmes les champs ; mais, à notre grand désarroi, aucune apparence de bois n'a pu être découverte. Même dans les champs, les gens se déplaçaient dans des directions différentes, et ce n'était pas pour nous réconforter de constater que beaucoup d'entre eux étaient des militaires. Entourés de tant de difficultés, nous résolumes de nous rendre dans un petit village voisin, imaginant que même cela serait moins dangereux que de rester à errer et à errer en rase campagne. Nous arrivâmes vers huit heures dans une cabane du village ; éviter les pubs, car il y a, en général, des officiers de police ou *des gendarmes* qui rôdent dans ces lieux lorsqu'ils se trouvent à proximité des grandes villes. Nous avons demandé aux habitants s'ils pouvaient nous fournir le petit-déjeuner. Ils répondirent : « Oui, nous pouvons vous donner de la soupe au lait et du pain. » Nous approuvâmes beaucoup ce repas ; et, après les avoir payés, nous leur demandâmes la bonté de nous permettre de nous reposer quelques heures dans un endroit convenable ; mais ils refusèrent, laissant entendre qu'ils nous soupçonnaient d'être des déserteurs du camp de Boulogne. Nous leur assurâmes, d'après nos paroles d'honneur, qu'ils se trompaient grandement ; qu'au contraire nous allions par là, mais que nous étions très fatigués, et qu'ayant un camarade malade, nous avions besoin d'un peu de repos. Après les avoir longuement importunés et nous avoir promis une bonne récompense, ils nous laissèrent entrer dans une grange pleine de paille. Nous leur étions particulièrement reconnaissants et parfaitement contents de cet appartement ; mais, une fois presque installés, et que chacun fut recouvert de paille, à notre grande mortification et contrariété, le propriétaire vint, s'étant repenti de lui avoir accordé la permission d'y entrer, et insista pour que nous quittions immédiatement ses locaux. Toute notre rhétorique avec cet homme a été vaine. Nous fûmes donc obligés de quitter notre habitation vers onze heures et de nous diriger vers un autre village plus respectable. Nous demandâmes à un berger, en entrant dans cet endroit, s'il pouvait nous diriger vers un cabaret ; et il nous en a montré un. Nous avons continué, mais avec peu d'espoir d'échapper à notre découverte ou à notre arrestation. Cependant, nous avons décidé d'appeler pour une chambre privée dès notre arrivée au cabaret, dans l'espoir (si nous pouvions éviter les policiers de passer dans un appartement privé) nous aurions une chance de rester inaperçus jusqu'à la nuit. En cela, nous avons réussi ; et, ayant reçu des rafraîchissements, nous reçumes immédiatement un appartement convenable. La seule personne dans la maison était une jeune fille d'environ dix-huit ans, qui nous fit un feu confortable et secoua deux lits, afin que nous puissions nous reposer un peu si nous le voulions. Voyant qu'il n'y avait aucun danger, nous fîmes semblant d'être tout à fait à notre aise et lui demandâmes froidement où étaient son père et sa mère. Elle répondit : « Que le premier gardait les moutons hors du village, et que le second était parti à Étaples. » Nous avons découvert, grâce à la description de son père, que c'était lui-même qui nous avait dirigé vers elle. Elle nous a demandé : « Si nous n'étions pas des conscrits allant au camp de Boulogne ? Nous avons répondu par l'affirmative ; et la priai de ne laisser personne entrer dans notre chambre, car nous avions plusieurs choses à régler entre nous et souhaitions être en privé. Elle a promis de nous obéir ; mais son acquiescement n'apporta ni confiance ni réconfort, lorsqu'elle ajouta qu'il y avait à ce moment-là dans la cuisine un *gendarme* déguisé en paysan. Cela suffisait à nous faire trembler. Mais ce n'était pas tout ; car elle nous apprit que ce *gendarme* venait de venir de Boulogne avec une troupe, pour y procurer du fourrage aux chevaux des *gendarmes* . Nous étions évidemment entrés dans un nid de frelons, ou presque dans la gueule du lion ; mais, conservant autant que possible l'apparence de la tranquillité, nous lui avisâmes que nous n'avions le moindre désir de voir personne d'autre que son père, avec qui nous désirions avoir quelque conversation. Elle promit de le faire venir dès que son invité à la cuisine aurait quitté la maison. Le « bientôt » était sincèrement à souhaiter ; et nous étions heureux quand, peu de temps après, on nous apprit qu'il avait pris son départ. La jeune fille fit alors venir son père ; et sa mère revint également. Nous avions grand espoir que, comme ces gens étaient très pauvres, nous pourrions les inciter à nous procurer un bateau, par l'intermédiaire de certains de leurs amis, les pêcheurs de la côte, qui n'étaient peut-être pas à l'abri de la tentation, ou imperméable à l'influence de quelques *louis d'or* . Convaincu que rien ne pouvait être fait sans ce métal tout-puissant, chacun de nous a commencé à chercher dans les différentes parties de ses vêtements la juste proportion. Nous avions été obligés de prendre la précaution de coudre la pièce d'or que nous avions dans les coutures de nos vêtements, afin de ne pas la perdre en cas d'arrestation. À notre grande tristesse – et, je dois ajouter, à mon grand étonnement – M. Essel découvrit que sa pièce d'or, d'un montant de 45 livres sterling, avait glissé d'un tampon qu'il avait conçu dans le but de la cacher, et qu'il avait toujours porté autour de son cou dans son mouchoir ; il ne se souvenait pas non plus de l'avoir détaché une seule fois depuis notre départ, et c'était chez le digne boulanger, où il soupçonnait l'avoir laissé. Ce boulanger avait paru un honnête homme et, comme je l'ai déjà observé, s'était montré excessivement bon envers nous. Il était possible que l'argent ait été laissé là sans que notre hôte ne l'ait vu jusqu'après notre départ ; mais le pauvre garçon ne pouvait avoir aucune possibilité de restituer le trésor à son propriétaire légitime et maintenant embarrassé. La perte était pour nous, à ce moment-là, très pénible, mais non irréparable, car nous avions encore une assez bonne somme, et le lieutenant Essel et moi avions deux montres en or, suffisantes, comme nous l'espérions, pour inspirer le berger et l'inciter à aidez-nous. Il arriva enfin ; Quand, après avoir pris tous les moyens possibles pour imposer le secret, nous lui révélâmes notre situation, notre objet et ce que nous étions, et lui promirmes de le récompenser très généreusement, à condition qu'il puisse nous procurer un moyen de transport à travers la Manche. Nous étions certains, avons-nous observé, qu'il devait avoir un certain nombre de connaissances de marins sur la côte, et nous leur ferions bien valoir la peine de nous aider. Il hésita beaucoup au début ; mais, lui ayant montré une bourse et réitérant nos promesses de récompense, il nous assura qu'il essaierait par tous les moyens possibles, et il déclara que, de toute façon, nous étions parfaitement en sécurité sous son toit, et qu'il irait voir ce qui se passerait. il pourrait accomplir. Nous étions très heureux et presque certains de réussir, car il ne soulevait aucun obstacle. Notre inquiétude quant au retour de cet homme est indescriptible : chaque individu qui passait semblait être quelqu'un qu'il avait envoyé, ou était sur le point d'amener, pour se mettre d'accord avec nous pour notre passage. Le moment tant désiré, croyions-nous, arriva enfin, où le vieux berger, d'un air sage, ouvrit notre porte et, l'ayant refermée avec la plus grande prudence, commença à nous informer : « Que tous ses les recherches pour se procurer un bateau avaient été inefficaces ; que les pêcheurs de la côte étaient contraints d'amener leurs bateaux à Étaples et de les y garer, d'où ils n'osaient sortir sans un passeport du commandant de la ville, ainsi qu'un soldat comme garde dans chaque bateau, pour empêcher leur passage. avoir des communications avec les croiseurs anglais ou aller sans limites. Ils étaient également obligés de sortir et de revenir uniquement pendant la journée. À notre grand dépit et à notre chagrin, l'individu ajouta : « que nous ne pouvions rester dans sa maison plus longtemps qu'au crépuscule de la soirée, car il était obligé de rendre compte au maire du village de tout étranger qui pourrait être avec lui. la nuit tombée, en prenant en même temps son passeport pour l'inspection du maire ; et l'homme conclut tout cela tout sauf une information confortable et une gentillesse en soulevant son chapeau, en se grattant la tête et en disant : « J'espère, messieurs, que vous me récompenserez de mes soins et de mes conseils. Nous étions absolument confus. Nous étions stupéfaits, nous regardant mutuellement ; et pendant quelque temps nous étions incapables de prononcer un mot. Enfin, je rompis le silence et observai : « C'était la faute de sa *meilleure moitié*, qui nous est apparue, dès l'instant où nous l'avions vue, une créature amère et maligne. Elle avait sans doute été consultée. et ses regards amers et sa conduite à chaque occasion nous ont tous convaincus que cette opinion était bien fondée.

N'ayant rien à attendre de ce couple insensible et sans principes, nous les payâmes généreusement pour tout ce que nous avions eu et pour tout ce qu'ils avaient fait ou feignaient d'avoir fait ; et dès qu'il fit nuit, nous quittions leur demeure qui ne nous était pas agréable. Le point de départ avait été un sujet d'altercation ; car, dès qu'ils eurent reçu notre argent, ils insistèrent pour nous expulser ; tandis que nous, pour nos propres besoins, maintenions résolument notre droit de rester jusqu'à la nuit tombée. Tous deux, ces deux inhospitaliers, avaient menacé à plusieurs reprises d'appeler le maire pour nous arrêter si nous restions un instant de plus ; mais cela n'aurait guère pu être pire que de courir le risque d'être vu pendant la journée. Cependant, les ténèbres enveloppèrent enfin la terre, et nous quittions ce toit peu propice sans sentiments très miséricordieux, ou, nous le craignons, chrétiens, envers ceux qui nous ont chassés.

Lorsque nous étions en plein air, nous étions complètement perplexes quant à la manière dont nous devions agir et quant à la direction à prendre. Nous avons commencé à imaginer que ce qu'on nous avait dit concernant les bateaux était peut-être en partie vrai. Parfois nous pensions qu'il valait mieux continuer vers Rotterdam ; tantôt nous songions à repasser la Canche et à diriger notre fatigante course vers Saint-Valéry ; dans d'autres, nous imaginions qu'il valait mieux nous rendre dans n'importe quel port où nous pourrions trouver un navire américain ou autre navire neutre, dans lequel nous pourrions nous échapper ; mais finalement nous décidâmes à l'unanimité de traverser la rivière, comme étant du moins le plan le plus sûr pour cette nuit-là, et de nous diriger ensuite vers quelques villages qui pourraient être fermés sur la côte de la mer. Nous étions ainsi en consultation, ou venions d'en arriver à cette conclusion, lorsque la fille du berger parut et nous dit gentiment : « Que son père l'avait envoyée nous montrer une maison où nous étions sûrs de trouver une personne qui serait de service à nous, et qui nous ferait traverser la rivière; ce qui était », a-t-elle ajouté, « de loin le côté le plus sûr ». Nous remerciâmes la jeune fille, qui parut toute la soirée très émue de la conduite de ses parents ; et elle revint en nous priant de ne pas dire qui nous avait dirigés, ce que nous avions bien entendu promis et nous avons tenu parole. L'un de nous fut alors chargé de faire une reconnaissance. Il était environ dix heures ; la maison était au bord de la route, et plusieurs soldats passaient en route vers le camp : cette circonstance retarda notre projet, car nous étions obligés de nous tenir à l'intérieur d'une haie jusqu'au passage des militaires, et à ce moment-là, il il était onze heures pleines. Alors M. Tuthill (le député) s'avança ; et revint bientôt et nous informa qu'il avait vu un homme qui lui avait donné quelques espérances, et qu'il nous rejoindrait sous peu. C'était une très bonne nouvelle. La personne est apparue et nous a dit qu'elle nous dirigerait vers la maison d'un ami de l'autre côté, qui, croyait-il, ferait ce que nous souhaitions. Cieux! quelle intelligence joyeuse ! « Son bateau, dit-il, nous ferait traverser dès qu'il serait à flot ; la marée montait alors, et il reviendrait là où nous étions dans une heure, date à laquelle il supposait que le bateau serait prêt. Cela nous a mis de très bonne humeur. Il y a une heure, nous étions au plus profond du désespoir ; nos sentiments de joie étaient désormais accrus par le contraste. Avec la vivacité d'un éclair, toutes nos souffrances passées me traversèrent l'esprit ; et, par le nombre de dangers auxquels nous avions échappé presque miraculeusement, il me frappa que nous étions les favoris particuliers de la Fortune, et que nous allions récolter l'objet glorieux de tous nos vœux. L'habitude, cependant, nous avait appris la méfiance et la prudence ; et nous avons changé de situation, de peur que cet étranger ne se révèle être un faux ami, ou un scélérat envoyé pour nous tromper, et nous nous sommes placés de manière à pouvoir facilement découvrir s'il avait des auxiliaires avec lui à son retour. A l'heure convenue, il arriva seul là où il espérait nous trouver, ce qui nous convainquit que ses intentions étaient plus honnêtes que nous ne l'avions supposé. En quelques minutes, nous fûmes transportés du côté opposé, où il amarra son bateau et nous guida jusqu'à la maison mentionnée ci-dessus, nous assurant que c'étaient des gens sur qui nous pouvions compter et qui avaient de nombreux amis, pêcheurs, sur l'eau. -côté. Il ne voulut pas entrer dans la chaumière ou dans la cabane, mais nous quitta sur le seuil, après avoir reçu une récompense suffisante pour la peine que nous avions donnée. Nous avons frappé à plusieurs reprises à la porte. Il commença à pleuvoir très fort ; nous ne pouvions pas non plus y entrer avant d'avoir donné de nombreuses assurances que nous étions des amis particuliers qui souhaitaient seulement être à l'abri quelques minutes des intempéries de la nuit. Ces protestations nous valurent enfin la permission d'entrer.

CHAPITRE VI

Une fausse direction et un effroyable repoussé. Un pot-de-vin refusé. Un déluge et un abri dans une grange. Une résolution fatale. Dangers des fugitifs voyageant de jour. Un jour de marché à Étaples. Traversée de foules peu commodes pour les prisonniers de guerre en fuite. — Une tentative d'atteindre les dunes de la côte. — Une progression audacieuse à travers un village méprisable. — La dernière maison. — Une soif brûlante et une demande d'eau. — Un acquiescement ou une réponse sous la forme de deux douanes. officiers - Notre capture - Une fiction astucieuse bien conçue, mieux soutenue et totalement défaite - Se débarrasser des marchandises suspectes - Un interrogatoire devant le maire - L'américanisme et le gentleman américain - Une dénonciation maladroite - Un *mittimus* à la prison de Boulogne - Un examen de notre personnes et vêtements. Notre destin est scellé et notre espoir détruit.

LA femme de la maison nous regardaient avec un grand étonnement ; et, constatant que nous étions de parfaits étrangers, ils nous prièrent de savoir ce que nous voulions et pourquoi nous les avions dérangés si inopportunément. Cet accueil fut plutôt sinistre et épouvantable ; mais l'humilité devient malheureuse, et nous les priâmes humblement de se rendre tout à fait tranquilles, car nous étions absolument venus en amis en grande détresse, pour solliciter protection et assistance. Cela les a apaisés ; et nous déclarâmes que nous étions des Français qui désirions être transportés le plus rapidement possible dans quelque partie de la Normandie ou de la Bretagne. Nous leur avons fait des offres très libérales ; mais, à notre grande consternation, ils étaient totalement « à l'épreuve de la tentation ». Face à tous nos pots-de-vin, leurs cœurs et leurs esprits étaient aussi froids que l'amiante. La femme finit par remarquer « qu'il était vrai qu'elle avait un frère qui était pêcheur au bord de la mer », et nos yeux brillèrent à ce que nous pensions être le début d'une bonne nouvelle ; mais ensuite vint le triste addenda, que son bateau avait été conduit à Étaples, et que, lorsqu'il voulait pêcher, il était obligé de s'embarquer sous la surveillance et les règlements qui nous avaient été décrits par le berger. Hélas! Hélas! nous avons commencé à craindre que le berger ne soit pas le menteur flagrant pour lequel nous l'avions pris. L'histoire de la femme a été confirmée par le mari ; et tous deux nous assurèrent qu'en frappant à leur porte, ils nous avaient soupçonnés d'être *des gendarmes* déguisés. Ces gens-là, semblait-il, avaient fréquemment l'habitude de pratiquer de tels tours avec leurs compatriotes. Cependant le bon vieux couple insista bientôt pour que nous quittions leur maison, et d'une manière qui prouva qu'ils n'étaient pas habitués à faire beaucoup de cérémonies. En vain leur avons-nous fait remarquer notre misérable situation et avons-nous discuté de l'extrême mauvais temps. Nous parlions de l'obscurité excessive de la nuit, des torrents de pluie qui tombaient comme si le ciel et la terre se touchaient, et nous les suppliions de nous permettre de nous abriter dans n'importe quelle grange, étable ou même porcherie. ; mais on aurait tout aussi bien pu faire appel à une momie égyptienne. A mesure que nous étions mendiants, ils devenaient péremptoires et même féroces ; et enfin nous fûmes obligés de partir dans ce qui ne parut guère moins qu'un déluge. Dès qu'ils virent qu'ils nous avaient fait franchir le seuil, quelques légers sentiments de commisération semblèrent effleurer leurs seins obstinés, et ils eurent la charité de nous indiquer une direction qui conduisait à une grange, ce qu'ils nous assurèrent. était plein de foin et rarement visité, de sorte que nous pouvions y rester cachés en toute sécurité jusqu'à la nuit suivante. Ils nous conseillèrent en outre de nous rendre soit à Dieppe, soit à Saint-Valéry, comme étant les deux ports où il était le plus probable que nous réussissions à nous procurer un bateau.

Nous découvrîmes bientôt la grange et eûmes la chance d'y arriver un peu avant le jour. Nous le trouvâmes plein de foin, comme ils l'avaient dit ; un soulagement très opportun pour nous, étant complètement trempés par la pluie incessante et recouverts de boue et de terre. Chacun trouva bientôt, ou se fit, un trou pratique pour lui-même dans le foin, prenant la précaution de descendre assez profondément et de se couvrir bien, de peur que nos pas dans cet endroit ne conduisent à des soupçons et que nous ne soyons découverts. Nous tombâmes dans un sommeil des plus profonds ; et je ne me suis réveillé qu'à neuf heures du matin (vendredi 18 septembre), lorsque j'ai entendu mon nom appelé à plusieurs reprises par M. Tuthill. Il proposa que nous quittions cet endroit immédiatement et descendions au bord de la mer, car le jour était le seul moment pour réussir à se procurer un bateau, d'après la méthode qu'ils avaient prise pour sécuriser tous les navires la nuit. J'utilisai les arguments les plus énergiques dont je maîtrisais pour les dissuader d'une démarche aussi téméraire ; et il a souligné la prudence que nous avions observée dans les régions intérieures du pays comme la seule chose qui avait assuré notre succès pour arriver là où nous étions alors ; bien qu'il y ait eu beaucoup moins de dangers à l'intérieur que sur la côte de la mer, où il y aurait bien sûr une surveillance stricte assurée par des douaniers, des *gardes de côte* , etc. J'ai suggéré, comme le meilleur plan , d'attendre la nuit : nous pourrions, en cas d'échec, toujours prendre ce rendez-vous et y retourner avant le jour, trouvant notre subsistance dans quelque chaumière isolée pendant la nuit. Toute ma rhétorique était vaine : ils semblaient déterminés à tenter leur fortune au grand jour. Je leur demandai alors qu'on attende au moins jusqu'à midi, heure habituelle où les gens de la campagne dînent, afin que nous puissions plus facilement passer inaperçus. Cela fut enfin accepté ; nous restâmes donc ensevelis dans le foin jusqu'à l'heure de midi, quand, inaperçus de personne, nous nous faufilâmes dehors et, reprenant la grande route, nous nous dirigeâmes dans la direction que nous avions l'intention de prendre. Nous avons fait front audacieux face à des affaires désastreuses et, avec une intrépidité apparente, nous avons continué notre marche. Malheureusement, c'était jour de marché à Étaples, et la route était encombrée de monde qui allait et revenait du bac. Notre seul plan était de les traverser directement, en partant du principe qu'aucun homme dont le but était de fuir et de s'échapper ne marcherait au milieu d'une foule d'ennemis en plein jour. C'était la seule voie que nous pouvions adopter ; et, bien que tous nos calculs se fussent lamentablement erronés et nos espérances fallacieuses, je n'avais cependant rien à me reprocher.

Nous continuâmes à avancer vers les dunes avec toute l'apparence d'insouciance et de confiance, mais d'un pas rapide et, autant que nous pouvions le supposer, d'un pas audacieux et ferme ; et nous arrivâmes enfin à un pauvre et triste village, par lequel nous devions passer. Nous étions en fait arrivés à la toute dernière maison, lorsque notre pauvre ami Ashworth se sentit extrêmement épuisé et exprima que sa soif desséchée l'obligeait à demander un verre d'eau. Dans toutes ces occasions, chacun des membres du parti était consulté, et la majorité des voix constituait l'ultimatum ou la décision ; et si une longue suite de succès, ou une longue succession d'évasions étroites, nous avaient rendu vainement confiants, je ne puis le dire, mais aucun de nous n'a vu le moindre danger à l'entrée d'Ashworth dans cette maison. Il était impossible de supposer qu'un village aussi misérable puisse contenir ni des troupes, ni *des gendarmes* ; et comme nous avions traversé la place sans attirer aucun regard, nous n'imaginions pas qu'il pût y avoir aucun danger à entrer dans la dernière maison à son extrémité. La mer glorieuse, avec toutes ses inspirations, était devant nous, et nous rions de ce que nous avions enduré, car nos cœurs étaient légers et nos esprits étaient pleins de la perspective heureuse de pouvoir réaliser tous nos souhaits.

Ashworth entra dans la maison et nous avançâmes lentement, en traînant et en flânant jusqu'à ce qu'il nous rejoigne. Son absence paraissait très longue, inutilement. Le suspense et l'impatience ont cédé la place à la suspicion, et la suspicion a fait place à l'alarme. Je n'oublierai jamais mes émotions contradictoires – elles devenaient de plus en plus fortes à chaque instant. Enfin, M. Tuthill rompit le silence et exprima le désir d'aller vérifier ce qui retenait notre compagnon. Essel et moi sommes restés sur le bord de la route, regardant anxieusement ce qui se passait. Ils apparurent très vite ; et, à notre indicible chagrin et mortification, ils furent conduits par deux hommes armés dans un uniforme qui nous était entièrement étranger. Ce furent bientôt des *douaniers* ou douaniers, dont abondaient alors les côtes de France ; mais aucun d'eux n'était jamais tombé sous notre observation ou notre connaissance. Je m'aperçus clairement que ces individus avaient arrêté nos deux compagnons, à la manière dont ils s'approchaient. Lorsqu'ils nous eurent rejoints, M. Ashworth me leur présenta comme le capitaine Cox, du navire *Favorite* , de New York - l'histoire fixée en cas d'arrêt. Nous avions été rejetés près de Marseille, et tout le monde avait péri, sauf Florence Heath (M. Ashworth), camarade ; William Dixon (M. Tuthill), supercargo ; et M. Essel (dont j'oublie maintenant le nouveau nom), passager. Nous étions à destination de Barcelone. Cargaison : esclaves et coton. Seuls le supercargo et son compagnon parlaient français. Ils semblaient compatir à notre situation et ne doutaient pas du tout que ce que nous alléguions était vrai. « Mais ils doivent nous conduire, dirent-ils, au maire de la ville, qui nous accordera sans aucun doute des passeports pour nous rendre à quelque port de mer, d'où nous pourrions embarquer pour l'Amérique, ou pour tout autre endroit de notre choix. Nous leur avons exprimé nos plus chaleureux remerciements pour cette marque de leur attention ; mais (s'ils le voulaient) nous ajoutions : « Que nous ne voulions pas leur faire subir l'inconvénient de se détourner de leur chemin à cause de nous. » Ils répondirent : « C'était tout à fait dans leur manière ; et il était impossible que nous puissions longer la côte sans papiers : on s'étonnait seulement que nous ayons traversé le royaume de France (ou, pour mieux dire, l'empire) sans être arrêtés. Nous avions été bien coupables de ne pas nous être procuré de passeports avant de quitter Marseille. Nous leur assurâmes que nous ignorions que cela était le moins du monde nécessaire, que nous étions nés dans un pays où rien de tel n'était exigé et où ce serait considéré comme une très grande insulte de demander à quelqu'un d'où il venait et d'où il venait. il allait. Nous avons bien sûr fait allusion aux fonctionnaires publics ; car nous nous souvenons bien du caractère proverbial des Américains pour leur curiosité, et de l'histoire du Dr Franklin selon laquelle il plaçait un panneau imprimé sur son appartement, chaque fois qu'il arrivait dans une ville américaine, si plein de tous les détails le concernant qu'il le rendait impossible. , comme il le pensait, même la curiosité américaine s'immiscerait dans sa vie privée avec une question.

Nous regrettions bien sûr de n'avoir pas été plus éclairés sur les lois et coutumes de *ce pays ci* , et enfin nous arrivâmes au bac, et nous nous trouvâmes en quelques minutes dans la ville d'Étaples, dans des circonstances différentes. et dans une entreprise différente de celle qu'il avait désirée ou attendue. Nous entretenions encore l'espoir de nous échapper ; mais, malheureusement, chacun de nous avait sur lui beaucoup de choses très gênantes pour être inspectées par *des douaniers français* , et très peu susceptibles de corroborer notre fiction selon laquelle nous étions des Américains naufragés. Mon cerveau était mis au travail pour « me mettre au vent » de ces sables mouvants, et je murmurais à mon « compagnon » pour faire comprendre à ses amis importuns ou gênants, que j'étais fatigué et que je souhaitais prendre un petit rafraîchissement à tout moment. auberge avant d'avoir l'honneur de comparaître devant le maire. Nos conducteurs civils consentirent à ce que le gentleman fatigué prenne le rafraîchissement dont il avait besoin et auquel, j'ai à peine besoin de le dire, ils avaient l'intention de participer. Nous sommes arrivés dans un cabaret, avons été autorisés à entrer, avons été conduits dans une bonne salle, et, comme si j'étais le gentleman le plus facile et le plus indifférent qui ait jamais existé en Amérique, j'ai demandé avec autorité du pain et du vin. Pendant ce repas, nous avions tour à tour un prétexte pour nous retirer : je n'ai pas besoin de dire que nous avions soin de nous débarrasser de presque tout article qui pût prouver que notre fiction n'avait pas la grâce salvatrice de la probabilité.

Nous avons enfin tiré le meilleur parti d'un cas très mauvais ou peu prometteur ; et, prenant l'air de l'insouciance et de la gaieté, nous suivions nos conducteurs. Ils nous dirent qu'ils étaient obligés d'attendre leur capitaine avant de se présenter devant le maire. Il nous reçut, moi et mes compagnons, avec politesse, et tout semblait indiquer que l'entretien pouvait se dérouler sans danger, jusqu'au moment où il me dit poliment qu'il devait faire venir le maire pour qu'il assiste à notre interrogatoire. Cela a changé toute la physionomie de l'affaire ; et je suis sûr que l'effet a dû être visible sur la plupart de nos visages. Finalement, « Son Honneur » arriva, pas du tout pour notre confort ; mais ce qui rendait sa présence plus ennuyeuse, c'était qu'il emmenait avec lui « *un gentleman américain* ». On dit que la société d'un gentleman est toujours désirable ; mais les fantômes n'ont pas semé plus de terreur dans « l'âme de Richard » que la réalité de l'apparence de ce gentleman américain n'a semé la terreur dans la nôtre. Le maire et le gentleman américain nous ont engagés « vergue-bras et vergue-bras ». Leur contre-interrogatoire était pire qu'un feu nourri. Il nous suffisait de répéter notre histoire précédente. Enfin, notre malheureux génie, le gentleman américain, nous déclara clairement qu'ils nous soupçonnaient d'être Anglais, ce que nous n'avions aucun moyen de réfuter. Le maire ajouta que nous devions être incarcérés à la prison de Boulogne jusqu'à ce que les autorités aient entendu le consul américain à Paris, ou jusqu'à ce qu'elles soient pleinement convaincues de la véracité de notre déclaration. Ces « jusqu'à » furent désastreux ; et cela m'a frappé que s'ils attendaient leur alternative, nous pourrions rester en prison pour l'éternité.

Le résultat fut, ce à quoi des hommes moins optimistes et moins intéressés auraient pu s'attendre : nous devions être envoyés dans un cachot, sous une escorte de *gendarmerie* . Le brigadier, qui semblait avoir les cent yeux d'Argus condensés en deux, demanda si nous avions été fouillés. La réponse a été négative. « Cherchez-les immédiatement », s'écria-t-il ; « et, ajouta-t-il, soyez assurés que ce sont des Anglais qui se sont échappés d'un des dépôts. Les gars obéissaient aux ordres, et nous fûmes immédiatement soumis à un examen aussi sévère que jamais. J'ai été la première personne à être fouillé. Mon portefeuille était ouvert, et il contenait plusieurs lettres anglaises, ainsi que d'autres papiers également propres à réfuter la véracité de ma qualité de capitaine américain naufragé à Marseille. Ma ressource fut de dire que mon portefeuille appartenait à un cousin qui avait péri dans le naufrage. Sur les autres, on a trouvé des cartes des départements que nous avions parcourus, ainsi que plusieurs autres papiers, qui nous identifiaient comme étant ceux qu'ils soupçonnaient.

Cependant, nous persistions à être Américains. Ils protestèrent contre la folie d'une telle imposition et nous ordonnèrent d'entrer dans un cachot, nous assurant que nous serions maintenant très durement traités et considérés comme des personnes dangereuses ; alors qu'une confession franche pourrait provoquer une certaine atténuation. Après une petite délibération, nous nous apercevons clairement de l'inutilité de tenir bon ; nous avons donc immédiatement reconnu qui et ce que nous étions. Le brigadier nous assura qu'il avait eu confiance dès l'instant où il nous avait vu pour la première fois que nous étions Anglais, et qu'il ferait maintenant tout ce qui était en son pouvoir pour nous réconforter dans nos embarras actuels, mais il n'avait aucun officier supérieur de son corps plus près que Boulogne. , où il doit nous envoyer le lendemain ; et pour cette nuit-là, il nous permettrait d'aller dans une auberge pour nous mettre un peu en ordre, mais avec une forte escorte ; et nous serions obligés de fournir à cette escorte tout ce qui est nécessaire, et de payer aux hommes six livres (cinq shillings) chacun pour la nuit. Nous l'avons accepté sans hésiter. Nous étions de nouveau prisonniers : notre état d'esprit était vraiment misérable.

À l'auberge, nous achetâmes chacun une nouvelle chemise et une paire de bas, et récupérâmes nos anciens, qui étaient dans un triste état, lavés et raccommodés. Ils nous fournissaient des lits assez bons, dont nous désirions vivement prendre possession. Après le souper, nous étions en train de nous coucher, lorsqu'un ordre arriva, du commandant d'un camp voisin, de nous conduire à sa tente, ordre qui fut promptement exécuté. Il paraissait, dans ses manières, à l'opposé du caractère général des Français. Il parcourut toutes mes lettres, qui n'avaient d'importance pour personne autre que moi, et qui ne me furent jamais rendues, et déclara qu'il était certain que nous avions des émissaires sur la côte, sans quoi nous n'aurions jamais pu tenter un voyage aussi périlleux. . C'était au moins un compliment pour notre audacieuse entreprise ; et quand nous lui assurâmes que nous n'avions eu aucun lien avec les gens de la côte, il répondit par un « Bah ! et conclu par un « Ah ! les pêcheurs de nos côtes sont malheureusement trop attachés aux Anglais.

Notre conversation prit fin et nous fûmes ramenés à notre auberge. Aussi affligés que nous l'étions, nous nous retirâmes immédiatement pour reposer nos membres fatigués. La nature était épuisée ; et nous avons sombré dans le baume de la nature – « doux sommeil », – trop affligés et épuisés pour réfléchir, ou pour nous soucier de l'idée que l'aube nous verrait en route vers la prison.

CHAPITRE VII

Notre entrée dans la prison de Boulogne. — Vue alléchante du drapeau de la vieille Angleterre et des falaises blanches. — Un souper de geôlier et une facture consciencieuse. — Un autre examen. — La route de Verdun. — Arras. — Le genre geôlier et le commandant plein d'indulgence. boulanger et demandes de renseignements sur notre argent perdu. Cambray. Cateau-Cambrésis et son horrible cachot. Landrecies. Notre maladresse dans les chaînes, les menottes et les fers. Mon antipathie pour eux. Avesnes. Information que nous allions être fusillés. Le cachot d'Avesnes. - Un compagnon de cachot qui avait tué et dépecé ses deux parents - Une nuit d'horreurs et de folie - Hirson, une ville sans prison, mais avec un cachot - Un souper et ses conséquences - La découverte de nos instruments d'évasion - Maubert Fontaine — Un nouveau cachot et un codétenu. — Services réciproques. — Une nouvelle façon de cacher les canons de pistolet. — Enchaînement des prisonniers à une charrette. — Mézières. — Arrivée à Verdun. — Séparé de mes compagnons. — Réflexions sur le fait d'avoir été fusillé. rapport à Bonaparte. — Autorisé à rejoindre mes anciens associés. — Nouvel interrogatoire. — Une nouvelle détention. — Notre sort a été déterminé. — Le cachot de Bitche. — Le révérend Lancelot C. Lee, un *détenu*. — Sa générosité.

Le lendemain matin, 19 septembre 1807, à huit heures, notre escorte *de gendarmerie* entra dans l'auberge et, nous plaçant bientôt dans une charrette, nous conduisit à Boulogne. Nous arrivâmes vers deux heures de l'après-midi et fûmes remis sans ménagement à un geôlier régulier, un Mons. Verjuis, qui nous a confié la garde à l'un de ses clés en main les plus experts. Le type nous a fait entrer dans notre appartement. Peu de temps après, deux petites gerbes de paille nous furent envoyées pour remplacer les lits, et un seau d'eau les accompagnait, comme seul rafraîchissement. Tuthill, étonné de cette offre, m'a demandé sérieusement ce que cela pouvait signifier ? J'ai répondu que c'était évidemment notre nourriture et qu'ils pensaient que la paille pour les Anglais était un bon substitut au pain !! Cependant, une plainte n'aurait fait que nous ridiculiser ou nous insulter, et sans un murmure nous buvions notre eau et nous reposions sur notre paille. Nous avions passé bien des jours où la paille eût été pour nous un luxe, et bien des nuits et des jours où nous aurions donné un jet d'or pour une gorgée d'eau.

L'excursion de cette journée nous avait permis d'apercevoir cette redoutable flottille qui avait si souvent menacé de jeter la destruction sur notre petite île ; mais avec quelles émotions différentes avons-nous aperçu les falaises blanches de Douvres, et contemplé une frégate et un lougre anglais bloquant le port français. La vue de notre pays et du drapeau triomphant de notre glorieuse profession, la marine anglaise, nous remplissait de désirs qui ne devaient pas se réaliser et d'espoirs auxquels il était tentant et vain de se livrer. J'étais un peu soulagé par un sentiment de mépris à l'égard de la flottille démantelée et en décomposition, et en réfléchissant que si la France avait eu la folie de construire mille fois plus de bateaux à fond plat que je voyais alors, elle n'aurait jamais pu faire aucune impression sur notre heureux pays.

Cependant, ni le sentiment ni la réflexion ne peuvent remplacer la nourriture, et l'acuité de nos appétits nous apprit bientôt l'absolue nécessité de faire connaissance avec notre *bon hôte* . Nous avons commencé à implorer du secours à travers les barres de fer ; et notre expérience du caractère français nous avait appris la bonne politique d'accompagner chaque supplication de l'assurance que nous paierions généreusement tout ce qui pourrait nous être fourni. Enfin, cet homme aux barres et aux grilles de fer crut devoir nous rendre visite. Il promit de nous apporter du secours, et bientôt nous fûmes assez bien approvisionnés en nourriture, et on nous apporta deux matelas ; nous tenons toujours notre promesse de payer tout ce qui serait nécessaire. Il parut que cet individu était une grande richesse pour le gouvernement de Bonaparte : il avait été à l'origine un forçat condamné à la prison perpétuelle enchaînée ; il résidait donc dans une prison et portait de petites chaînes d'argent autour de ses poignets et de ses chevilles, et se conformait ainsi littéralement à sa sentence, tandis qu'il était placé dans une situation sous gouvernement.

Le lundi 21, nous fûmes conduits chez le capitaine de *gendarmerie* pour subir un nouvel examen ; et il s'est comporté très comme un gentleman. Nous avons été interrogés séparément. Il a dit que notre tentative pour conquérir notre liberté était très louable et qu'il compatissait pour nos malheurs. Notre marche du retour devait commencer le lendemain matin. Il nous a exhorté à faire preuve de courage et de patience, et a beaucoup insisté sur la cruauté de ne pas avoir d'échange de prisonniers entre les deux pays. Nous lui rendîmes beaucoup de remerciements pour sa bonté, et fûmes reconduits à notre prison, où nous fîmes toutes les dispositions nécessaires en notre pouvoir pour le lendemain. Ce n'était pas une tâche difficile ni longue, car nos bagages et nos vêtements n'étaient pas faits pour nous causer beaucoup d'embarras.

Le mardi 22 septembre, nous avons été appelés à temps par le garde et, quelques minutes plus tard, nous étions de nouveau *en route* . La journée était excessivement humide et les chemins lourds, ce qui empêchait les gardes de nous enchaîner, d'autant plus que nous avions une très longue marche jusqu'à Montreuil, qui était distant de douze ou treize lieues. Vers cinq heures de l'après-midi, nous fûmes placés à la prison commune de Montreuil, que nous trouvâmes une prison assez confortable ; mais le geôlier et sa femme nous l'ont imposé d'une manière honteuse.

Notre route passait maintenant par Hesdin et Saint-Pol, jusqu'à Arras. Le geôlier s'est comporté avec gentillesse et courtoisie envers nous et (à l'exception d'un seul) a été l'homme le plus humain dans cette situation que j'aie jamais connu. Et nous étions tous dans une grave nécessité de son humanité à ce moment-là ; mais plus particulièrement moi-même, car j'étais si complètement en état de fatigue et d'épuisement excessif, à cause de la longueur de cette journée de voyage enchaîné, que j'ai eu la tête tout à fait étourdie, et je me suis évanoui et je suis tombé contre les murs de la prison avant que le geôlier ait pu le faire. conduis-moi à ma cellule.

Le commandant fut également extrêmement courtois et nous accorda, sur notre propre demande, une chaise avec une escorte de deux *gendarmes* (dont les noms étaient Potdevin et Pasdevie) pour Cambray. Après avoir traversé Bapaume, nous passâmes chez notre vieil ami le boulanger, où M. Essel crut avoir perdu son argent. Lui et ses enfants furent examinés séparément ; mais nous n'avons pu découvrir la moindre trace qui pût laisser supposer qu'il l'avait pris : et je dois avouer que je croyais le boulanger innocent. A Cambray, nous congédiâmes, ou plutôt l'escorte d'Arras nous quitta ; et nous fûmes conduits au Cateau-Cambrésis, où nous fûmes mis dans un cachot souterrain des plus horribles, et rien de ce qui était en notre pouvoir ne pouvait avoir d'effet sur le gardien au cœur de silex. Nous ne restâmes heureusement que vingt-quatre heures à cet endroit ; de là nous fûmes conduits à Landrecies, où il nous fut permis de nous arrêter et de prendre un petit déjeuner. Notre logeuse a versé des larmes en nous voyant menottés d'une manière si cruelle ; cependant, malgré toutes les remontrances et supplications, et malgré l'inutilité évidente de cette prudence ou de cette dureté, nos gardes ne détachèrent pas un seul poignet pendant tout ce temps, et les gens de la maison furent littéralement obligés de nous nourrir.

Le 29, vers cinq heures, nous arrivâmes à Avesnes, et fûmes très grossièrement jetés dans la prison, et placés parmi la classe de criminels la plus mauvaise et la plus basse qu'elle contenait. Ceci, nous avons été informés, était dû à l'ordre spécial du général Wirion, qui, semble-t-il, avait envoyé un express à toutes les étapes de notre route, désirant que nous soyons traités aussi sévèrement et avec autant d'indignation que possible. Notre garde ne semblait nullement laxiste en matière de discipline, car ils remplissaient leurs instructions à la fois dans l'esprit et dans la lettre. Le bruit courait d'ailleurs à cet endroit, que nous étions des espions anglais, sur le point d'être fusillés pour avoir été engagés pour inspecter les armements navals le long des côtes françaises. Cette idée ne nous a certainement pas valu les sympathies du peuple, ni n'a semblé adoucir l'humeur de nos conducteurs ; et toutes les assurances du contraire de notre part ont été rendues vaines par le fait que nous étions si lourdement menottés, enchaînés et chargés de chaînes. Les conclusions tirées de ces symboles de culpabilité étaient que si nous n'étions pas des espions, nous étions encore pire. Quels furent notre dégoût et notre horreur lorsque nous nous trouvâmes jetés dans un horrible cachot avec un misérable condamné à la prison perpétuelle pour avoir assassiné et mutilé son père et sa mère ! Je frissonnais chaque fois que je voyais ce monstre, et je ne pouvais supporter son regard sur moi. On m'a dit que le misérable avait coupé ses deux parents en quartiers et les avait enterrés dans une fosse. Jamais je n'oublierai la joie que nous avons tous ressentie lorsqu'au lever du jour nous avons été retirés de cette horrible société. J'ai exprimé mon étonnement que des crimes aussi odieux ne soient pas punis de mort ; et c'est alors, et seulement alors, que la solution m'est apparue clairement : le malheureux, lors de son procès, avait été déclaré fou. Je réfléchis que, comme fou, il ne devait pas être soumis à un emprisonnement aussi cruel. D'après tout ce que j'avais vu des prisons françaises, j'avais une très mauvaise idée de la discipline pénitentiaire, de l'économie et de la gestion de la France ; mais les horreurs de cette nuit ne pourront jamais être effacées de mon esprit.

Il était vers cinq heures, le 30 septembre, que nous fûmes arrêtés à la ville d'Hirson. La ville n'a pas de prison, mais elle possédait une petite cellule ou donjon souterrain et humide, tout juste capable de nous contenir tous les quatre. Nous fûmes jetés dans ce *cachot*, ou donjon, et, un peu de paille étant jetée sur nous avec mépris, la lourde porte fut fermée, et nous fûmes laissés au choix de la méditation ou du sommeil. Nous préférions cette dernière solution, mais le dépit nous rendait irritables ; quand heureusement un brigadier de *gendarmerie*, qui, avec deux *gendarmes*, constituait la police du village, se montra au petit trou de la porte du cachot, et nous informa que la femme du geôlier allait nous procurer quelque rafraîchissement, à condition que nous la payions, et la payions d'avance. Non seulement nous l'acceptâmes immédiatement, mais nous trouvâmes notre cœur bondissant à cette nouvelle, et nous remerciâmes très humblement et avec gratitude ce brigadier pour sa bonté et sa condescendance excessives. Nous fûmes bientôt informés qu'une sorte de repas nous était préparé, et que nous aurions la permission de sortir dans la maison du geôlier pendant les quelques minutes nécessaires pour nous rafraîchir. Cette nouvelle nous jeta dans une grande confusion, car nous n'étions pas habitués à une telle indulgence et, par conséquent, avions négligé de cacher dans quelque trou secret un certain nombre de petits objets, tels que des dossiers et des vrilles, que nous avions heureusement gardés jusqu'ici dans un endroit secret. notre possession. Au moment où l'on allait ouvrir notre porte, l'un préférait garder sur lui les outils qu'il avait, un autre glissait le sien dans la paille, et dans cet état de perplexité le cachot s'ouvrit et on nous fit sortir. A cet instant, je jetai loin de moi, par-dessus un haut mur du jardin, deux petits dossiers que j'avais cachés dans ma main lorsque la porte du donjon s'ouvrit. Je proteste que je pensais que les choses laissées dans la paille étaient mieux sécurisées, car l'endroit était excessivement sombre. Nous étions maintenant attablés avec de la soupe et *du bouilli* , très consternés, entourés des *gendarmes* et du geôlier. Au bout de quelques minutes, celui-ci se procura une bougie et une lanterne, et informa le brigadier qu'il était prêt à l'assister. Il se leva donc, et ils se dirigèrent vers la misérable demeure que nous venions de quitter. Une opinion de nos sentiments à ce moment-là ne peut être formée que par ces malheureux qui ont éprouvé des souffrances et des anxiétés similaires. Je peux seulement dire que notre goût pour la soupe n'était pas très grand ; nous étions bien assurés que tout ce qui restait dans la paille serait inévitablement découvert, ce qui entraînerait très certainement une fouille générale de nos personnes. La générosité du brigadier était désormais suffisamment prise en compte : lui et son compagnon revinrent ; et, comme nous nous y attendions, ils avaient trouvé tous les outils, ainsi que la crosse d'un pistolet à double canon, dont j'avais confié la charge à Essel, gardant les canons en ma possession, et un autre de même description, avec son des barils également. Ils cherchèrent avec beaucoup de diligence les canons de la crosse du pistolet d'Essel, mais sans résultat. Nous leur assurâmes que nous avions jeté les barriques avant de quitter Verdun ; et que nous avions emporté la crosse et la serrure pour nous en servir occasionnellement à la place d'un amadou, que nous n'avions aucune possibilité de fournir. Ils commencèrent à nous fouiller séparément : quelques objets furent trouvés sur mes camarades ; mais, heureusement pour moi, ils ne trouvèrent pas sur moi mon pistolet, qui était plus complet que celui qu'ils avaient trouvé, ni les canons appartenant à la crosse du pistolet d'Essel, ni en fait quoi que ce soit d'autre. Le pauvre Ashworth fut moins chanceux, car ils prirent deux dossiers des coutures de son pardessus. Ils ouvrirent ensuite tous les boutons recouverts, pensant qu'un ou tous pourraient contenir une pièce de monnaie ; mais en cela, je n'en doute pas, ils étaient très mortifiés et chagrinés de se tromper. Le brigadier avait peine à se convaincre que ma canne, que j'avais achetée après avoir quitté Boulogne, ne cachait ni épée ni poignard. Il n'arrêtait pas de le faire tourner et de le tirer, en vain, et pourtant il était si méfiant qu'il choisit de le garder pour la nuit. Nous fûmes reconduits à notre antre dans un état d'émotion à peine concevable. En quelques minutes, nous tâchâmes de prendre le repos que nous pouvions.

En me réveillant vers minuit, j'ai commencé à réfléchir aux conséquences d'avoir autour de moi un « amadou » si dangereux, avec tout le matériel nécessaire, *c'est-à-dire* des munitions ; et, ayant trouvé ce que je pensais être un endroit commode — un trou dans le mur du donjon — j'y déposai les canons du pistolet d'Essel, gardant toujours autour de moi le mien complet. La nuit s'est déroulée sans autre perturbation.

Au petit jour, nous fûmes de nouveau mis *en route* , enchaînés, menottés et surveillés de près, même avec méchanceté. La journée a été très pluvieuse, les routes très mauvaises et très lourdes ; notre marche fut longue et fatigante ; et je ne peux pas dire que nos esprits étaient dans le meilleur état possible pour nous réconforter dans nos souffrances.

Ce fut le 1er octobre, vers six heures du soir, que nous arrivâmes à Maubert Fontaine. Jamais les pauvres prisonniers n'ont été dans une situation plus misérable. Nous étions saturés de pluie et couverts de boue. Nous avons découvert qu'un nouveau donjon avait été construit dans ce village, et nous y avons été brutalement poussés. Ce qu'aurait pu être l'ancien donjon, je l'ignore, mais notre *domicile* m'a prouvé que les Français n'auraient pas pu faire beaucoup de progrès dans l'art de construire des donjons. C'était un endroit misérable. Un garçon d'une dizaine d'années y était enfermé depuis six ou sept jours ; il appartenait à la ville voisine de Lille et fut emprisonné pour avoir quitté son domicile sans passeport. Le pauvre petit garçon nous informa que sa nourriture n'était que du pain noir et de l'eau ; et il déclara, à ma grande satisfaction, que notre arrivée était attendue depuis deux ou trois jours et que nous devions être fouillés de la manière la plus stricte. Ce garçon m'a été d'un grand service , et, avec son aide, j'ai réussi à cacher mon pistolet à double canon, ou, comme je l'appelais, mon amadou. J'ai dévissé les canons, et les enfonçant dans les doigts de mes gants, j'ai gardé le gant, les doigts repliés vers le poignet, de sorte que les canons des pistolets ont été pris pour mes doigts tout droit. Le garçon m'a aidé à cacher le stock, au moment même où le garde entrait pour nous fouiller. Nous n'avions plus rien d'autre sur nous que notre argent, qui avait jusqu'alors été respecté, et une petite montre en or que je portais et qu'ils ne trouvèrent heureusement pas. J'ai acheté cette montre à Verdun et je la porte encore aujourd'hui. Nous avons été fouillés avec beaucoup de rigueur et de sévérité ; et tels étaient les sentiments contre nous que la garde nous priva de tout notre argent, et, à nos remontrances, ils répondirent qu'ils paieraient avec cet argent toutes nos dépenses à Verdun, et rendraient compte du solde au général Wirion, à ce dépôt. . Le lecteur peut facilement imaginer avec quelle bonne foi le compte était tenu et la somme qui restait à payer au général. Cependant, cette nuit-là, le gardien nous a fourni, avec notre argent, ce qu'ils appelaient un souper ; et ils nous procurèrent de la paille et des couvertures, qui furent nos seuls lits. Le pauvre garçon français se sentait parfaitement heureux d'avoir, comme il disait, « quelque chose de bon » à manger. Nous donnâmes au pauvre petit une large part de tout ce qu'on nous apportait ; et s'il éprouvait le luxe d'un repas inattendu, nous éprouvions également « le plus grand luxe de faire le bien ». Les gardes restèrent bouche bée et regardèrent cette scène inhabituelle ; et, après avoir murmuré leurs *parbleus* et *leurs sacrés* , ils haussèrent les épaules et s'étonnèrent de notre générosité. Je souhaitais seulement que la générosité soit contagieuse et que nos gardiens temporaires rapaces et au cœur de pierre puissent s'imprégner de nos sentiments.

Le gardien nous rendait visite toutes les heures pendant la nuit ; malgré cela, je parvins à trouver une occasion de me débarrasser de tous les matériaux de mon dangereux « amadou », à l'exception des barils.

Au point du jour, le 2 octobre, nous fûmes menottés et enchaînés à une charrette, les routes étant devenues trop lourdes pour nous permettre de marcher à pied ; et ici je me débarrassa des tonneaux, en enroulant un peu de paille autour de chacun et en les jetant dans le chariot dans la boue.

Le soir, nous arrivâmes à la prison de Mézières, et fûmes mis dans la cour, après avoir été rigoureusement fouillés ; et nous ne pouvions même pas nous procurer un donjon avant d'avoir accepté de payer le prix le plus exorbitant que le geôlier exigeait pour certains rafraîchissements qu'il nous avait procurés. Il a déclaré très laconiquement : « Je sais que les *gendarmes* ont beaucoup d'argent qu'ils vous ont pris. Autant me laisser une part, autant *leur laisser* la totalité. Vous n'en aurez plus besoin dans quelques jours ; laissant ainsi entendre que nous allions être fusillés comme espions, ce qui était partout l'opinion générale.

Notre traitement fut à peu près le même jusqu'à Verdun, où nous arrivâmes à la fin du mois d'octobre. Je fus alors séparé de mes compagnons, étant considéré comme le *chef du complot*, et jeté dans un misérable cachot, dans lequel se trouvait un autre prisonnier, censé avoir été un espion, et qui espérait être traduit en justice dans quelques jours, et sans grande confiance d'être jugé avec un souci superflu de justice ou de miséricorde. L'impression universelle que nous allions être fusillés, dont nos oreilles avaient été bombardées à chaque halte de la route, parut confirmée par le compagnon avec lequel on me plaça dans ce cachot. J'étais certain que si un seul membre du parti devait mourir, cette victime serait moi-même - non seulement parce qu'il est d'usage en France d'en déduire que le plus âgé d'un parti ou d'une bande est le *chef du complot*, mais ma conscience me disait que j'avais vraiment été le principal instigateur de tout ce que nous avions fait. J'ai décidé de supporter l'exécution avec un courage et une dignité qui ne devraient pas déshonorer le service naval ou le caractère national de mon pays ; J'avais confiance en Dieu que ma mort rassasierait la vengeance française et que mes braves compagnons seraient autorisés à s'échapper ; et enfin, dans la parfaite résignation que j'éprouvais à mon sort prochain, je me consolai en me disant que je n'avais commis aucun crime qui méritât un châtiment aussi sanglant et ignominieux. Je posai la main sur mon cœur et sentis que je n'avais rien fait qui puisse ternir l'honneur d'un officier de marine et d'un gentleman.

Au point du jour, un garde vint me conduire au lieu de l'examen. J'y trouvai le lieutenant Demangeoit, de la *gendarmerie*, scriber, et M. Galliers, interprète. Ce lieutenant Demangeoit fut ensuite démis du service de l'Empereur. Mon examen dura deux ou trois heures ; chaque question et chaque réponse furent notées, et les débats furent donnés avec autant de forme et de solennité que possible. J'ai été minutieusement interrogé sur la crosse du pistolet, et on m'a demandé maintes et maintes fois, avec sérieux et ruse, où j'avais été les jours où Bonaparte avait traversé Verdun. On m'a interrogé sur la compagnie dans laquelle j'avais été, avec qui j'avais déjeuné ; et bien d'autres questions me furent posées, sans que je puisse me faire la moindre idée de ce qu'ils soupçonnaient ni du but qu'ils visaient. Cependant, il était clair que j'étais soupçonné d'une offense à l'égard de l'Empereur, et il était certain qu'il y avait une volonté, si possible, de m'y impliquer. Notre compagnon Essel avait donné ce matin-là un petit-déjeuner public à plusieurs de ses amis dans son logement, qui se trouvait justement situé immédiatement dans la rue ou partie la plus publique de la ville, *la place Sainte-Croix*, et près des fenêtres de la rue. que Napoléon et sa suite durent nécessairement passer. J'ignorais cette circonstance, et par conséquent je n'avais aucune invitation, ce qui, à ce moment, se révéla pour moi un événement heureux, et expliqua évidemment la cause de cet examen strict et scrutateur.

M. le lieutenant Demangeoit paraissait aussi particulièrement soucieux de savoir si mes pistolets avaient été achetés avant ou après le petit déjeuner du jour de passage de Bonaparte à Verdun. Cela a été évidemment fait dans l'intention, si possible, d'imposer sur nous — mais plus particulièrement sur moi, à qui appartenaient les articles en question — le stigmate atroce et abominable d'une conspiration et d'un dessein prémédité d'assassiner leur Empereur : pour qui, cependant Si mon antipathie était formidable à l'égard du *chef* des ennemis déclarés de mon pays, je n'éprouvais pas le moindre sentiment d'animosité personnelle vindicative. Ils désiraient beaucoup savoir par qui nous avions reçu des cordes et qui nous avait aidé à descendre les remparts. Je répondis : « Peu à peu, nous nous sommes procuré suffisamment de corde pour faire des colliers de chevaux, et bien sûr *deux fois* la longueur qui aurait été nécessaire si nous avions eu un ami pour nous aider à descendre en la tenant fermement ; mais nous devions placer la baie sur un rocher que je savais se trouver près de l'endroit, et ensuite nous descendions par la double partie ; après quoi nous l'avons transporté jusqu'à nous, l'avons coupé en morceaux et l'avons jeté dans la Meuse.

J'ai traversé tous ces examens approfondis et croisés avec patience et humilité ; mais, l'épreuve terminée, je commençai à protester contre la cruauté inutile d'être séparé de mes compagnons. Enfin il fut décidé que je serais conduit à leur prison, *La Tour d'Angoulême*, ils en ayant été transportés vers le lieu de l'interrogatoire. Nous n'avions pas le droit de nous voir avant la fin de l'examen ; mais, en passant devant le corps de garde dans lequel ils étaient enfermés, j'entendis leurs voix et je leur criai : « Tenez-vous en à l'ancien texte », allusion qu'ils comprirent très bien. Cela exaspéra le gardien, qui insista pour savoir ce que j'avais dit ; mais je répondis simplement : « Que j'avais seulement dit que j'avais très faim et que je voulais mon petit déjeuner : » dont il parut parfaitement satisfait. Je n'ai pas besoin de décrire la joie que nous avons tous ressentie en nous retrouvant à nouveau ensemble.

Nous nous sommes amusés toute la nuit à causer sur les différentes questions qui avaient été posées à chacun de nous ; car notre habitude était depuis longtemps de suggérer toutes les questions possibles auxquelles nous pourrions probablement être exposés, dans le cas où nous serions capturés, et de nous mettre d'accord sur les réponses que nous devrions donner, afin que ni les équivoques ni les incohérences ne puissent nous détruire. Le geôlier (Monsieur Percival) nous fournissait, sur nos propres deniers, la nourriture permise par les lois de la discipline pénitentiaire. Le feu et les bougies étaient interdits.

Quelques jours s'étaient écoulés lorsque nous fûmes de nouveau conduits pour être examinés séparément. J'ai été le premier convoqué au tribunal. Le lieutenant (Demangeoit) m'informa qu'il y avait certaines questions transmises par le ministre à Paris qui devaient m'être posées et auxquelles j'aurais intérêt à donner des réponses franches. D'abord, il était certain que nous n'aurions jamais pu suivre sans guides la route longue et difficile de Verdun à Étaples, d'autant plus qu'il apparaissait que nous n'avions ni carte ni boussole. Nous avions heureusement détruit la boussole, et aucune carte n'avait été trouvée sur nous, à l'exception des cartes des départements d'Étaples. Je répondis donc froidement : « Que les marins anglais pourraient toujours naviguer avec suffisamment d'exactitude par les étoiles, et que lorsque ces objets célestes étaient visibles, ils n'étaient jamais perdus.

Cette question réglée, la cour voulut savoir : « Si je connaissais quelque chose des côtes de France, et si j'y avais jamais été stationné ? Il me frappa que le naufrage du *Hussar* était une preuve assez nette qu'il y avait au moins une partie de la côte dont il semblerait que nous n'ayons qu'une connaissance imparfaite ; mais, souriant à cette question, je répondis : « Que tous les officiers de la marine anglaise connaissent de loin mieux la côte française que la sienne. » J'ai apaisé cette allusion au blocus de tous les ports de France et à notre navigation triomphale autour de ses côtes, en ajoutant : « Que nous ne pourrions guère monter et descendre la Manche sans acquérir une connaissance de la côte nord de la France ; et enfin je ne laissai aucun doute dans leur esprit quant à notre connaissance locale de ce sujet. Les questions furent les mêmes pour tous les autres, et nous fûmes ensuite reconduits à notre prison.

Au bout d'une semaine, nous reçumes l'ordre de nous préparer à marcher vers la forteresse de Bitche, en Lorraine, lieu misérable et bien connu de beaucoup de nos malheureux compatriotes ; un endroit dans les terribles cavernes dans lequel de nombreux sujets britanniques précieux avaient terminé leur existence dans toute l'agonie que la maladie, le découragement et les mauvais traitements pouvaient créer. C'était ma transition après le sort attendu d'être abattu. Et ici, dans un misérable *souterrain* , nous devions rester pendant la guerre ; ils affirmèrent même que c'était le propre décret de Bonaparte. La mort était préférable à une telle sentence ; mais nous étions résolus à faire un nouvel effort à tous risques, et, si possible, à reconquérir notre liberté. Seul l'argent liquide manquait. Cependant, je m'en procurai une petite provision grâce à l'intervention d'un digne compatriote, malgré la garde stricte qui était exercée sur nous. Mon Samaritain, ou ami dans le besoin, était le révérend C. Launcelot Lee (détenu) , membre du New College d'Oxford, de qui j'avais toujours reçu une grande gentillesse. Il parvint alors à m'aider dans mon extrême détresse, en remettant l'argent à M. Galliers, un autre digne Anglais, qui nous avait servi d'interprète. Le but a été réalisé avec dextérité ; car M. Galliers, en prenant congé, au moment de notre départ pour Bitche, entouré des *gendarmes* , me tendit cordialement la main à serrer, et pressa le précieux trésor dans la mienne. J'ai été obligé de garder cet acte de générosité pour un profond secret ; car, si on l'avait découvert, cela aurait eu de graves conséquences pour mes deux amis.

CHAPITRE VIII

Notre départ de Verdun pour Bitche—Mars-la-Tour, Metz et Sarrelouis—Je reçois un présent très utile de M. Brown.—Sarreguemines.—Une dernière chance.—Une garde à cheval.— Pensées d'évasion.—Calculs sur une poursuite dans un bois entre cavaliers et prisonniers à pied. Tentative résolue. Signal donné. Fuite de la caravane de la prison vers le bois. Poursuite française. Un prisonnier repris. Ma fuite du bois dans un autre. Mes compagnons, je le crains, sont moins heureux. Ma dissimulation – Un lit marécageux et un ciel orageux, avec un torrent de pluie pour auvent – Un vol potentiel de près de 800 milles – La misère d'une recherche infructueuse de compagnons perdus – Se nourrir d'éperviers et rassembler des quadrupèdes et de la vermine — Une cabane découverte — La faim m'oblige à entrer — Un compromis, un pot-de-vin, une défense des femmes et une évasion — Sur la route du Rhin — Une préparation pour vendre cher la vie — Une évasion de justesse — Vivre de tiges de choux et de navets crus — Mauvais pieds et mauvaise santé. — Une maison isolée près d'un bois. — Fortes tentations d'entrer. — Un hôte brutal, un danger extrême et une évasion étroite. — De mauvais spécimens de la nature humaine.

LE matin de notre départ, nous fûmes rejoints par huit coupables au crépuscule, et placés dans un grand chariot, sous une très forte escorte de *gendarmerie* , avec un brigadier pour le commander. Nous fûmes enfermés la première nuit dans un cachot des plus misérables, dans un village appelé Mars-la-Tour. C'était si petit et nous étions si nombreux que nous pouvions à peine respirer. Notre allocation de paille, *une livre et demie chacun* , nous était donnée pour nous allonger : cette paille était si courte qu'elle avait exactement l'apparence de tant de paquets de cure-dents. La nuit suivante, nous fûmes incarcérés à la prison de Metz. Nous sommes restés ici plusieurs jours. Enfin, un ordre arriva pour que la moitié de notre nombre se dirige vers notre destination : deux autres, avec nous quatre, reçurent en conséquence l'ordre de se préparer. Nous espérions maintenant avoir une autre chance d'échapper aux griffes de nos gardiens, mais nous nous trompions grandement ; notre garde nous surveillait de près, et nous étions si bien attachés avec des menottes et des chaînes qu'il était impossible de le tenter. Nous étions donc incarcérés en toute sécurité à la prison de Sarrelouis. C'était un dépôt pour les marins capturés et un lieu de punition pour les officiers qui pourraient transgresser les règles de la prison ; mais il était de plusieurs degrés supérieur à Bitche. Plusieurs de nos compatriotes obtinrent la permission de nous voir ; et de l'un d'entre eux (M. Brown, maître du brick de canon *Mallard* , récemment naufragé sur la côte), je reçus une petite carte de l'Allemagne, arrachée d'un vieux livre de géographie, que j'ai soigneusement cousue dans la doublure de mon gilet. Nous fûmes maintenant rejoints par ceux qui étaient restés dans la prison de Metz et nous fûmes bientôt de nouveau en marche vers notre habitation destinée. Les mêmes précautions furent prises pour nous sécuriser, et il ne restait que peu ou pas d'espoir de nous échapper. Nous arrivâmes à Sarreguemines, à six ou sept lieues seulement de Bitche, et fûmes enfermés, comme d'habitude, dans la prison. Le lendemain, vers quatre heures de l'après-midi, nous comptions arriver à notre horrible demeure. Le matin, nos gardes arrivèrent avec un grand chariot dans lequel nous fûmes placés, et, à mon grand étonnement et à ma grande joie, nous ne fûmes pas enchaînés. Je considérais cela comme une circonstance des plus merveilleuses et comme une occasion favorable d'évasion qu'il fallait saisir, d'autant plus qu'il ne pouvait y avoir aucun espoir d'une autre chance ; en effet, cela semblait une interposition de la Divine Providence en notre faveur. Je communiquai mes intentions à mes compagnons ; et, après être sortis de la ville, nous descendîmes de notre chariot, faisant observer aux gardes que nous préférions marcher un peu. M. Essel est resté dans le wagon. MM. Ashworth, Tuthill et Baker, du service marchand, marchaient avec moi devant le chariot. Nous n'avions pas parcouru plus de deux ou trois milles lorsque je découvris un bois à environ cent cinquante mètres de la route : nos gardes étaient à une cinquantaine de mètres derrière nous et étaient à cheval. Dans une course aussi inégale, une course-poursuite entre homme et cheval, nous pourrions être rattrapés dans notre course vers le bois ; mais si nous pouvions atteindre ce point une fois, nous étions en sécurité, car, bien qu'il n'y ait pas de feuilles sur les arbres, nous étions certains que nos gardes à cheval ne pourraient nous poursuivre sans beaucoup de difficultés, à cause des branches et des sous-bois ; et s'ils descendaient de cheval, avec leur équipement et leurs lourdes bottes, nous savions que nous pourrions les distancer avec la plus grande facilité.

Enfin arriva le moment le plus intéressant et le plus anxieux. Nous étions sur le point où l'effort pouvait être fait mieux qu'à aucun autre. J'ai donné le signal à mes amis : une forte acclamation. Nous nous enfuîmes : les gardes effarés enfoncèrent leurs éperons dans leurs chevaux et galopèrent sur nos talons avec la plus grande rapidité. Le sol était très lourd, un champ labouré étant l'espace entre la route et le bois. Le pauvre Baker tomba et fut immédiatement saisi et ramené au chariot avec un sabre sur lui et un pistolet prêt à faire son office, s'il tentait à nouveau de s'échapper. Nous avons eu plus de chance. Nous sommes entrés dans le bois, esquivant les *gendarmes* à travers les ronces, les freins et

Londres Edward Arnold, 1902.

enchevêtrement. Mes compagnons et moi nous sommes croisés plusieurs fois, essoufflés, et je pouvais à peine leur crier de rester derrière les arbres et d'éviter les coups de pistolet ; car les gardes sautaient, plongeaient et chevauchaient dans toutes les directions, hurlant avec la plus grande rage ces mots : « *Arrêtez, coquins !* » etc. Ces épithètes peu agréables, dans un français rauque, assaillirent nos oreilles de toutes parts. Enfin mes poursuivants abandonnèrent ma poursuite pour suivre mes compagnons ; et, heureusement, trouvant un bon arbre entre moi et l'ennemi, je m'assis pour reprendre mon souffle et réfléchir à ce que je devais faire. Au moment où je perdis de vue les *gendarmes*, je bondis vers le côté du bois opposé à la direction qu'ils avaient prise, et j'aperçus une vaste plaine, terminée dans une direction par un bois, qui ne semblait pas à beaucoup plus d'un mille. Sans plus réfléchir, je m'élançai dans la plaine ; son étendue était d'environ un mille ; et lorsque j'arrivai au milieu, j'étais tellement essoufflé que je fus obligé de m'arrêter quelques minutes, et je tombai donc à plat ventre, la bouche ouverte et près de terre ; et le soulagement était étonnant. Je me suis couché près du sol pour ne pas être découvert. Cependant, une autre course m'a amené au bois. Ayant jusqu'à présent échappé si providentiellement, je commençai à réfléchir aux mesures que je ferais mieux de prendre ensuite ; et, après m'être encore reposé quelques minutes pour récupérer mes forces épuisées, je résolus de quitter ce bois, et à l'extrémité opposée à celle où je calculais que mes poursuivants pourraient me surveiller, car je pensais qu'ils prendraient naturellement cette direction. , lorsqu'une recherche diligente les eut convaincus que je n'étais pas dans le bois dans lequel nous étions entrés pour la première fois. D'ailleurs, je vis que le premier bois était désormais entièrement entouré de paysans ; car, comme c'était dimanche, tout le monde était oisif, et hommes, femmes et enfants prirent l'alarme et se précipitèrent comme des loups à la chasse. Le gouvernement français accordait alors une récompense de cinquante livres, soit 2 £. 1s. 8d., à toute personne qui reprendrait un prisonnier de guerre évadé de prison ou d'une escorte, et cela provoqua un concours si prodigieux de gens enthousiastes, qu'il ne me laissait que très peu d'espoir de rester en sécurité en aucun lieu. où l'on pouvait même soupçonner qu'un homme pouvait être caché.

En quittant ce bois, je supposai que j'étais à environ trois ou quatre milles de la route d'où je m'étais d'abord échappé. Des plaines immenses, des chaumes, des prairies, des champs en jachère et labourés se présentaient à mes yeux, avec la rivière Sarre proche au sud de moi, mais extrêmement rapide et dont aucune partie n'était guéable. Mon cas paraissait désespéré ; et, pour éviter tout soupçon, j'ai pensé que la meilleure méthode serait de traverser délibérément ces plaines, en prenant une direction différente de celle de tous les autres habitants, mais sans paraître en éviter aucune. Je mis un bonnet de nuit que j'avais dans ma poche, au lieu du bonnet de castor que je portais habituellement, le bonnet de nuit étant un vêtement courant chez les paysans lorrains. J'en croisai plusieurs à de très courtes distances, m'arrêtant fréquemment et semblant marcher avec beaucoup d'insouciance. Enfin, je me trouvai dans une petite vallée à travers laquelle coulaient deux petits ruisseaux, formant une petite espèce d'île, couverte d'un buisson d'aubépine, de ronces, etc., suffisamment grande pour cacher un homme. Cela me paraissait admirablement bien calculé pour une cachette ; car, comme il était excessivement petit et humide, j'étais d'avis que personne ne songerait même à le fouiller. J'y entrai et j'étais si complètement couvert que je pus à peine discerner la partie par laquelle j'avais pénétré pour la première fois. Dans un certain sens, je trouvais cela très inconfortable – je veux dire par rapport à la boue, à l'humidité et à la saleté dans lesquelles j'étais obligé de me vautrer ; mais autrement, c'était pour moi un paradis parfait ; et tout ce que je regrettais, c'était de ne pas avoir mes pauvres camarades quelque part près de moi, même si je me consolais en me sentant assuré qu'ils avaient tous dû s'échapper, même ceux qui n'avaient pas couru au début, puisqu'il ne leur restait plus que le chariot, les gardes ayant parti à notre poursuite. En effet, je fus informé quelque temps après qu'aucun des huit autres n'avait jamais tenté de quitter le chariot, mais qu'ils avaient été tranquillement conduits à Bitche, où, comme le lecteur le découvrira, j'ai été de nouveau obligé de les rejoindre. [12]

C'était le dimanche 15 novembre 1807, et j'étais allongé, froid et tranquille, dans mon lit mouillé et boueux, souhaitant anxieusement que la nuit arrive et dissipe une partie de mes appréhensions. J'étais obligé de me déplacer fréquemment d'un côté à l'autre, le froid et l'humidité devenant extrêmement intenses et pénibles. En peu de temps, je fus entièrement mouillé dans toutes les parties de mon corps et je trouvai le froid intense, car lorsque je m'étendais dans la boue, j'étais en sueur abondante. Cela ne soulageait pas mes misères d'entendre ni les sonnettes d'alarme sonner dans les villages voisins, ni les sifflements, les hurlements et les cris des paysans : ce qui était encore pire, j'étais souvent effrayé par des voix proches de moi.

Mais maintenant le moment d'obscurité tant désiré approchait : le soleil descendait ; mais, à ma grande déconfiture et mortification, avec chaque apparence de mauvais temps. Il commençait déjà à pleuvoir très fort, ce qui masquait la lune, alors âgée d'environ huit ou neuf jours. En réfléchissant à mon état actuel, je le trouvais vraiment pitoyable. Je n'avais que la petite carte ancienne dont j'ai déjà parlé, pour diriger ma route ; et j'étais sans boussole, sans guide, sans vêtements, sans viande, sans boisson, sans compagnon, et le morne mois de novembre commençait avec plus que son inclémence habituelle. La ville amie la plus proche était Salzbourg, en Autriche, et elle était distante de sept à huit cents milles. C'en était assez pour refroidir les ardeurs et paralyser les efforts des plus intrépides ; néanmoins, le fait d'avoir échappé à l'emprise des tyrans et d'être devenu mon propre maître a plus que compensé, à mon avis, mille privations, souffrances et dangers.

Vers sept heures et demie, je me suis aventuré dehors, j'ai secoué, nettoyé et lavé la boue de mes vêtements du mieux que je pouvais, et me recommandant à un Créateur miséricordieux, par la clémence généreuse duquel j'avais été si miraculeusement protégé ce jour-là, j'ai continué avec grande prudence à l'égard du bois dans lequel je m'étais séparé de mes compagnons, car je supposais qu'ils y resteraient, ou peut-être y retourneraient pour me rencontrer. Il pleuvait très fort et tout était profondément silencieux. J'ai parcouru les bois pendant trois ou quatre milles dans des directions différentes ; mais tout cela en vain. De temps en temps, j'osais siffler, ce qui était le signal autrefois établi entre nous, mais sans succès. Je suis resté seul, découragé, affamé, froid, fatigué et trempé de pluie. Le risque était trop grand pour s'aventurer sur la grande route ; et pourtant j'étais si près de mourir de froid et d'humidité qu'il était impossible de rester dans ma cachette. J'ai donc continué à courir et à marcher pendant la nuit, souvent gêné par le cours de la Sarre, ce qui m'a beaucoup troublé. Enfin, étant très fatigué, et trouvant un bois commode, quoique dépourvu de feuilles, j'y montai et me cachai dans une assez bonne partie, un peu avant le jour. Je ne me souviens jamais avoir autant ressenti ni souffert du froid : il avait plu sans arrêt toute la journée. Toute cette journée (le 16) je fus entouré de taupes, de rats et d'autres petits animaux un peu semblables à des écureuils ; les rats s'approchaient souvent jusqu'à lécher mes chaussures. Leurs ruses et leurs avances m'amusèrent plutôt et atténuèrent dans une certaine mesure la bassesse et l'inquiétude de mon esprit. A la fin de la soirée, un porcher passa, conduisant ses porcs près de ma cachette. Je l'ai vu très distinctement. Un des cochons s'enfuit exactement vers moi : il envoya son chien à sa poursuite ; ce qui, providentiellement, l'a fait rebrousser chemin, sinon il m'aurait complètement écrasé.

Vers huit heures, je quittai ma retraite. La nuit fut encore une fois très mauvaise. Il ne cessait de souffler et il pleuvait très fort, et je ne savais pas quelle direction prendre ; car jamais nuages plus sombres et plus épais n'ont obscurci la lumière du ciel. Vers neuf heures, je découvris une petite cabane, et je crus que j'avais l'occasion d'essayer de me procurer un morceau de nourriture quelconque. Je le reconnus avec une sincérité tremblante, et enfin je m'approchai avec la plus grande prudence de la porte. La lutte entre mon désir ardent de me procurer quelque subsistance, sans laquelle je dois périr, et la crainte d'être arrêté dans cette tentative, peut être conçue, mais ne peut être décrite. Après avoir délibéré quelque temps, la faim prédominait même sur la peur d'être conduit de nouveau dans mon cachot ; et, d'une main tremblante, je frappai enfin à la porte. Elle a été ouverte par une femme. J'ai humblement demandé du pain en allemand, qui est la langue parlée par les paysans lorrains. Elle m'a fait signe d'entrer, ce que j'ai fait.

Il y avait trois hommes et une autre femme dans la maison. Un homme âgé, qui était le seul du groupe à pouvoir parler français, me dit aussitôt : « Il était certain que j'étais un des prisonniers anglais qui s'étaient évadés de la garde la veille. » Il ajouta : « Celui-là des gardes venait de quitter la cabane : il avait été toute la journée à la recherche des fugitifs et était venu en rentrant chez lui pour donner des renseignements à la compagnie présente. Je n'ai pas contesté qui ou ce que j'étais. L'homme insista ensuite sur la récompense de *cinquante livres* que le gouvernement accordait pour l'arrestation d'un prisonnier de guerre. « *Cinquante livres* , ajoutait-il, étaient un objet pour des pauvres gens comme eux. » J'ai parfaitement compris sa démarche et j'ai simplement observé : « Que, bien que le gouvernement ait promis la récompense, il n'était pas sûr du moment où elle pourrait être payée. » J'ai ensuite fait appel à son honneur et à ses sentiments, et lui ai demandé : « Quel honnête homme, pour une récompense ou un montant si dérisoire, empêcherait un pauvre prisonnier de guerre, qui n'avait été coupable d'aucun crime, de revoir sa femme, et tout. cela lui était cher, après un emprisonnement de quatre ou cinq ans ? Il expliqua tout ce que j'avais dit aux autres ; et j'ai découvert que les femmes partageaient mon point de vue sur le sujet et me défendaient. Là-dessus, je m'adressai de nouveau au vieillard et lui dis : « Comme vous me paraissez être des gens très dignes et honnêtes, acceptez cette bagatelle parmi vous ; » et je lui ai donné un *louis d'or* . J'offris ensuite aux femmes six livres, en marque de mon respect pour elles, et elles reçurent l'argent très gracieusement. Je vis que les choses présentaient ou commençaient à prendre un aspect favorable, et je profitai donc de la première occasion favorable pour leur assurer combien j'étais désolé de ne pas avoir plus d'argent à leur donner. Je demandai ensuite qu'on me montre le chemin le plus proche pour arriver à Bitche, car j'y avais des amis qui me fourniraient un peu d'argent liquide pour me permettre de continuer mon long voyage. Après une longue discussion en allemand, au cours de laquelle je découvris parfaitement leur inquiétude de n'avoir reçu que trente livres, le vieillard observa : « Comme il n'y en a qu'un, cela n'a pas grande importance ; mais s'ils étaient tous là, cela en aurait valu la peine. Je ne pouvais m'empêcher de penser que si nous avions tous été présents, nous aurions été trop nombreux pour les empêcher de tenter leur chance, et j'aurais peut-être gardé mon argent dans ma poche. Je répétai encore mon souhait d'être dirigé vers Bitche. Je savais qu'il y avait une route directe de Bitche au Rhin, et c'est pour cela que je souhaitais m'y rendre. Les femmes plaidèrent de nouveau en ma faveur, et enfin les deux jeunes hommes se levèrent et m'offrèrent leurs services. J'ai accepté l'offre, ils se sont équipés et ont annoncé qu'ils étaient prêts. Je pris un très joyeux congé des femmes et du vieillard, et suivis mes guides, inexprimablement heureux d'être sorti de ce danger ; même si je ne me considérais pas parfaitement en sécurité pendant que je restais avec ces hommes.

Mes soupçons et mes inquiétudes devinrent de plus en plus forts ; car ils me conduisirent à travers des chemins très étroits et compliqués, à travers des lieux déserts, et à travers des landes et des communes ; et ils restaient généralement derrière moi ; tandis que j'observais qu'ils chuchotaient toujours ensemble. Je n'en avais, au mieux, pas une grande opinion ; et ces circonstances étaient si suspectes que j'ai feint de rester un peu en arrière ; et cette fois je m'occupai de cacher ma montre, mon argent et la petite carte, qui étaient jusqu'alors dans une poche de mon pantalon. Cela fait, je m'avançai, pris un air léger et satisfait, mais me gardai bien de prendre encore une fois la tête d'eux. Vers minuit, les hommes me quittèrent sur un chemin menant à la route de Bitche et prirent congé. Je me sentis très heureux d'une si heureuse délivrance, et je continuai dans cette direction jusqu'à trois heures environ ; quand, me croyant assez près de ce malheureux hôtel (Bitche), je me dirigeai (comme je le pensais) vers le Rhin. Quelque temps avant le jour, il cessa de pleuvoir ; les étoiles se montrèrent, et j'eus la mortification de découvrir que j'avais pris une direction diamétralement opposée à celle qui était la mienne.

Dans ce malheureux dilemme, j'avançais sans cesse, persuadé de n'avoir franchi aucune retraite sûre. Enfin, quelque temps après le jour, je découvris un bois très mince sur le flanc d'une colline, vers lequel je me rendis immédiatement, et j'y restai jusqu'à la nuit. Ici, j'ai réussi à me raser à sec. Ma montre en or, accrochée à un buisson, était mon seul miroir ; mais le rasoir était assez *bon* . Il y a eu une pluie battante toute la journée et le froid était extrême.

La nuit, à peu près à l'heure habituelle, je commençai mon voyage et pris la direction du retour, en reprenant le terrain que j'avais suivi la matinée précédente ; et j'avoue que, malgré ma déception, j'éprouvais une certaine consolation en sachant que j'étais enfin sur la bonne voie. Durant toute cette nuit, mes évasions, après avoir été brisées par des chutes répétées dans des précipices que l'obscurité cachait, furent tout à fait incroyables. Vers onze heures, je me sentais très harcelé à force de traverser des champs, des marécages, des ravins et des fossés ; et, me trouvant sur la grande route, je résolus de la suivre pendant quelque temps, d'autant plus que je pensais que c'était mon chemin direct, mais je ne pouvais en être sûr, car la lune et les étoiles étaient encore obscurcies. Je supposais qu'il était trop tard pour que les voyageurs m'interrompent. Cependant, après avoir quitté un bois au bord du chemin, d'où il me fallut ramper jusqu'à une sorte de gravière pour y accéder, imaginez mon étonnement ! — A peine avais-je mis le pied sur le chemin, que je fus interpellé ... *vive ?* » (« Qui y va ! ») d'une voix audible, par un *gendarme* à cheval. Je n'ai fait qu'un seul saut dans la gravière et j'ai rampé de là pour retourner dans le bois ; où je restai quelque temps pour reprendre des forces, tristement épuisé. J'ai ensuite longé le bois, sans savoir où j'allais, la nuit encore très sombre, humide et inclémente. Heureusement, je tombai dans un jardin de choux, près d'une chaumière près du bois, et je mangeai abondamment, et j'en mis une bonne provision dans mes poches pour la journée suivante. Ensuite je rentrai dans le bois, où je restai toute la journée. Après la tombée de la nuit, j'ai repris mon voyage. C'était la nuit la plus rude, si possible, que j'aie jamais connue : les routes, les sentiers et les champs étaient profonds et lourds à cause des pluies constantes ; les ruisseaux étaient devenus des rivières dangereuses et j'ai dû en traverser plusieurs. J'eus encore cette nuit l'occasion de me régaler de tiges de chou, de feuilles et de navets, et de remplir abondamment mes poches.

Mes pieds commençaient alors à avoir des ampoules et à devenir très douloureux ; et je devenais également émacié et très faible, car c'était mon cinquième jour à vivre de feuilles de chou, de tiges et de navets crus. Lors de ma première tentative de vol, notre nourriture était occasionnellement composée de noix, de pommes et de raisins ; désormais, les navets et les choux étaient ma seule ressource.

Vers deux heures et demie du matin, j'aperçus une petite maison isolée à l'orée du bois. Mes nécessités me faisaient croire que je pourrais m'en approcher sans danger et tâcher de me procurer quelque rafraîchissement.

J'ai vu de la lumière à la fenêtre, je me suis approché de la porte, j'ai regardé alternativement par le trou de la serrure et par la fenêtre, et j'ai enfin vu une femme qui tournait près d'un feu allumé. L'effet était électrique. Qu'y a-t-il de plus excitant pour un homme dans mon état déplorable que de contempler le foyer propre, le feu flamboyant et l'heureuse industrie, au milieu du confort et des ornements simples de la chaumière ? Oh, avec quelle anxiété j'avais envie de m'asseoir près de ce feu brillant ! Les besoins physiques d'une nature affaissée prédominaient, et saisissant le heurtoir, mes oreilles étonnées en entendirent le bruit. La porte a été ouverte par un homme qui m'a observé de la tête aux pieds. J'étais entièrement couvert de boue, et il n'y avait pas un seul fil autour de moi qui ne fût saturé de pluie. Il pouvait clairement percevoir, à mon aspect misérable et triste, que j'avais été longtemps isolé de mes semblables et condamné à fréquenter, ou plutôt à garder en troupeau, les animaux qui habitent les grottes et les forêts. Pendant que l'homme restait les yeux rivés sur moi, je lui assurai en français que j'avais soif, et lui demandai s'il aurait la bonté de me donner à boire. Il ne parlait pas français, mais il m'a fait comprendre qu'il n'avait rien du tout à me donner. Je découvris un seau d'eau, et, le montrant d'un geste suppliant, le crétin m'en apporta une louche. Je pris alors la liberté de m'asseoir près du feu, bien que le rustre ou la femme inhospitalière ne me l'aient jamais demandé. J'aimais aussi peu l'aspect des lieux que celui de son brutal propriétaire ; et comme il ne me présentait rien, sinon le feu, qui pût me rendre le moindre service, je résolus de partir. Je lui ai demandé la route de Strasbourg, et la réponse a été que c'était tout près. J'étais sur le point de quitter le coin du feu, lorsqu'un tailleur arriva pour travailler pour la famille. Il commença aussi à m'examiner de près, et après m'avoir examiné de la tête aux pieds, je l'entendis chuchoter à l'homme de la maison, et distinguai clairement les mots *Engländer* et *Bitche* . En fait, le valet peu charitable avait révélé la vérité, que j'étais un Anglais fuyant Bitche. Il s'adressa alors à moi et me demanda si j'étais une personne autorisée à voyager ? — si j'avais un passeport ? — avec plusieurs autres questions du même sens.

Épuisé comme je l'étais, je vis que l'audace dans cette affaire était mon seul bouclier ; me tournant alors violemment vers lui, je répondis qu'il devait être un garçon très impudent pour se permettre de poser de telles questions, et que je ne daignerais pas répondre à un coquin curieux et bavard de sa nature ; et je voulais savoir par quelle autorité il pouvait prétendre m'interroger d'une manière si désagréable. Le bonhomme feignit de sourire ; mais il ne s'attendait pas à une réplique aussi vigoureuse, car je vis évidemment qu'il était déconcerté, sinon effrayé. J'ai ensuite fait observer au propriétaire que l'extrême inclémence du temps avait seule motivé mon arrêt chez lui, d'autant plus que je n'avais vu ni ville, ni village, ni cabaret attenants à celui-ci. J'ajoutai que, comme il n'y avait aucun espoir de voir le temps s'éclaircir, je continuerais ma route vers Strasbourg, dont le bonhomme m'assurait qu'elle était à douze lieues, tandis que Bitche n'en était qu'à trois. A cette information, je fus affligé et mortifié de constater le peu de progrès que j'avais fait en tant de jours, ou plutôt de nuits. Tout le monde s'assit pour le petit-déjeuner sans demander à l'étranger battu par les intempéries et très abasourdi de prendre part à leur repas ; alors, bien sûr, il a pris congé de ces spécimens égoïstes et insensibles de la nature humaine ; et troquant le feu ardent contre les éléments impitoyables, il poursuivit son voyage solitaire, dégoûté que quelque chose d'aussi vil que ce dont il avait été témoin puisse se trouver sous la forme humaine.

CHAPITRE IX

Une saison défavorable - Une retraite dans une caverne - Le somnambulisme - La découverte d'une cabane de berger - Un voyageur dévié d'un mauvais chemin - Une baignade dans une nuit d'hiver - Le passage dans un moulin - Un voyageur méfiant peut être un honnête homme - Un Lorrain chaumière vue à travers un brouillard - Dangers des gens trop gentils - Répugnance à être présenté à un maire ou à toute autre bonne société - Dissimulation dans un saule creux - Un honnête compagnon de voyage aux réminiscences fugitives - Une fiction ingénieuse - Une perspective de Strasbourg.

LE mois peu propice de novembre 1807 parut prendre une mauvaise conscience de mes entreprises et me visiter avec plus de sévérité que d'habitude. Pour éviter tout soupçon, j'ai marché hardiment sur la route. Il pleuvait excessivement fort et j'étais sûr que personne ayant la possibilité de rester à l'abri ne serait en mesure de m'interrompre. Après avoir avancé un peu, en me retournant, j'aperçus mon *ami* le tailleur, avec tous les autres, qui regardaient dans quelle direction j'allais. J'ai donc continué la route jusqu'à ce que je perde de vue la maison, et j'ai continué, affamé et mouillé, mais assez content d'être si bien loti. Je découvris alors une haute montagne avec des rochers et des pins, contiguë à la route ; et j'imaginais que je pourrais trouver une retraite plus hospitalière dans quelque caverne parmi ces rochers que dans la maison qu'occupaient mes semblables. Ne voulant pas rester exposé plus longtemps sur l'autoroute, je me suis précipité et j'ai atteint le sommet. Là, je trouvai une excellente caverne sèche sous un immense rocher. Je m'y glissai et tombai bientôt dans un profond sommeil ; dans quel état je restai jusqu'à ce que je sois troublé par les grognements des sangliers venus bannir le malheureux et désespéré usurpateur qui avait si illégalement pris possession de leur habitation. Je trouvai le crépuscule assez proche, et c'était à peu près le moment où je devais recommencer mon voyage. Je descendis sur la route de Strasbourg et courus sans répit toute la nuit, malgré les douleurs atroces que me causaient mes pieds boursouflés.

Vers minuit, m'étant arrêté pour écouter s'il y avait du bruit ou des pas sur la route, je découvris clairement, au bruit des fouets, qu'une voiture ou un chariot avançait. Je me retirai donc à quelques pas du bord de la route et m'allongeai tout près. Il passa et, autant que j'osai le regarder, il me parut être une diligence ou un carrosse très lourd. Je repris alors ma route ; J'ai continué à courir et j'ai dépassé plusieurs villages, jusqu'à un peu avant le jour, supposant que je ne pourrais pas être loin du Rhin. J'ai sécurisé mon logement dans un bois pour le jour suivant.

En cherchant le meilleur abri et le meilleur logement, j'aperçus une caverne sous un rocher bien au-dessus de moi. Il a apparemment été formé par la nature et le temps ; et le rocher, de son sommet prodigieux, montrait un immense précipice, bien calculé pour inspirer les sentiments de crainte et d'admiration qui découlent de la vue d'un paysage beau et sublime. Mais je n'étais pas d'humeur à contempler le paysage, ni à apprécier la beauté ou le sublime. Mes pensées étaient toutes absorbées à me protéger du froid glacial, des vents violents et des pluies torrentielles et, ce qui était pire que tout cela, de la main hostile d'un homme insensible.

J'ai décidé, si possible, d'escalader cette hauteur alarmante. Il faisait encore nuit, ce qui ajoutait à mes périls et à mes difficultés. Dans cet effort, je me mis à genoux, m'accrochant aux racines, aux bouquets d'arbres nains ou aux touffes d'herbes épaisses et grossières ; et si une seule cale avait cédé, j'aurais dû être mis en pièces. Haletant et presque épuisé, j'atteignis enfin le sommet ; et reprenant mon souffle, je me rafraîchis avec les quelques souches de choux que je m'étais procurées en parcourant les villages ; et entrant dans la caverne, je me jetai à terre, et tombai instantanément dans ce qu'on peut presque appeler une stupeur plutôt qu'un sommeil.

Mon esprit fut extrêmement agité pendant tout le temps que je passai dans cette cachette. Je me réveillais fréquemment, parlant assez fort et nommant les messieurs qui avaient été mes anciens compagnons, discutant avec eux comme s'ils étaient réellement présents. Quelque temps après avoir éprouvé un repos court et troublé, je me levai tout d'un coup, et priai mes compagnons de se lever et de reprendre leur voyage ; quand, en me remettant de mon délire, et en regardant autour de moi, à mon inexprimable étonnement, je découvris que j'étais réellement au fond du précipice, et qu'il faisait tout à fait jour. Ce précipice était très escarpé et, je le répète, extrêmement dangereux, même pour un homme avec tous ses sens rassemblés et en plein jour ; et comment je suis revenu vivant au fond de cette histoire, je suis absolument incapable de l'expliquer. Après avoir rassemblé mes idées éparses, ce qui n'était pas une tâche facile, je me précipitai de nouveau dans le bois, car il pleuvait très fort, et me prosternais de la manière la plus humble, la plus pieuse et, j'espère, la plus sincère, devant le grand Dispensateur de tous les événements. , vous offrant mes remerciements les plus sincères et les plus sincères pour les grandes miséricordes et la protection qui m'ont si généreusement accordées en cette occasion des plus merveilleuses. Pendant cette journée, je traversai plusieurs montagnes couvertes d'arbres, et trouvai enfin une grotte très confortable, pleine de belles feuilles sèches, sur le versant d'une colline. À cause de la chaîne continue de montagnes élevées, sauvages et arides qui m'entouraient, j'avais de très sérieuses craintes que ce ne soit le repaire de loups ou de quelques bêtes sauvages ; mais j'y entra, et je le trouvai assez haut pour m'y asseoir droit. J'ôtai mon manteau, j'en essuyai l'eau, et, après m'être rafraîchi avec mon repas habituel, je m'étendis sur la terre, et me couvrant de feuilles, et mon manteau par-dessus tout, je me suis endormi.

Vers le crépuscule, je fus réveillé par le bavardage d'un geai à l'entrée de la caverne. L'image de cet oiseau est maintenant fraîche dans ma mémoire et le restera aussi longtemps que je vivrai. Je sortis en rampant de cette retraite qui me paraissait si sûre, me secouai et enfilai mon manteau mouillé. Il y avait toutes les apparences d'une belle nuit, avec une tendance au gel. Je me consolais en calculant que je ne pourrais être qu'à trois lieues de Strasbourg. Après avoir descendu la montagne, j'ai découvert une cabane de paysan dans le val ; et, quel que fût le danger, je résolus à tout prix de vérifier à cet endroit quelle était réellement ma distance du Rhin. J'entrai donc et trouvai un jeune homme, une femme et un enfant assis autour d'un feu. Malheureusement, ils ne parlaient que du *patois* allemand, et j'étais sur le point de battre en retraite, vexé à l'extrême de ce que nous étions inintelligibles l'un pour l'autre ; quand, au moment où je quittais la cabane, un vieil homme me rencontra à la porte. Il m'a regardé avec des yeux pleins d'émerveillement, et dès qu'il a repris son sang-froid, il m'a demandé si j'étais Français. "Oui," répondis-je; « et je me suis égaré en traversant les montagnes ; et je vous serai obligé si vous me mettez *en route* vers Strasbourg. Le gars avait un bon cœur et des manières civiles. Il me mit sur le bon chemin et me donna les noms de tous les villages que j'aurais à traverser ; mais je me suis effondré lorsqu'il a conclu en disant que je n'étais qu'à douze lieues de Strasbourg. « Douze lieues ! » m'écriai-je avec consternation ; mais je pris congé de ce vieillard et me mis en route, le cœur lourd, pour mon voyage apparemment interminable. Je ne pouvais expliquer cette grande distance, sinon parce que j'avais été mal dirigé par les anciens misérables inhospitaliers qui m'avaient chassé du coin de leur feu.

Mes humbles hôtes, en cette occasion, n'avaient rien à me donner à manger, et ils en parurent vraiment désolés ; mais avant mon départ, ils m'offrèrent de l'eau-de-vie et de l'eau, ce dont je leur fus reconnaissant, obtinrent de la monnaie pour un Napoléon et les payèrent généreusement.

A cette époque, mes pieds étaient tellement enflés et très douloureux que je ne pouvais pas porter mes chaussures ; mais je gardai mes bas jusqu'à ce que les parties des pieds soient usées, et même alors je trouvai leurs jambes d'une grande utilité par temps glacial. Loin de me rafraîchir, l'eau-de-vie et l'eau que j'avais bu me rendirent très malade.

L'idée reconnaissante d'être enfin en mesure de réussir et de surmonter toutes les difficultés commençait maintenant à être hautement chérie. Je me trouvai sur une excellente route, m'approvisionnai en navets très fins dans un jardin attenant et découvris des postes réguliers au bord de la route. J'ai couru toute la nuit, avec très peu d'entractes, résolu, en tout cas, d'approcher du Rhin avant le matin. La route continua pendant environ quatre lieues à travers un bois. En sortant de ce bois, je fus tout d'un coup arrêté par les murs d'une ville qui, d'après les noms que j'avais reçus du vieillard, était Haguenau ; mais je n'avais jamais supposé que la route la traversait, ni qu'elle était murée. Elle était aussi entourée d'une rivière, qui paraissait une barrière insurmontable à ma démarche. Il fallait beaucoup de résolution (à cause du gel) pour se mettre à l'eau ; cependant, il n'y avait pas d'alternative, la nécessité n'a pas de loi, alors je me suis déshabillé et, heureusement, j'ai nagé et pataugé dans une branche. Sur l'autre branche j'observai un moulin, avec la maison bâtie sur une voûte, de manière à laisser couler l'eau en dessous. Après une enquête rigoureuse, je m'aperçus que si je pouvais dépasser cet embranchement, je pourrais faire le tour de la ville et m'enfuir. Je m'approchai, vis la porte du moulin ouverte et le chemin en face. J'étais nu, prêt à me plonger dans ce ruisseau comme dans l'autre, si la nécessité l'exigeait ; mais je me retirai dans un abri, mis mes vêtements, et, le cœur palpitant, je traversai le moulin, sans entendre d'autre bruit que celui des travaux. Le passage me paraissait être une voie de passage pour les gens qui amenaient leur blé à moudre, sinon pour la population en général.

Je me dirigeai maintenant vers Strasbourg, avec la confiance réconfortante d'être sur la bonne route. Vers trois heures et demie, j'ai été un peu surpris en entendant un homme tousser à une courte distance derrière moi. Je n'ai pas accéléré le pas ; mais, au contraire, pour éviter les soupçons, je les ai plutôt relâchés. Il me rattrapa bientôt, me salua poliment dans un français très approximatif et m'exprima sa surprise que j'aie pu quitter la ville si tôt. C'était une observation judicieuse et pour moi très désagréable.

J'ai dit à mon compagnon le plus importun que je pensais être le premier à quitter la ville ce matin-là. Je fis semblant d'estimer qu'il était cinq heures passées, et dis que je croyais qu'il était d'usage d'ouvrir les portes de la ville vers cette heure-là. Il a répondu : « Il était plus probable qu'il soit plus proche de trois que de cinq ; » et il ajouta : « qu'il s'étonnait de me voir pieds nus. » Je commençai à détester excessivement le style de conversation ; mais j'assumais la tranquillité, si je ne l'avais pas ; et je lui dis que j'étais soldat, et qu'après les rudes campagnes que nous avions faites dernièrement en Prusse et contre les Russes, nous étions insensibles au froid et indifférents à tous les temps. Il approuva tout ce que je disais, louant mon zèle et déclarant que « nous, les soldats, étions de merveilleux camarades ». J'étais heureux de l'entendre dire qu'il était boucher et qu'il allait acheter du bétail ; et encore plus heureux lorsqu'il me dit qu'« il ne pourrait pas me tenir compagnie plus de deux milles plus loin ». Strasbourg était à trois lieues environ. A la distance qu'il m'avait indiquée, il me prit congé et m'invita à accepter un verre de sa part dans un pub au bord de la route. Je m'excusai en observant : « Que je n'avais jamais eu l'habitude de boire si tôt. » L'excuse avait au moins une vraisemblance militaire, car en France j'ai trouvé les soldats remarquablement sobres.

Le jour se levait rapidement et j'approchais d'une grande ville, ce qui obligeait à quitter la grande route ; je pris donc le premier chemin à droite, résolu de laisser Strasbourg par la gauche, car j'avais l'intention de me rendre en Suisse, si je rencontrais un obstacle considérable à tenter de traverser le Rhin. J'avançai environ deux ou trois milles à travers champs, puis m'assis , m'essuyai les pieds et enfilai mes chaussures (avec les jambes de mes bas), quoique avec beaucoup de difficulté, car mes pieds étaient encore très enflés et la peau avait été en partie décollée. Je boitais avec beaucoup de douleur, la matinée était très brumeuse et désagréable et je me sentais excessivement faible. La chaleur de mes pieds desséchait le cuir supérieur de mes chaussures à un point tel que j'étais souvent obligé de me tenir debout dans une piscine ou un endroit humide pour les rafraîchir et les ramollir. Errant en rase campagne, dans d'atroces douleurs et dans le plus grand abattement des esprits, sans pouvoir découvrir de cachette, je restai quelque temps indéterminé sur la manière d'agir.

Enfin, j'entendis sonner une cloche et je supposai que ce devait être dans un petit village. Le brouillard était si épais que je ne pouvais voir aucune distance. Je dirigeai ma course vers le son et trouvai ce que j'avais supposé. Le village semblait très pauvre. Après beaucoup d'hésitation, je résolus de m'approcher de la maison ou du chalet le plus proche. Mon prétexte était de m'enquérir de ma distance par rapport à la route de Strasbourg. C'est ce que j'ai fait en conséquence. J'ai trouvé deux jeunes femmes filant le lin, habillées avec élégance, à la manière allemande. Ils ne pouvaient pas me comprendre. J'ai fait signe que j'avais soif; quand l'un d'eux m'apporta du lait que j'avalai avec beaucoup d'empressement. Je lui ai proposé de payer, mais elle n'en a pas accepté et m'a fait comprendre à quel point ils étaient désolés de ne pas savoir parler français. Après cela, l'un d'eux sortit et revint peu après avec un homme qui parlait un français un peu approximatif : moins et plus cassé, mieux c'était pour moi, car cela m'excusait d'être trop explicite ou communicatif. J'aurais volontiers décliné ses services bien intentionnés mais officieux.

On peut facilement imaginer quels furent mes sentiments lorsque mon instructeur civil m'informa avec engageance que le maire du village était le seul parmi eux à parler correctement ma langue. A ce moment, j'avais un désir des plus peu charitables quant à la localité dans laquelle son culte pourrait être confiné, au moins jusqu'à ce que je puisse m'échapper. Imaginez alors quelles furent mes sensations lorsque mon communicant le plus officieusement aimable m'assura poliment : « Que la jeune femme était à la recherche du maire ; que son culte n'était pas chez lui : il était pourtant attendu à chaque minute ; et qu'à son retour il se ferait le plaisir de venir causer avec moi. Il conclut en m'assurant que le maire aimait à rendre hommage aux étrangers. J'aurais presque souhaité que Belzébuth lui-même ait eu ce maire poli entre ses griffes, ou que son culte soit trois fois entouré par les fées, par les démons de Freischütz, sinon par les pires lutins d'un autre endroit. Toutes les visions de bonne humeur, de feu excellent, de repos et de dissimulation parmi certaines des « meilleures personnes du monde » ont été détruites en un instant. Je me levai tout à coup, et prenant un ton de grande gratitude et de sens des obligations, je les remerciai cordialement de leur hospitalité, et les remerciai très hypocritement de leur extrême bonté en voulant me procurer l'honneur d'une visite du maire ; et j'ai exprimé mon grand regret de ne pouvoir attendre de recevoir Son culte, car j'étais très pressé d'arriver à Strasbourg. En disant cela, j'ai quitté la maison.

J'avançais en boitant à travers les champs aussi vite que je pouvais, regardant de temps à autre derrière moi si ces gens bien intentionnés me surveillaient dans quelle direction je prenais ; ou plutôt si leur gentillesse officieuse les avait amenés à me poursuivre. Le temps était heureusement épais et brumeux, et j'avançai à travers les champs, évitant soigneusement ceux où je pouvais apercevoir des gens au travail. J'ai eu l'occasion ce jour-là de me procurer une excellente provision de navets. Cette partie du pays en regorge ; ils sont la principale nourriture de leur bétail ; et les paysans étaient occupés à les empiler en tas et à les recouvrir de terre, comme réserve de fourrage pour l'hiver. Sur un point au moins, j'aurais pu me croire réduit à la condition de Nabuchodonosor, car ma nourriture et mon abri ressemblaient à ceux d'animaux à quatre pattes. Mais ma punition ne devait pas être aussi longue. "Ma pauvreté, et non ma volonté, a consenti."

Après un long état d'attente, j'aperçus une sorte d'arbuste à environ un mille de distance, et je me dirigeai aussitôt vers lui. J'ai trouvé que c'était un enclos épais et bien adapté pour une cachette. Bien que mouillé jusqu'à la peau, j'ai immédiatement commencé mes préparatifs pour la nuit. Mes pieds étaient tellement pires qu'il était absolument impossible d'enfiler mes chaussures. Cependant, je pensais que je pourrais peut-être, d'une manière ou d'une autre, continuer en boitant jusqu'au Rhin cette nuit-là. À mon heure habituelle, j'avançais en boitillant. La nuit tomba avec une pluie incessante, et je me retrouvai en peu de temps entouré de marais et de rivières, et dans l'obscurité totale. Après avoir pataugé dans une multitude de tourbières, je me trouvai enfin dans un pays assez clair, et mes pieds se sentaient mieux à cause de l'humidité. Mais il était inutile de continuer à marcher, car je risquais d'augmenter la distance à parcourir au lieu de la diminuer. Je résolus donc, si je pouvais trouver un endroit convenable, de m'arrêter jusqu'à ce que le ciel se libère. J'aperçus une maison à quelque distance et m'y dirigeai, espérant trouver un abri près d'elle. Il s'est avéré qu'il s'agissait d'une grande ferme. Il était maintenant environ minuit. Je suis entré dans la cour et j'ai entendu le bétail se nourrir dans les étables et les étables. Je ne pouvais m'empêcher d'envier les bêtes si confortablement nourries, mais mes craintes m'empêchèrent d'essayer de les rejoindre, et je m'éloignai de l'habitation, dans les champs ouverts, où je découvris quelques saules près d'un une grande digue, dont une d'assez bonne dimension, et dont le tronc m'offrait un abri. C'était proche d'un chemin, ce qui n'était pas un mince encouragement, car je m'attendais à ce qu'il me guide. Je me suis assis près du saule et j'ai prié sincèrement pour que les nuages puissent se disperser et que les étoiles se montrent et me guident hors de la misère qui m'accableait. Etant excessivement faible, je tombai dans une sorte de sommeil ; et quelque temps s'était écoulé, quand, tout à coup, je fus surpris d'entendre les pas d'un homme. Comme le renseignement était effectivement indispensable, et que je n'avais peut-être pas d'autre occasion de l'obtenir, je résolus d'aborder le passager, je me levai et le suivis. Il marchait si extrêmement vite que j'ai dû boitiller, ou même courir, pour le rattraper, même si la douleur provoquée par cela était atroce. En remontant, je l'abordai en français et il me répondit très poliment. Il était en costume de paysan, mais je craignais fort que ce ne soit qu'un simple déguisement. Avec quelques petits préambules et circonlocutions, je lui ai demandé mon chemin pour Strasbourg. Il m'a répondu que j'étais sur le bon chemin et que, pendant qu'il s'y rendait, nous pourrions nous accompagner. Le ciel me pardonne mon hypocrisie lorsque je lui ai assuré que je devrais être heureux de sa compagnie.

Bien qu'il parlât assez bien le français, je perçus qu'il avait un accent allemand. Cela me plaisait beaucoup, et je commençais à espérer qu'en inventant quelque histoire très plausible et en feignant d'en faire mon confident, il pourrait être assez trompé et assez flatté pour ne pas me trahir, même s'il était un homme. *gendarme* déguisé.

En adoptant des looks et des gestes appropriés, j'ai commencé mon histoire. Je lui ai dit que comme il paraissait être un homme honnête et amical, je souhaitais lui révéler ce que j'étais et où j'allais, et que je le suppliais instamment de lui donner son avis. Il m'a écouté avec beaucoup de complaisance. J'ai continué mon récit, et avec le ton aussi pathétique que possible. Je lui ai dit que j'étais un malheureux conscrit, originaire de Suisse ; que j'avais récemment reçu un rapport sur la mort de mes parents, à la suite de laquelle j'étais devenu propriétaire d'une petite indépendance, et que j'avais demandé la permission d'aller régler mes affaires, et qu'elle m'avait été refusée. Mon compagnon entendit tout cela avec une telle apparence d'honnête sympathie que j'en arrivai au comble et lui révélai que ce refus cruel m'avait engagé à déserter, et que j'étais résolu à ne plus jamais servir la nation française. Je lui ai dit que je me sentirais en sécurité si seulement je pouvais passer de l'autre côté du Rhin ; et il conclut en disant que je comptais sur sa bonté pour me diriger, et que j'avais trois écus qui étaient à son service, s'il voulait seulement me procurer un passage à travers le fleuve. Comme la nécessité et le danger sont féconds à donner à un pauvre mortel la faculté d'inventer !

L'homme a continué jusqu'au bout à m'écouter attentivement, s'arrêtant de temps en temps et m'examinant avec attention. Je n'aimais pas beaucoup ses regards scrutateurs. Enfin il me pria de prendre bonne humeur, et me dit que ma confiance en lui n'était en aucune façon déplacée ; il ne pouvait pas y avoir beaucoup de risques à traverser le Rhin, et il m'indiquerait comment procéder et où me procurer un bateau. Nous avions dépassé un petit village à environ un kilomètre et demi, lorsqu'il s'arrêta tout à coup ou tout à coup, chercha sa boîte à tabac et s'écria : « Mon Dieu, je l'ai perdue ! Il croyait se rappeler où il avait dû le laisser tomber. Je voulais savoir si cela avait une quelconque valeur, sinon cela ne valait pas la peine de revenir en arrière. Il répondit : « Oui, mon ami, cela m'a coûté vingt sols » (dix pence). J'ai essayé de le dissuader de repartir, mais toutes mes instances se sont révélées inutiles. En fait, je craignais que ce ne soit qu'un prétexte pour retourner au village, donner des renseignements et me faire arrêter. Il m'a conseillé de rester dans un endroit qu'il m'a indiqué jusqu'à son retour. Je lui ai informé que je le ferais; pourtant, je n'avais pas l'intention de tenir ma promesse. Il me quitta alors, et je me dirigeai vers le lieu désigné ; mais quand je l'eus perdu de vue, je changeai de position, et, après une lutte acharnée, dans la plus atroce agonie, j'enfilai mes bas, mes vieilles chaussures et une vieille paire de guêtres que je parvins à boutonner. dans l'ensemble. Je me plaçai alors dans un assez bon fourré, où je pus le voir sans être vu. Je restai ici dans un état d'incertitude très près d'une heure, lorsque, à ma grande satisfaction, je le vis revenir seul. J'ai donc regagné le lieu désigné avant son arrivée, de peur qu'il ne découvre mes soupçons. Il n'avait pas retrouvé la boîte et regrettait beaucoup sa perte. Nous approchions maintenant de l'ancienne et célèbre ville de Strasbourg, et nous apercevions très clairement ses clochers, dont le principal est reconnu pour être un des plus hauts et des plus beaux de l'Europe. Mais, quelle que soit l'admiration que j'éprouve pour les œuvres d'art, j'étais dans cet état qui me disqualifiait pour jouir de la vue des clochers des églises.

L'étranger commençait alors sa propre histoire, en retour de ma confiance communicative. Il m'apprit qu'il était Russe de naissance, qu'il avait été longtemps dans l'armée française et qu'il avait déserté le service. Un Russe au service français me paraissait improbable. Il insiste alors beaucoup sur la timidité des *jeunes* déserteurs. Lorsqu'il déserta pour la première fois, il pensa qu'il serait arrêté s'il voyait le sommet d'un clocher, et il me conseilla de m'avancer hardiment jusqu'à une partie du Rhin qu'il me montrerait, où il y avait des pêcheurs qui me feraient instantanément traverser. une simple bagatelle. Je lui demandai de m'accompagner sur place, en lui offrant deux des couronnes qu'il avait déjà refusées. Il ne voulait ni m'accompagner ni recevoir l'argent, se contentant de m'assurer qu'il n'y avait aucun danger. Près des portes de cette ville renommée, il me dit qu'il devait me quitter. Je le priai donc d'accepter une couronne, qu'il reçut avec grand plaisir. Je lui ai alors serré la main et j'ai continué dans la direction qu'il m'avait indiquée. Depuis, j'ai toujours considéré ma rencontre avec cet aimable étranger comme une intervention providentielle en ma faveur, dans un moment où j'étais tout à fait incapable de me diriger, et ne savais vers où me tourner ni quoi faire.

J'avais parcouru environ un demi-mille, lorsque, à cause du nombre de gens de la campagne que je rencontrais en train d'aller en ville, et à cause de la singularité de mon apparence et de mon habillement, particulièrement le dimanche, je crus qu'il était plus prudent de quitter la grande route, et aussi vite que possible. J'entrai donc dans un jardin voisin, et m'assis près d'un ruisseau, dans lequel, aussi froid et désagréable que cela paraisse, je lavais la boue et la saleté, et je me grattais et me nettoyais de la meilleure manière possible, puis j'avançai. , traversant plusieurs petits villages, et traversa la rivière Ill dans un petit bateau de pêcheur, et pour deux *sols* . Ce succès extraordinaire m'a incroyablement encouragé et enhardi. Je me dirigeai ensuite avec empressement vers l'endroit qui m'avait été indiqué par mon guide providentiel, tandis que mon passage de l'Ill me donnait une nouvelle confiance dans ses conseils, en ce qui concerne le sentiment, ou du moins l'assurance et le sang-froid.

En peu de temps, j'aperçus le fleuve large et majestueux. Mon cœur palpitait de joie, et enfin je me trouvai sur les bords du Rhin.

CHAPITRE X

Les rives du Rhin - Réflexions de traverser le fleuve irrégulièrement - Difficultés à trouver un passage légal - Confondre deux officiers armés avec deux pêcheurs inoffensifs - Un appel aux sentiments et une assurance nationale de patriotisme - Du bétail traversant le pont de Kehl - Un mélange avec le bétail et un passage sur le Rhin. Joie d'être hors de France. Une progression vers Fribourg. Contraste entre un lit de plumes bien chaud et un bivouac dans la boue. Un propriétaire innocent et habile à deviner. Une évasion autour de Fribourg. Une nuit. repos — *En route* vers Constance — Une auberge de village — Un paysan comme serveur et de longs potins sur des histoires personnelles et des lieux d'origine — Les incohérences de la superstition et de la faim — Mon approche de Constance — Effets sur l'esprit produits par son magnifique paysage , et beau lac — Traversée d'un bras du lac de Constance — Quitter le royaume de Wirtemberg et entrer dans le royaume de Bavière — Une nuit de repos dans un village bavarois — *La route* de Lindau — Dépasser un ennemi — La porte de Lindau — Passage réussi les sentinelles. — Exaltation des esprits. — Un questionneur maladroit. — Invention infructueuse. — Une capture. — Examen et emprisonnement. — Réflexions amères sur ma cruelle destinée.

CE fut le dimanche 22 novembre (le huitième jour depuis mon évasion), que toutes mes souffrances et tous mes périls furent si amplement récompensés, en atteignant le bord de ce majestueux ruisseau, où j'arrivai vers une heure de l'après-midi. , mais j'étais désolé de ne pouvoir découvrir les cabanes de pêcheurs qui m'avaient été décrites par mon ami. Mon anxiété était extrême. Cette partie de la rive de la rivière était entièrement couverte d'arbres et d'herbes très hautes. J'avais traversé la rive dans diverses directions sans succès, lorsque j'aperçus enfin une petite barque tirée dans un ruisseau, sans godilles ni pagaies, et attachée par un cadenas et une chaîne à un arbre. Je pensais que cela pourrait être une ressource pour s'échapper, si aucun meilleur moyen ne pouvait être trouvé ; mais cette pensée venait du désespoir, car le fleuve était excessivement rapide et parsemé de hauts-fonds et d'îles, et comme je n'étais qu'à trois ou quatre milles au-dessus du pont de Kehl, je pourrais être entraîné à peu près à cette distance si j'essayais de m'efforcer de le faire. le traverser moi-même, et tomber ainsi, selon toute probabilité, entre les mains de mes ennemis.

J'ai donc hésité, je me suis caché dans une épaisse couverture et je me suis reposé sur l'herbe, contemplant le cours et les méandres de cette célèbre et noble rivière, très perplexe quant aux prochaines mesures que je devrais prendre. Cependant je revins à mon ancien plan de me rafraîchir par une quantité convenable de navets ; et, en ayant trouvé en abondance dans les environs de la ville, je n'étais pas très avare de mon régime végétal. Peu de temps après, je recommençai mes recherches ; et, dans un petit bateau, à une petite distance, j'observai deux hommes qui descendaient une crique étroite. J'étais assez ravi de cette découverte, car je me suis assuré qu'il s'agissait de pêcheurs ; et je m'avançai donc vers eux sans aucune hésitation. Je les ai alors appelés. En me découvrant, ils se dirigèrent aussitôt vers la berge sur laquelle je me trouvais. Je n'ai pas besoin de dire combien je me sentais heureux à ce moment-là, m'attendant à me retrouver dans quelques minutes du côté allemand. Mais mon Dieu ! quel ne fut pas mon étonnement, quand, à mesure que ces hommes approchaient, je découvris qu'ils étaient armés de mousquets et de sabres ! Il était trop tard pour tenter une retraite ; et, comme je les avais appelés, j'imaginais que cela pourrait, dans une large mesure, dissiper les soupçons de leur part. J'ai donc attendu le résultat de cette rencontre.

L'un d'eux a immédiatement sauté du bateau et s'est dirigé vers moi. J'avais l'air très content ; et, bien que je voyais bien qu'il allait m'interroger, je lui ai montré une pièce *de six francs* et lui ai demandé très délibérément s'il me donnerait le passage dans son bateau ? Il ne pouvait pas me répondre, ne comprenant pas un mot de français ; mais l'homme dans le bateau m'entendit et répondit : « Nous ne pouvons pas, mais nous sommes très à votre service. » Je m'aperçus que c'était un vrai Français ; et après avoir dit cela, il sauta aussi.

« Je suppose, monsieur, ajouta-t-il, que vous avez un passeport et les papiers nécessaires pour quitter ce pays ? J'ai répondu : « Certainement. Mais qui vous a autorisé, demandai-je, à poser une question aussi impertinente ? « Je suis autorisé par le maire de Strasbourg ; et, à moins que vous ne puissiez les produire, je serai dans l'obligation de vous conduire en sa présence comme prisonnier. Je lui ai dit que j'étais tout à fait disposé à l'accompagner, même si ce serait certainement un peu gênant. « J'ai des amis de l'autre côté, à qui j'ai promis de rendre visite ce soir ; il aurait été trop tard si j'avais fait le tour par le pont ; et c'était la raison pour laquelle je souhaitais quitter l'endroit où je me trouve actuellement.

Cet homme semblait être un type très perspicace. « Je soupçonne, ajouta-t-il, que vous êtes un déserteur de l'armée, et je dois vous conduire à Strasbourg. » Je lui ai montré ma tenue et la qualité du tissu que je portais (bien qu'un peu moins bon pour l'usage tardif, il était super fin), et je lui ai demandé : « Quand a-t-il vu un soldat français porter quelque chose de comparable ? » « Oui, oui, s'écria-t-il, les soldats français savent se déguiser d'une manière supérieure ; vous aurez donc la bonté de nous accompagner. Je lui ai fait des remontrances sur la difficulté d'être ainsi empêché d'aller voir mes amis. Il frappa du pied et dit : « Venez ! » L'Allemand, plus calme et flegmatique, parut murmurer quelque chose à l'autre. J'ai saisi cette opportunité de modifier complètement mon ton et mon plan ; et je m'adressai au Français à peu près dans les mêmes termes que ceux que j'avais adressés à mon défunt guide russe le matin, en ce qui concerne mon opinion sur son honnêteté, sa bonté de cœur, etc., mais je différais considérablement en ce qui concerne mon pays natal.

J'étais alors originaire du Wirtemberg, non loin des bords du Rhin, et j'avais fait mes études à Paris, où j'avais des relations. Très jeune, j'avais été transféré à Hanovre, où un de mes amis m'avait obtenu un grade d'enseigne au service du roi d'Angleterre. Au moment où les Français prirent cette place, je m'enfuis en Prusse, où j'obtins une lieutenance, et j'avais été fait prisonnier à la dernière bataille d'Iéna. J'avais reçu récemment le récit de la mort de mes parents, qui m'avaient laissé une propriété assez bonne, et j'avais hâte de revoir mon pays natal, d'où j'avais été si longtemps absent. Etant étroitement confiné à Châlons (notre dépôt), j'avais réussi à m'enfuir, et je n'avais plus d'obstacle à surmonter que celui auquel il pouvait facilement remédier (c'est-à-dire la rivière). Je conclus en le priant un instant de se considérer dans ma situation et de juger de la mienne en faisant appel à ses propres sentiments. J'ai vu que ce raisonnement commençait à fonctionner avec puissance. J'ai alors présenté les six livres que j'avais déjà offertes à l'Allemand, je lui ai demandé de les accepter et de me les faire passer. Ce n'était qu'une bagatelle, mais je n'étais pas en état de me permettre davantage. Le Français parlait avec beaucoup d'émotion ; Ils déclarèrent qu'il leur était absolument impossible de me mettre à l'écart, car ils risquaient d'être arrêtés du côté opposé et punis pour avoir débarqué quelqu'un clandestinement. Ils me demandèrent alors de lever la main et de déclarer solennellement que je n'avais commis aucun crime contre l'État. Je n'ai pu y opposer aucune objection, et je l'ai immédiatement fait. Ils furent satisfaits, m'ordonnèrent *de partir* et me conseillèrent de me cacher dans le bois, en me disant : « Remonte-toi comme tu peux ; nous ne vous molesterons pas. J'ai insisté pour qu'ils prennent la pièce d'argent. Ils s'embarquèrent ; et je me précipitai dans le bois, pas peu content de cette évasion serrée.

Après m'être mis en sécurité dans une excellente cachette, toute la scène m'est apparue comme un rêve ; et je ne pus m'empêcher de m'éjaculer à plusieurs reprises : « Quel heureux garçon ! Quelle évasion miraculeuse ! Je restai caché jusqu'à la nuit tombée, puis je me dirigeai vers la ville, espérant pouvoir mieux trouver un bateau ; mais dans cet espoir j'ai été misérablement déçu. Mon cas semblait désespéré.

Au lever du jour, le lundi 23 novembre, je me suis retrouvé presque à l'entrée du pont de Kehl. Ce pont était rempli de bœufs, et leurs beuglements, avec le claquement des fouets, et les sifflements, cris, jurons et disputes des bouviers, faisaient un bruit hideux et créaient une grande scène de confusion.

Il me vint soudain à l'esprit que je pourrais profiter du désordre, me mêler au bétail et passer le pont, échappant à la vigilance des sentinelles. J'étais harcelé, épuisé et fatigué d'être tenu dans un tel état de suspense, ainsi que d'être perpétuellement agité par les conflits de l'espoir et de la peur. Je sentais que j'étais trop épuisé pour continuer à vivre plus longtemps avec mon régime de légumes crus et sans abri, car la saison était très avancée et le temps devenait de plus en plus mauvais chaque jour. Plein de ces réflexions et d'autres similaires, je me suis adressé à la Providence bienfaisante et omnisciente pour me protéger, et j'ai saisi l'occasion sans tarder.

J'avançai vivement sur le pont ; et, me trouvant au milieu du bétail, en très peu de minutes j'en avais dépassé la majeure partie, ainsi que les deux sentinelles françaises emmitouflées dans leurs guérites au pied du pont. Mon entreprise, grâce aux bœufs, réussit étonnamment. En un quart d'heure, à ma plus grande satisfaction, je me trouvai en sécurité du côté allemand du Rhin, après avoir croisé, au milieu du bétail, je suppose, huit ou neuf sentinelles françaises et allemandes, sans être interpellé ni remarqué par aucune d'elles. . Dieu merci, j'étais maintenant hors de France. Il se peut que je sois en partie redevable de mon évasion au temps ; car la matinée était extrêmement humide et froide, et les sentinelles restaient si bien dans leurs loges, qu'au milieu du bruit, des bousculades et de la confusion du bétail, elles n'avaient que peu d'occasions de m'apercevoir.

Le cœur léger et très reconnaissant, je partis sans interruption, laissant Kehl à gauche ; et, tournant tout à coup à droite, je me retrouvais bientôt sur la grande route de Fribourg. L'effet de cette fuite sur mon esprit semblait donner de l'aisance et de l'élasticité à mes pas, et de la force à tout mon corps. Toute ma silhouette animale semblait revigorée ; et, tandis que je jetais mes yeux sur la vaste étendue du noble fleuve, et que j'apercevais de l'autre côté la France, terre de ma persécution, je me livrai à des réflexions que je ne ferais pas mieux de répéter.

Après avoir marché aussi vite que je le pouvais dans mon état, pendant près de trois lieues, je m'arrêtai dans un petit village sur la grande route pour me rafraîchir, ayant vécu pendant près de neuf jours entièrement de légumes crus. J'étais désormais déterminé à passer pour un Français, car je n'étais plus tourmenté par la peur des *gendarmes français* . Au pub où je suis entré, sans regards suspects ni demandes alarmantes, j'ai été facilement approvisionné en abondance de pain et de fromage et d'une pinte de vin, qui, bien que d'une qualité très inférieure, surpassait à ce moment-là tout ce que j'avais jamais eu. goûté. Le danger et les souffrances, la fatigue excessive et la faim rendraient la pire des nourritures bonne et délicieuse.

Après mon repas rafraîchissant et mon repos confortable au coin du feu, vers deux heures, je pris congé et continuai mon voyage sans crainte, gardant la grande route de Fribourg. Pour un homme qui se sent libre, l'air même du Ciel semble plus doux et plus rafraîchissant qu'au serviteur, et je me sentais libre, comparé au moins à ce que j'avais été longtemps.

A cause de l'état de mes pieds, mes progrès furent lents. La nuit, je commençais à être perplexe quant à la manière dont je devais agir, car je redoutais que les lois du Bade et du Wirtemberg, à l'égard des voyageurs, ne soient semblables à celles de la France, et que tout propriétaire ou hôte ne soit obligé d'exiger le passeport de son hôte, et de le présenter à la Municipalité, avant de pouvoir lui fournir un lit. Après avoir longuement réfléchi, je pris la résolution d'entrer dans un petit village pauvre qui se trouvait alors devant moi. Un endroit de cette description me parut le meilleur pour tenter l'expérience. Vers sept heures et demie, je fus dirigé vers un pub ; tout semblait me favoriser, alors je suis entré et j'ai demandé si on pouvait me fournir un lit ? L'aubergiste répondit affirmativement dans un très bon français et ajouta également le dîner si je le souhaitais. Après avoir préparé un copieux repas, j'insistai pour qu'il emporte du vin avec moi, puis j'exprimai le désir d'aller me coucher, constatant que j'étais un peu fatigué. Il ordonna au domestique de me conduire jusqu'à ma chambre et ne me déranga pas avec aucune question. Le domestique, après m'avoir donné un dernier verre, se retira, et je fermai alors la porte de ma chambre. Mes pieds étaient dans un état des plus choquants ; la plupart d'entre eux n'avaient pas un morceau de peau ; il était littéralement collé au cuir supérieur de mes chaussures, et j'étais obligé de les humidifier avec de l'eau avant de pouvoir les enlever. J'ai ensuite arraché quelques bandes de ma chemise (qui, au passage, était maintenant considérablement réduite), j'ai mis de la graisse pour bougie et j'ai appliqué les bandes sur les endroits douloureux. Mes pieds étant ainsi habillés, quoique d'une manière très imparfaite, j'ôtai mes vêtements et me mis au lit. Je le trouvai très bon, quoique particulier par sa forme, qui m'était étrangère, car c'est l'usage de ce pays de dormir entre deux lits de plumes, le plus grand en général en haut ; mais j'avais des draps et une couverture, comme dans les autres pays.

Malgré la douleur atroce de mes pieds, je ne me suis jamais senti aussi heureux de ma vie qu'à ce moment-là. Il est vrai que les sensations que j'éprouvais le matin après avoir passé le pont de Kehl étaient extatiques et d'une nature qu'aucune plume ne pourra jamais décrire, mais je pensais vraiment que mes sentiments présents les dépassaient. Je me trouvai couché dans un lit plus doux pour moi que le duvet, l'esprit assez tranquille, et Dieu sait qu'avoir l'esprit tranquille n'avait été que très rarement mon lot ces derniers temps. Je n'ai pas besoin de dire qu'après avoir humblement offert mes remercîments les plus sincères et les plus reconnaissants au Dieu Tout-Puissant pour sa bonté et sa protection, je suis tombé dans un sommeil des plus profonds, et je n'ai pas ouvert les yeux jusqu'au jour du lendemain matin, quand, bien que grandement rafraîchi, je trouvai mes jambes extrêmement raides et mes pieds extrêmement douloureux.

Il m'était impossible de marcher, et même d'enfiler mes chaussures était un travail pénible. Finalement, j'y parvins même, quoique avec beaucoup de douleur et de difficulté, et je descendis enfin et commandai le petit déjeuner. En réfléchissant au passé, à l'idée de commander un petit-déjeuner, le son même des mots m'a fait rire.

Le propriétaire était obligeant et civil, et je trouvais pratique, dans une certaine mesure, d'être communicatif. Je lui ai fait remarquer que j'étais très raide dans tous mes membres et articulations, car je n'avais jamais été très habitué à marcher, et je m'étais mis en tête d'effectuer mon voyage depuis *Francfort*, cette *dernière fois*, à pied. J'ajoutai que j'allais à Bâle en Suisse et que je voulais arriver à Fribourg ce soir-là, et que je lui serais donc très reconnaissant s'il pouvait me procurer un moyen de transport.

L'homme ne semblait nourrir aucun soupçon et, ayant envoyé demander si je pouvais être hébergé, il ajouta : « Je devine qui vous êtes. » Je dois avouer que je pensais que cela approchait de trop près. La situation est devenue critique, mais j'ai été obligé de ménager le moment et je lui ai demandé de deviner. À ma grande joie et surprise, il répondit : « Vous êtes un marchand de draps qui voyagez pour procurer des clients. » Je lui ai dit que j'admirais sa pénétration, et il semblait très heureux de son habileté à découvrir non seulement ce que j'étais, mais aussi pourquoi et pourquoi je voyageais. Je lui ai payé ma facture, qui était plutôt modérée. Il mit à la disposition du marchand de draps une espèce de *voiture* qui, disait-il, ne pouvait me faire que six lieues. C'était une excellente fortune – exactement ce que je souhaitais, car il n'y avait sur la route aucun endroit d'aucune importance dans cette courte distance. Si j'avais été obligé de l'emmener à Fribourg, j'aurais eu l'intention de trouver une excuse et de m'arrêter dans un village éloigné de cette ville.

Nous nous sommes vite mis d'accord sur le prix, et j'ai opté pour ce substitut à une voiture ; le propriétaire était postillon ; c'était une machine ouverte faite de brindilles entrelacées et formant une grossière vannerie. La matinée était épaisse, avec une pluie battante. J'empruntai un manteau au propriétaire et nous partîmes : c'était un grand changement dans ma manière de voyager ! J'avais plusieurs autoroutes à payer, et j'avoue que j'étais inquiet que les portiers puissent me demander mon passeport à certaines de ces *barrières* ; mais je fus agréablement déçu, mon honnête chauffeur leur faisant remarquer que j'allais, *ein Franschose, me rendre à Bâle* , ce qui leur fut suffisant et très gratifiant pour moi.

Vers six heures du soir, nous nous arrêtâmes dans un village d'aspect très respectable ; mon conducteur me fit comprendre qu'il allait me laisser là, et que je n'étais qu'à trois lieues de Fribourg. Je l'ai renvoyé et suis allé dans une taverne distinguée. Ils ont fait venir un homme qui parlait français pour leur faire part de ce que je souhaitais avoir. Une personne très gentleman est apparue, et j'ai d'abord craint que ce ne soit le maire, mais mes craintes étaient sans fondement. Grâce à la bonté d'explication de ce monsieur, j'obtins un appartement privé et un bon souper, et je me couchai, très heureux et à l'aise de n'avoir reçu aucune question. Le matin, je me suis levé tôt et j'ai commandé le petit-déjeuner. Le distingué interprète me prit évidemment pour un gentleman, car il vint me demander si, après le petit déjeuner, j'aurais besoin d'une voiture. Je ne pus m'empêcher de sourire à cette question, en repensant à ma course au milieu du bétail sur le pont de Kehl deux matins auparavant. Je répondis simplement que, n'ayant que trois lieues à faire, je préférais marcher. Que n'aurais-je pas donné pour une voiture, ou même pour un « transport » à dos d'âne, ou dans une charrette à chien, si elle était assez solide, dans l'état lancinant et douloureux de mes pieds lacérés ! Mais je réfléchis qu'il ne serait peut-être pas facile, ni avec mes finances, ni avec mon caractère de voyageur, de traverser une ville comme Fribourg en voiture ; et Dieu sait qu'à ce moment j'aurais été très heureux de compromettre par la certitude de le traverser à pied, ou de le contourner de quelque manière que ce soit, comme j'étais accoutumé de l'autre côté. du Rhin.

Mon petit déjeuner était maintenant prêt, et quand j'ai vu du café, des toasts et des œufs sur la nappe, et que j'ai pensé à mes tiges de chou, à mes navets et à la boue d'il y a seulement trois jours, ma tête, j'ai cru, a commencé à se tourner : et moi-même de soupçonner que ce que j'avais lu dans les *Mille et Une Nuits* pouvait, après tout, contenir quelque chose de vrai. Pour moi, c'était depuis longtemps une nouveauté d'avoir devant moi quelque chose qu'un être humain qui ne mourait pas vraiment de faim pouvait manger.

Mon aimable interprète m'a tenu en conversation tout le temps, et le rôle que j'avais à jouer était de révéler le moins — le moins de vérité, du moins — possible, et de recevoir le plus d'informations possible, en prenant bien soin de séparez la balle du blé. Le dialogue me tenait parfois en haleine.

"C'est une sorte de petit-déjeuner, monsieur, que les Anglais aiment en général."

Ce mot, Anglais, n'a jamais sonné aussi désagréablement à mes oreilles. Je pensais que soit le type me pompait, soit qu'il me donnait l'impression qu'il savait ou soupçonnait que tout n'allait pas ; ou qu'en fait, il avait découvert mes fausses couleurs.

Un gros morceau de pain grillé dans ma bouche satisfit aussitôt mon appétit et fut une excuse pour ne pas répondre.

« Les Anglais, continua mon bourreau, ne diffèrent de vous que par le fait de tremper leurs toasts dans leur café.

Je répondis laconiquement, par un principe général indiscutable : « Je crois que les gens de toutes les nations aiment ce qui est bon. »

La conversation, à mon bonheur, se termina ; Je payai ma note, qui était modérée, pris congé de mon hôte allemand et de son distingué interprète, et, l'appétit bien satisfait et les vêtements secs, je partis pour Fribourg.

Après tout, au fur et à mesure que j'avançais, je me repentais très souvent de n'avoir pas confié à mon ami bavard « la vérité, toute la vérité et rien que la vérité », afin qu'il m'eût mis sur le chemin de obtenir un passeport, ou du moins m'avoir dit quelles étaient réellement les lois du pays en matière de voyage. Mon ignorance sur le sujet était des plus pénibles et me causait beaucoup de difficultés et de fatigues inutiles.

Vers midi, je découvris la haute flèche de l'église de Fribourg. Elle ressemblait beaucoup à celle de Strasbourg, et quoique moins grande, elle paraissait plus intéressante, parce que je n'étais plus sous les dangers qui m'avaient rendu insensible à de tels objets de grandeur, de beauté et de vénération. Je m'avançai vers la ville, en gardant toujours toutes les précautions, et surtout, si pénible que fût l'effort, en faisant tout mon possible pour ne pas avoir l'air de boiter.

Malgré le succès et les encouragements que j'avais rencontrés de ce côté du Rhin, le souvenir de tout ce que j'avais enduré de l'autre côté me faisait garder la prudence d'entrer ou même d'approcher d'une grande ville ; et pourtant j'étais obligé de marcher directement et en plein jour vers Fribourg, puisque, à cause du misérable état de mes pieds, un détour me était impossible.

Je reconnus les lieux sous tous les points de vue, et enfin, timidement et prudemment, je m'approchai de la porte ouest. Etant très incertain de la manière de procéder, je ne crus pas prudent d'entrer, et l'apparition d'un énorme grenadier à la porte, se promenant de long en large à son poste, me fit tourner les talons et abandonner toute idée de passer devant. chemin. J'ai parcouru près d'un kilomètre et demi ; et heureusement découvert un chemin contournant par le côté nord du mur, ou plutôt des ruines, car il reste peu de vestiges de l'ancien mur. En avançant, j'arrivai soudain sur une vieille place, où un petit nombre de recrues s'exerçaient, et en quelques minutes j'étais à l'extérieur de la porte est. J'avais encore une sentinelle et un corps de garde à passer. Cependant, j'y suis parvenu sans éprouver aucune difficulté ; ils pensaient sans doute que je sortais de la ville. Je me sentais maintenant particulièrement heureux, puisque je constatais qu'un autre grand obstacle pour moi avait été surmonté. Je pris maintenant ma direction pour Constance, ville de Souabe, située au bord du lac du même nom. La petite carte que j'avais ne donnait que les noms des plus grandes localités, ce qui me laissait beaucoup perplexe ; et après avoir quitté Fribourg, Constance était la prochaine ville qui figurait sur la ligne que je voulais prendre. J'ai trouvé la route très montagneuse et irrégulière. J'ai rencontré plusieurs wagons. Au fur et à mesure que je me réchauffais, mes pieds devenaient plus faciles et plus souples, et j'avançais rapidement. Vers huit heures du soir, je découvris un moulin au bord de la route et, à ma grande joie, une maison d'habitation attenante. J'ai également distingué une pancarte projetée au-dessus de la porte, j'ai frappé et j'ai été admis. J'ai fait comprendre aux gens que je voulais un lit et ils m'ont dit de m'asseoir. J'ai pensé que c'était un bon présage. J'avais très envie de manger, et ils m'apportèrent un plat de lait bouilli avec du pain cassé et fortement assaisonné de poivre. C'est ce qu'ils appelaient la soupe au lait, et c'était tout ce que la maison avait à offrir.

N'ayant rien goûté depuis mon petit-déjeuner anglais du matin, vers sept heures, je n'étais pas très gentil. On me conduisit au lit et je fus agréablement surpris ; car c'était bien meilleur que ce à quoi je pouvais m'attendre dans un tel endroit. Le matin, j'ai mangé une soupe du même genre et ma facture, comme il se doit, était très raisonnable. On m'informa que Constance était à dix-neuf lieues, et je m'éloignai en boitant, quoique d'abord mes pieds fussent très endoloris et raides. Vers six heures du soir, le temps devint très mauvais ; et, me trouvant près d'un petit village, je me proposai d'y passer la nuit.

Je suis donc entré dans un cabaret et j'ai été conduit à l'étage dans le café : dans ces endroits, le salon public est généralement au premier étage. Là, j'ai trouvé un certain nombre de personnes en train de boire, et un prêtre d'apparence respectable à leur tête. J'ai fait mon *entrée à la Française*, le plus près possible, et j'ai demandé : « Si je pouvais avoir un lit ? Je ne pouvais obtenir aucune réponse ; mais l'hôtesse appela à haute voix son domestique, Peter, qui, dit-elle, était Français, pour s'expliquer. Il parut enfin ; et a demandé, dans un très bon français : « Qu'est-ce que je souhaitais avoir ? J'ai demandé si « je pourrais être hébergé avec un lit et quelque chose pour le dîner ? » Il répondit : « Certainement » et ajouta : « Je veillerai à ce que vous soyez bien soigné. » Ce pauvre garçon était vraiment très attentionné et gentil. J'ai soupé copieusement de soupe et *de bouilli*, après quoi j'ai insisté pour qu'il me raconte son histoire, ce qu'il a fait sans aucune hésitation. C'était le suivant :

« Je suis né, monsieur, à Nancy, en Lorraine, et il y a maintenant onze ans que j'ai quitté mon pays natal.

Ici, j'ai cru bon de l'interrompre, afin de mieux conserver le déguisement que j'avais pris. Je lui dis « que j'avais remarqué, dès qu'il commençait à parler, une grande différence entre son accent et le mien, et j'avais par conséquent conjecturé qu'il avait été longtemps absent de Lorraine » ; et j'ajoutais « que l'accent lorrain était très différent de celui du reste de la France ». Cette interruption était heureuse et opportune ; car l'homme, en guise de réplique, dit :

« J'ai oublié une grande partie de ma langue maternelle ; et je peux vous dire que j'allais faire à propos de votre accent la même remarque que vous avez faite sur le mien ; mais maintenant vous m'avez épargné la peine, en expliquant la différence. Mais, pour continuer mon récit, je vous assure, monsieur, que tout ce qui m'est arrivé est la conséquence de ma désignation comme conscrit ; car il était contraire à ma nature de servir Bonaparte. J'étais tisserand de métier et je savais que je pouvais gagner ma vie dans n'importe quel pays ; et, si douloureux que cela ait été de me séparer de ma famille et de mes amis, j'ai pris un matin un congé de France, j'ai traversé le Rhin et je suis depuis huit ans avec mon propriétaire actuel. Il tient une sorte de manufacture dans laquelle j'ai travaillé jusqu'à tout récemment ; mais voulant avoir une personne de confiance à l' *auberge* , il m'a fait abandonner mon ancien métier de tisserand et venir ici dans ma qualité actuelle.

Je lui demandai alors s'il avait déjà été en Normandie, qui, dis-je, était ma partie de la France.

Il a catégoriquement répondu « Jamais » et a exprimé le souhait de savoir à quel métier j'appartenais. Ici, mon invention a été mise à l'épreuve ; mais, avec autant d'empressement que je pouvais commander, je lui dis que j'étais *marchand de drap* , voyageant à Constance pour recevoir des commandes. En tant que tisserand, cet honnête homme devait en savoir beaucoup plus sur les étoffes que moi, et une conversation plus approfondie aurait révélé mon ignorance ; ainsi, ne laissant pas de temps pour un nouvel interrogatoire, j'ajoutai : « Je suis extrêmement fatigué et je souhaite me coucher ; » Sur ce, il me conduisit poliment dans ma chambre et prit congé sans autre mot, à l'exception du bonsoir habituel. Mon lit était très confortable et je dormais très profondément, profitant de mon bon logement et récoltant tous les bienfaits du rafraîchissement du repos. Le matin, je m'installai avec mon prétendu compatriote, je lui serrai la main et je me séparai de lui.

J'ai continué sur la grande route jusqu'à deux heures, quand, à ma grande inquiétude, j'ai rencontré un homme armé dans une partie très retirée de la route. J'ai supposé qu'il s'agissait d'un officier de police ; mais, à ma grande surprise, il ne me posa aucune question et je poursuivis mon chemin avec joie.

À la fin de la soirée, je découvris au loin ce que je prenais pour un certain nombre de maisons, et j'étais très heureux car je les imaginais comme un village. Sous cette agréable illusion, j'avançais péniblement avec une humeur accrue ; mais, en arrivant au but, quel ne fut pas mon étonnement de constater que les bâtiments, au lieu d'être les humbles habitations de simples villageois, étaient les nombreux bureaux extérieurs du splendide hôtel particulier d'un noble ! Cependant un des domestiques en livrée répondit très poliment à toutes mes questions, et, avec beaucoup de bonté, me dirigea vers un village, mais si éloigné qu'il fut très tard avant que j'y arrivât. Cependant, quelque tard qu'il fût, je parvins à me procurer un lit et un souper. Mon hôte et mon hôtesse étaient, malheureusement pour leurs estomacs affamés et leurs appétits voraces, un peu enclins au fléau de la vie appelé superstition ; et comme c'était vendredi, ils refusèrent catégoriquement de me laisser manger de la viande ; mais néanmoins la pointe de la faim me permit de savourer un souper d'œufs et de lait, et leur foi n'obligea pas leur conscience à me limiter en quantité.

Le matin, je les quittai et me dirigeai vers Constance. Je n'avais pas dépassé une lieue lorsque j'aperçus le beau lac de ce nom. La ville de Zürich était en vue. [13] Les hautes montagnes de la Suisse, dont les sommets étaient couverts de neige, les plaines variées et belles au fond, entrecoupées de champs de blé, de vignes, de bois et d'herbes, frappaient l'œil d'admiration et offraient une perspective. vraiment magnifique. Vers cinq heures de l'après-midi, j'étais près de la ville de Constance. Elle paraissait grande : un certain nombre de bâtiments, représentant des monastères et des clochers, se présentaient à la vue et semblaient être des monuments de son ancienne splendeur ; mais son état actuel indique qu'il a été longtemps négligé. Le lac était très beau et était un peu agité car il y avait un vent assez fort.

Lindau, à l'extrémité inférieure du lac, était la prochaine grande ville dans ma direction. Je délibérais sur la meilleure manière d'agir pour la nuit, si je devais mieux m'installer dans les environs de la ville, ou continuer plus loin vers Lindau, lorsque je rencontrai deux jeunes hommes habillés avec élégance. Je les ai salués, ce qu'ils m'ont répondu très poliment. Tous deux parlaient français. J'ai demandé à quelle distance je me trouvais de Lindau. On m'apprit qu'il y avait quatorze lieues et qu'il me faudrait traverser un bras du lac. [14] J'ignorais totalement cette dernière nécessité ; car la carte par laquelle je me guidais à travers ces régions, pour moi inconnues, était trop petite et imparfaite pour fournir des informations très précises. Le vent devenant très fort, les étrangers me conseillèrent de ne m'aventurer sur le passage que le lendemain. Ils ne connaissaient pas mes motivations pour la rapidité. Bien entendu, je cachais mon ignorance de cet obstacle, ou plutôt feignais d'en avoir conscience ; et j'ajoutai que j'avais des affaires si particulières à Lindau, que je devais m'efforcer d'y arriver cette nuit et de traverser le passage si possible. Ils essayèrent sérieusement de m'en dissuader, puis prirent poliment congé.

Mes difficultés à traverser l'eau provenaient d'une source très différente de ce qu'ils avaient imaginé. Mes formidables obstacles et dangers n'étaient pas les éléments, mais mes semblables. Il me restait maintenant à savoir si je pourrais traverser cette branche sans passeport et sans rendre compte, ce qui était le plus gênant pour moi, de rendre compte de moi-même. Cependant la nécessité d'une décision ferme et immédiate était absolue ; et j'entrai dans un cabaret près de l'eau, pour savoir ce que j'aurais à subir.

Ici, à mon grand mécontentement, il y avait un rassemblement de personnes, dont certaines semblaient attendre le bateau. Je me mêlai à la foule avec toute l'insouciance et la nonchalance apparentes que je pouvais prendre, et demandai une petite mesure de vin, comme j'ai vu d'autres faire ; et, en fait, je me suis installé parmi cette assemblée diversifiée comme si j'étais « tout à fait chez moi ». J'avais les yeux d'Argus ; et tandis que j'écoutais chaque bruit, j'étais le moins communicatif possible. Je sentais que j'étais face à une crise de mon destin. Enfin deux mariniers entrèrent et annoncèrent que le bateau était prêt. Je fus obligé de prendre du courage et d'obéir à l'appel comme si c'était une évidence ; et, à ma grande joie, je constatai que, même si je quittais le Wurtemberg et entrais sur le territoire de la Bavière, [15] aucun passager n'était tenu de présenter un passeport ni de rendre compte de lui-même.

Au moment où nous allions embarquer, je remarquai que tous les passagers payaient chacun un demi-florin, tandis que les bateliers me demandaient deux florins. Jamais homme n'a été plus disposé à se soumettre à l'imposition et à l'extorsion que moi à ce moment-là ; mais mes fonds diminuaient rapidement jusqu'à la morte-eau, voire à l'étiage, et je compris que ma meilleure politique était de résister à tout ce qui me séparait ou me distinguait de la masse générale.

Je m'opposai donc si vigoureusement à cette imposition que les bateliers résolurent de me retenir jusqu'à ce qu'ils appellent leur maître, ou le propriétaire du bateau.

C'était un très petit et vieux homme bossu, qui aurait pu passer pour Obi parmi les nègres. Le vieux bossu, avec la plus grande civilité dont peut faire preuve un coquin lorsqu'il s'apprête à tromper un semblable en détresse, m'adressa la parole ainsi : « Monsieur, si vous ne voulez pas payer, vous pouvez agir comme bon vous semble, et vous pouvez rester où vous êtes. C'était une logique absurde à mes oreilles, et un raisonnement très gênant pour ma poche ; mais pendant que je réfléchissais à une réponse politique et prudente, le bourreau reprit sa licence et me dit : « Monsieur, vous êtes Français ; et comme votre ami et maître Bonaparte vole et pille tout le monde, je trouve juste que je vous fasse payer ce que je veux à vous, Français.

Je dois avouer que cette identification avec un Français m'a donné l'assurance qu'on ne soupçonnait pas mon véritable caractère ; et bien que ma bourse fût presque au niveau des basses eaux, j'ai payé au vieux grincheux au grain croisé ses quatre cents pour cent de profit en traversant un Français.

Notre voyage liliputien ne durait que quatre milles environ, et pourtant, au milieu de celui-ci, j'avais failli m'exposer ou me trahir ; car un coup de vent soudain ou une légère rafale, venant de terre, auraient renversé le bateau, si je n'avais pas arraché l'écoute (de la voile) des mains du maladroit qui la conduisait. C'était « la passion dominante » forte en tout. Les bateliers parurent étonnés : ils se regardèrent mais ne dirent rien. En fait, j'avais agi de manière imprudente. Un Français n'est que rarement ou jamais considéré comme un marin ; et tout Anglais est considéré par un étranger comme un homme naturellement familier avec toutes les affaires nautiques ; et nos bateliers, ai-je appréhendé, ont commencé à soupçonner que « je n'étais pas Français ».

Nous atteignîmes alors la rive opposée et entrâmes sur le territoire de la Bavière. [16] Nous allions débarquer dans une petite ville fortifiée ; et les remparts, les embrasures et les canons hérissés me présentaient à l'esprit de fortes idées d'examen des passeports et même de fouille des personnes, avec pour résultat inévitable des chaînes, des menottes et un cachot.

Le bruit des tambours saluait mes oreilles dans toutes les directions, et je craignais que ce ne soit la fermeture des portes. Une fois débarqué, je continuai avec les autres, traversant la rue, et demandai, sans éveiller de soupçons : « À quelle heure les portes seraient fermées ? Ils répondirent : « Dans trois quarts d'heure ». À ma grande joie, personne n'est apparu pour inspecter les papiers. Mes compagnons de voyage se rendirent dans une auberge et je leur demandai quelle était la sortie la plus proche de la ville, sur la route de Lindau. Ayant reçu les renseignements demandés, je partis et, à ma grande joie, trouvant la porte ouverte, je la passai très vite.

J'ai fait environ deux lieues sans rencontrer aucun être vivant ni apercevoir quoi que ce soit qui ressemble à une habitation. J'aperçus enfin des lumières et arrivai bientôt dans un petit village. [17] La nécessité m'a poussé à avancer, et j'ai été dans un cabaret, j'ai trouvé un lit et un souper. Plusieurs personnes buvaient dans la pièce où je me trouvais ; ils se moquèrent de bon cœur de mes salutations et de mes égratignures francisées, et souhaitèrent que je boive avec eux, mais ce que je refusai. Je dormais assez bien, et j'étais heureux d'avoir amusé ces gens-là, en même temps que mes grimaces répondaient à mon propre dessein.

Au lever du jour, le dimanche 29 novembre, je pris mon petit-déjeuner et me dirigeai vers Lindau. Mes pieds allaient mieux et j'avançais avec beaucoup de joie. Après avoir traversé plusieurs villages pittoresques au bord du lac, vers cinq heures de l'après-midi, j'aperçus la ville de Lindau et calculai qu'elle se trouvait entre quatre et cinq milles. Je m'arrêtai dans un petit village [18] pour me rafraîchir, ainsi que parce que je conjecturais qu'il était trop tôt, bien qu'il fût apparemment à une distance respectable, pour passer par la ville, d'autant plus qu'elle paraissait grande et qu'elle Je fus d'ailleurs frappé par le fait que, étant dimanche, j'aurais à rencontrer beaucoup de monde dans les environs. J'entrai donc dans un cabaret, et j'y trouvai deux femmes et un homme en train de dîner, ou plutôt de souper. De l'hôtesse, qui était une vieille femme, j'obtins du vin, du pain et des saucisses, et je parvins à amuser, ou plutôt à faire tourner le temps jusqu'à ce qu'il soit près de sept heures. J'ai maintenant jugé opportun de continuer ; et payant la vieille dame, je partis plein d'espérance, non dénué de soucis et d'inquiétudes, mais me doutant encore peu de l'étendue du mal qui allait m'arriver.

Je n'avais pas parcouru plusieurs centaines de mètres lorsque je découvris que plusieurs soldats marchaient très vite derrière moi. Je pensais qu'ils pourraient me poursuivre. J'ai ensuite supposé que s'ils n'étaient pas poursuivis, ils allaient vite, afin de ne pas être exclus de la ville pour la nuit. L'un ou l'autre de ces calculs était une raison suffisante pour me pousser à marcher à toute allure. Je continuai à cette allure pendant environ trois quarts de lieue, jusqu'à ce qu'en tournant brusquement un angle sur la route, je m'aperçus que j'étais près de la porte qui menait à la ville. J'ai également vu la ville elle-même, à une distance considérable, sur une île, et j'ai découvert que c'était la porte du pont qui reliait cette île au continent.

Les soldats étaient serrés en arrière ; Je n'ai donc pas jugé prudent de faire demi-tour ; et je me flattai que ce n'était pas nécessaire, car je m'aperçus que ma route menait à gauche , après avoir passé la porte à ma droite. Je pensais que notre parcours pourrait être dans des directions opposées. C'est dans cet espoir que j'avançai, passai la porte et la sentinelle, pas une question ne me fut posée, pas un regard ne me fut adressé, mon cœur rebondit de joie, j'étais en sécurité, mes souffrances furent récompensées et un triomphe glorieux remplit mon imagination, même à l'extase. La boiterie était oubliée ; et je voyageais, si je puis utiliser ce terme, plein de visions du peu de temps que j'aurais à subir, du peu de temps qui s'écoulerait avant que je sois de nouveau dans l'élément de l'Angleterre, sous son glorieux drapeau et dans le exercice de toutes mes fonctions d'officier de marine.

Hélas! combien fragiles sont tous les espoirs humains ! Dans cet état d'esprit, j'ai été soudainement arrêté par un homme âgé qui, semble-t-il, m'avait suivi depuis le portail. Il m'a demandé très poliment en allemand si j'avais un passeport. Comme *ruse de guerre* , j'ai répondu en français : « Que je ne comprenais pas sa langue. » À ma grande surprise et inquiétude, il a répondu sans hésiter et, dans un excellent français, a poliment exprimé son désir *de voir mon passeport* . Je lui souhaitais, ainsi que sa question, un endroit pire que les limbes ou le fleuve Styx ; mais, comme mon invention avait été si souvent mise à rude épreuve, je n'étais pas en peine de parer à ses désagréables interrogatoires. J'assurai au vieux monsieur que j'avais perdu tous mes papiers, et, j'ajoutai, ce qui était pis, presque tout mon argent, avec plusieurs petits biens, pendant que je traversais le lac la veille au soir. En fait, je dis que mon portefeuille était tombé de ma poche et avait coulé pour ne plus remonter, car l'argent qu'il contenait l'avait malheureusement rendu trop lourd pour flotter.

Le vieux monsieur parut si bien me croire, que j'ajoutai aussi que j'allais à Innsprück, où j'avais quelques amis, et que comme le voyage ne durerait que deux ou trois jours, je crus pouvoir continuer sans aucune interruption. En tout cas, j'avais l'intention d'en faire l'expérience.

En ce moment, plusieurs soldats s'avancèrent de la porte vers moi ; et comme j'avais, selon toute apparence, si parfaitement satisfait le vieux monsieur, je pensais qu'ils ne venaient que par curiosité, ou même par politesse.

Enfin le gardien de la porte, avec une bonté que j'aurais volontiers excusée, m'assura qu'Innsprück était plus loin que je ne l'imaginais ; qu'il me serait incommode de continuer mon voyage sans papiers ; et il m'a rappelé qu'il se faisait maintenant très tard.

Je lui dis que j'étais habitué aux heures tardives, assez indifférent aux inconvénients, et qu'il ne me convenait pas de retarder mon voyage.

Mon bourreau jésuitique m'a pris sur mes propres terres et m'a répondu que pour un homme si habitué aux heures tardives et si indifférent aux inconvénients, il pouvait être peu inquiétant d'être retenu une seule nuit, d'autant plus que le retard serait si grand. largement compensé par les facilités de voyage accrues dont je jouirais grâce aux nouveaux papiers que le commandant de Lindau me remettrait le lendemain matin. Aucune logique ne pourrait être plus solide, mais jamais le raisonnement n'est tombé plus désagréablement à l'oreille humaine.

Je remerciai ce portier et tout mon entourage pour leurs bonnes intentions, et les assurant que je préférais suivre ma propre route, je leur fis de nombreuses révérences polies et leur tournai le dos en poursuivant mon voyage. Sur ce, le vieux monsieur poli m'a fait comprendre, ce que j'avais compris depuis longtemps, que l'anglais simple de toute sa politesse était qu'il avait l'intention de me *retenir*, bien qu'il soit prêt à le faire aussi poliment que possible. Adaptant l'action à la parole, il appela un corps de soldats pour faire respecter sa politesse.

J'étais obligé de maîtriser mon visage et de contrôler toutes mes émotions, aussi amères soient-elles. Avec la plus grande apparence de calme, je répondis : « Vous n'avez besoin d'aucune aide, mon bon ami ; Je suis prêt à vous accompagner partout où vous voudrez, même si cela me dérange un peu et me soumet à de nombreux inconvénient. Plût au ciel que l'inconvénient ait été minime !

J'ai accompagné mon ravisseur le cœur serré. Cependant, je maîtrisais suffisamment mes sentiments pour réfléchir que mon seul espoir de m'échapper reposait sur ma capacité à raconter une histoire plausible au commandant, et je tissai la toile d'une fiction ingénieuse tandis que j'avançais sous mon escorte.

Vers huit heures et demie, nous arrivâmes au quartier du commandant et je fus conduit dans un vaste vestibule. Au bout de quelques minutes, le grand homme apparut. Il était magnifiquement vêtu, portait son épée et, à ce qu'on me fit comprendre, il était sur le point d'aller à l'Opéra. Il semblait contrarié par une si vulgaire cause de détention, à cause de son amusement ; et je suis sûr que j'étais également contrarié, ou plutôt de beaucoup plus contrarié, de gêner un si auguste personnage.

Ce commandant ne parlait pas français et fut obligé d'attendre son secrétaire et son interprète, qui aussitôt arrivés demandèrent une plume, de l'encre et du papier, se placèrent à une table et, avec beaucoup de conséquences ridicules, m'ordonnèrent de avancer et répondre aux questions qu'il devra me poser. Il procéda ensuite de la manière suivante : « Quel compatriote êtes-vous, je vous prie ? "Un Français." « Dans quelle partie de la France êtes-vous né ? » "A Rouen, en Normandie." « Continuez et rendez compte de vous-même. » « Je m'appelle Louis Gallique » (le nom du cuisinier de notre défunte frégate *Hussar*). « Mon père était chirurgien à Rouen, où j'ai un frère (du même métier) et deux sœurs. Mes parents sont morts depuis quelque temps. J'ai obtenu ma réforme ou ma libération de l'armée grâce aux intérêts de mon frère. Je vais à Innsprück voir des amis ; de là, j'ai l'intention de me rendre à Vienne, où je compte être employé comme commis dans un comptoir. « Comment avez-vous perdu votre portefeuille et vos papiers ? « En traversant un bras du lac, un souffle de vent faillit renverser le bateau ; mon portefeuille a dû tomber alors que je me penchais. Je ne peux pas expliquer sa perte d'une autre manière. Ce fut un très grand malheur, car j'ai perdu tout mon argent, à l'exception de quelques pièces détachées que je gardais dans ma poche, ainsi que mes lettres de recommandation, mon passeport, mes papiers, etc. « Comment s'appellent vos amis allemands ? » Je lui ai donné des noms français et lui ai dit qu'ils étaient tous d' origine française. Il commença alors à expliquer le tout au commandant ; et après quelques minutes de réflexion, il m'informa : « Que j'avais l'air d'être un personnage très suspect, et qu'ils doivent m'envoyer au poste de garde pour la nuit. Dans la matinée, je serais incarcéré, jusqu'à ce que je puisse être identifié par le gouvernement français, ou, en attendant, par mes amis d'Innsprück ou de Vienne. J'ai exposé la cruauté d'une telle conduite à un sujet du grand Napoléon, qui était leur allié et le protecteur de la Confédération du Rhin. J'ai ajouté qu'ils pouvaient désormais agir comme ils l'entendaient, mais j'avais des amis qui feraient connaître leur conduite. Ils ne répondirent pas et je fus escorté jusqu'au poste de garde. Une heure plus tard, j'ai été ramené et j'ai subi un examen similaire. Puis ils m'envoyèrent à la prison commune, où, m'apprirent-ils, je serais très indifféremment traité, parce qu'ils me soupçonnaient d'être un espion. Je dédaignais une épithète si opprobre ; leur fit de nouveau des remontrances sur la cruauté de leur conduite ; mais ils furent inflexibles, et je repartis une seconde fois avec la garde.

En me rendant à la prison, j'ai réfléchi aux horreurs d'être jeté en prison, peut-être jeté dans un cachot parmi des malfaiteurs de toutes confessions, et à la certitude, dans quelques jours, d'être découvert. J'imaginais aussi qu'ils pourraient me traiter avec plus de gentillesse si je reconnaissais qui j'étais. J'ai donc, après beaucoup de calculs contradictoires, prié le chef de mon escorte de me reconduire au commandant, ce qu'il fit. Je leur ai alors dit franchement qui j'étais et ce que j'étais, et comment je m'étais enfui. Il a dit qu'il pensait que j'étais un Anglais ; et il apporta une liste de descriptions de prisonniers de guerre qu'il avait récemment reçue de France, et me fit remarquer mon nom avant que je le mentionne. Il m'a demandé où étaient mes camarades. Je découvris maintenant que cette description avait été dressée lors de notre première évasion de Verdun. Je lui ai assuré que je ne pouvais pas dire où ils se trouvaient – peut-être en Angleterre ; Je m'étais séparé d'eux le premier jour. J'avais hâte de savoir quels autres *signaux* il avait ? Il voulait que je ne sois pas curieux ; il me dit que je serais mieux utilisé maintenant, mais que je devais être enfermé dans la prison commune de la ville, où, en quelques minutes, je fus déposé en toute sécurité, et où tout espoir de liberté était terminé, du moins pour le moment ; (19) car l'amour de la liberté était si fort, le désir d'action libre était si fort en moi, que, même sous ce flot écrasant d'efforts déjoués, de détection, d'exposition et de punition, mon esprit me murmurait que je pourrais J'avais pourtant une autre chance de m'échapper, une chance dont j'étais résolu à profiter de tous les dangers possibles.

CHAPITRE XI

Une nouvelle incarcération – Déshabiller un prisonnier, un moyen de détention plus efficace que des chaînes et des cadenas – Les espoirs d'évasion s'avèrent illusoires – Chirurgie et régime carcéral – Un prêt de livres en temps opportun – Une courte visite d'un captif suisse – Ordres de préparer son retour en prison France - Une lourde chaîne et un énorme cadenas - La foule à Lindau - Sortie entre un prisonnier et le geôlier et sa femme - La route de France - Se coucher enchaîné - Surveillances strictes - Chances de sauvetage - Anticipations des horreurs de Bitche. — Commision de mes gardes. — Traversée du pont de Kehl. — Une reddition aux *gendarmes français* . — Captivité dans la prison militaire de Strasbourg. — Un bon geôlier et une épouse aussi aimable. — Sa gratitude pour la bonté anglaise lorsqu'il était prisonnier de guerre. — Examiné par la police - Adieux affectueux de l'honnête geôlier et de sa femme - Sur la route de Bitche, lourdement enchaînés à onze Corses qui vont subir l'exécution militaire - L'horrible cachot de Niederbronn - Une nuit de réclusion révoltante - Souffrances atroces de deux des Soldats corses. — Perspectives lointaines de Bitche. — Anticipations d'un confinement cruel. — Arrivée à la forteresse.

C'EST par une morne nuit de dimanche, le 29 novembre (1807), que je fus conduit dans cette prison. Le geôlier et ses gardiens me placèrent dans un appartement assez convenable et bien meublé, avec un lit, un poêle, une table et une chaise. C'était largement suffisant pour le logement d'un homme peu sophistiqué, mais les commodités extérieures ne remplacent pas les envies de la faim. J'ai donc signalé à mes gardiens l'état d'épuisement de mon corps et je leur ai demandé de pouvoir avoir un rafraîchissement, si humble ou si petit soit-il. C'est ce qu'ils accordèrent; mais auparavant ils m'avaient fouillé, déshabillé, emporté tous mes vêtements, avec tout ce que contenaient mes poches, qui ne consistaient pourtant qu'en un couteau, un rasoir et quelques pièces d'argent. Ils m'ont assuré que tous mes *biens* me seraient restitués en temps opportun. Mais je les suppliai de me laisser au moins mon pantalon. Ils finirent par s'y conformer. Quant à ma chemise, comme il ne me restait que le col et les manches déchirées, j'étais indifférent au confort de la conserver.

J'ai protesté auprès de mes persécuteurs et j'ai demandé à connaître la raison d'un traitement si cruel. Ils me répondirent d'un ton maussade que c'était la coutume de leur pays et qu'ils prendraient soin de m'empêcher de m'enfuir de nouveau. « Les gens qui ont un grand talent pour sortir des prisons doivent être traités en conséquence », dirent-ils, et ils ajoutèrent qu'ils m'empêcheraient d'échapper à leurs griffes. En disant cela, les brutes moroses se dirigèrent vers la porte massive, et mes oreilles furent accueillies par le bruit des serrures, des barres, des verrous, et mes yeux par la perspective de chaînes qui semblaient assez lourdes pour retenir les corps d'un régiment ou d'un soldat. armée.

Dans cet état de nudité et de solitude, je commençai, avec une douleur inexprimable et une amère affliction, à méditer sur ma malheureuse destinée. Finalement, une pensée me vint à l'esprit. Bien que ma cellule, dans sa maçonnerie, paraisse aussi solide que la casemate à l'épreuve des bombes d'une forteresse, et que mes oreilles m'aient informé de la solidité massive de la porte et de ses lourdes sécurités et fermetures, il m'a semblé qu'il pourrait y avoir un certain intérêt à faiblesse dont je pourrais profiter pour opérer mon évasion. J'ai même déduit, du fait qu'ils m'avaient enlevé mes vêtements, pour empêcher mon évasion, qu'ils étaient conscients que la prison était faible sur un point ou un autre. Dans cette agréable illusion, j'attendais avec anxiété jusqu'au jour pour pouvoir faire toutes les observations en mon pouvoir, et je me sentais déterminé à partir la nuit suivante, même si je devais ensuite être complètement nu.

Sauf lorsque ces espérances et ces fragiles calculs me traversaient l'esprit, j'étais en proie aux tourments les plus cruels. Je n'ai jamais dormi, j'ai simplement dormi ; et dans ces brefs sommeils j'étais terriblement agité. À un moment donné, je fus saisi de l'idée que tous mes défunts compagnons étaient sains et saufs et que j'étais le seul malheureux du groupe qui était voué à souffrir. Dans un autre paroxysme, j'étais tourmenté par l'idée de la facilité avec laquelle j'aurais pu éviter la porte fatale, si j'avais eu conscience que je me trouvais sur la route qui la dépassait. Avec quelle amertume je me reprochais de manquer de circonspection : enfin je me trouvais dans un état de distraction. J'essayais de me calmer l'esprit dans l'espoir de pouvoir sortir de ma prison actuelle, ou, du moins, d'échapper à mes gardes lors de notre marche vers la France ; J'avais déjà échappé aux gardes les plus strictes de l'univers, la *gendarmerie française* . Ces idées se révélèrent être une sorte de baume salutaire pour mon sein torturé. Mais j'ai eu excessivement froid pendant la nuit. Une forte gelée et de la neige s'étaient installées ; et à cette époque de l'année, je ne pouvais pas m'attendre à ce qu'il en soit autrement.

Le matin, de bonne heure, une vieille dame (la femme du geôlier) m'offrit une tasse de café que j'avalai avec empressement. La pauvre femme a beaucoup souffert de ma situation de détresse et a même versé des larmes. Je la suppliai de me fournir du matériel pour écrire une lettre au commandant ; son mari me les apporta, et je protestai auprès du Cerbère sur sa cruauté en me faisant déshabiller dans une prison (que, à mon grand regret, je découvris maintenant trop sûre), alors qu'il ne pouvait avoir aucune idée de mon existence. capable de s'en éloigner. Je priai au moins qu'on me rendît un foulard et une casquette, et priai qu'il fasse consacrer l'argent dont j'avais été privé à l'achat d'une chemise grossière et d'une paire de bas, dont je désirais beaucoup. J'ai également demandé qu'on me permette qu'un des chirurgiens militaires panse mes pieds, qui étaient encore en très mauvais état. Toutes ces demandes, il eut la gentillesse d'accéder. Le secrétaire est venu et m'a informé que je serais détenu jusqu'à ce qu'ils reçoivent les ordres du gouvernement d' Ulm, [20] ce qui serait dans environ douze jours. Il exprima une grande tristesse pour mon malheur et se retira. C'était là une grande consolation pour un pauvre diable sans vêtements !

Enfin le chirurgien vint et pansa humainement mes plaies ; et il s'est étonné de voir comment j'avais pu voyager avec mes pieds dans un si triste état. Quand je regardai leur état lacéré, mon étonnement ne fut pas moindre que le sien ; cet étonnement n'était pas non plus atténué par la douleur extrême qu'ils me causaient maintenant. J'ai été étonné de voir comment j'aurais pu parcourir une distance aussi immense avec les pieds si enflés et si coupés en morceaux.

Après que le chirurgien m'eut quitté, je me couchai, et je me sentis un peu plus calme d'esprit ; mais vains furent tous mes efforts pour fermer les yeux. La douleur m'empêchait de dormir et des pensées occupées, tristes du passé et désespérées de l'avenir, envahissaient mon esprit agité.

Dans cet état, je restai jusqu'à midi, lorsque la vieille dame, la femme du geôlier, m'apporta mon dîner. C'était un assez bon repas, compte tenu du logement dans lequel je me trouvais. Elle m'informa que je n'avais droit à boire que de l'eau. Cela me paraissait très inhumain, car mon état misérable exigeait quelque chose de plus stimulant.

Dans cet état mélancolique, je reçus une consolation inattendue. Un gentilhomme suisse était enfermé dans une cellule adjacente et il m'envoya aimablement quelques livres, parmi lesquels une *Vie de Frédéric le Grand*, qui m'intéressa beaucoup. J'exprimai naturellement le désir de voir mon bienfaiteur, mais la vieille dame me dit qu'il y avait des ordres stricts pour empêcher tout rapport sexuel entre prisonniers. Sur ce point, elle était inexorable. On me fournissait maintenant une chemise et une paire de bas ; mais ces derniers, quoique grands, m'étaient totalement inutiles, mes pieds étant si douloureux et si enflés à un degré si extraordinaire.

A sept heures, ma bonne vieille hôtesse m'apporta le souper, fit mon lit et prit congé en m'exhortant à la patience.

Onze jours se passèrent de la même manière, sauf que dernièrement j'obtins mon geôlier de me priver de mon déjeuner, et de me donner en lieu et place une demi-pinte de petit vin au dîner et au souper, et de m'accorder une bougie. dans la soirée.

Le monsieur suisse a enfin réussi à me voir. Il parlait un peu anglais et m'informa qu'il avait été au service autrichien et qu'il avait eu l'honneur de servir sous Son Altesse Royale le duc d'York à Valenciennes, Dunkerque et ailleurs. Il était incarcéré pour dettes, était en prison depuis dix-huit mois et ne s'attendait pas à être libéré avant six mois de plus. Il parut très surpris de voir les Bavarois utiliser si cruellement un officier britannique ; et après m'avoir un peu présenté mes condoléances, il est retourné dans sa cellule.

Le treizième matin, au point du jour, le geôlier apparut avec le petit déjeuner et mes vêtements ; et m'informa que je devais sur-le-champ préparer mon voyage de retour en France, que mon escorte serait à la porte dans quelques minutes. Il m'a supplié de garder le moral. Je lui ai assuré que j'étais très heureux de cette information et d'avoir été éloigné d'une habitation si solitaire. Je nourrissais certainement l'espoir de m'enfuir sur le chemin du retour, sans imaginer que je devrais être traité comme un criminel sur le point d'être exécuté. J'avais à peine avalé mon petit déjeuner que deux militaires furent introduits dans mon appartement ; le premier tenant dans ses mains une immense chaîne de fer avec des fers ou des fers et un grand cadenas. La vue de cet appareil détruisit tout espoir qui s'était présenté auparavant quant à ma descente ; cependant, je faisais semblant de ne pas y prêter attention. Cet homme parlait un peu français, m'a salué poliment et m'a demandé : « Si j'étais prêt ? "Oui", dis-je, "tout à fait." « Je suis désolé, reprit-il, de me trouver dans la nécessité d'utiliser ces machines. Ce sont les ordres du commandant ; et comme vous êtes vous-même officier, je n'ai pas besoin de remarquer combien il est nécessaire d'obéir aux ordres d'un supérieur. Nous sommes membres du corps des volontaires de cette ville, nous nous appelons Schlatter, et nous sommes frères du secrétaire du commandant, choisis exprès pour vous reconduire en France, afin que vous ne soyez pas maltraités par les soldats de ligne. Je lui ai dit qu'ils étaient excessivement gentils et je leur ai demandé de continuer et de faire leur devoir ; et il ajouta que ce que j'avais souffert ne me déshonorait pas, car les efforts que j'avais faits avaient été faits pour servir mon pays, et je m'en glorifiais. Le secrétaire du commandant se joignit alors au parti et exprima sa satisfaction de voir ses frères nommés pour m'escorter. Je lui ai fait remarquer la cruauté qu'il y avait à imposer une chaîne aussi énorme à une créature humaine. Il répondit : « Vous vous êtes si souvent échappé, monsieur, même à la *gendarmerie* de France, et ce ne sont que des volontaires, que le commandant trouve très nécessaire de vous enchaîner, et nous n'avons pas de petites chaînes. Il y a une voiture commandée pour votre transport, et par conséquent l'inconvénient ne sera pas si grand.

Un peu plus de palabres suivit. Je parlai du déshonneur et des indignités infligées à un officier, et déversai tous les torrents d'éloquence que je pus appeler à mon secours ; mais tout fut en vain, le flegmatique Allemand s'en tenait à son texte des chaînes ; et en conséquence mon bras droit et ma jambe gauche étaient enchaînés ensemble, et les extrémités étaient solidement attachées par un énorme et maladroit cadenas proportionné aux maillons de la chaîne, et tous deux semblaient proportionnés aux membres d'un Goliath ou d'un Hercule. Je fus alors transporté jusqu'à la porte de la prison, et sortant la tête pour prendre une bouffée d'air frais, auquel j'avais été si longtemps étranger, je vis un immense rassemblement de personnes rassemblées pour apercevoir le malheureux prisonnier que le commandant avait cru bon de le sécuriser ainsi à deux ou trois reprises. La foule émerveillée est venue voir ce qu'elle pensait être un monstre ; car de tels bruits avaient été répandus sur mes évasions miraculeuses, et des récits si exagérés et fabuleux avaient été donnés de ce que j'avais accompli, que la population ignorante croyait que j'étais un démon, ou du moins un magicien déguisé.

Enfin l'heure de mon départ arriva. Je fis mes adieux à mon geôlier, qui n'avait pas dépassé ses fonctions ; puis je pris congé de la vieille femme, qui pleurait tout le temps, et je me séparai de moi comme si j'avais été son fils qu'elle ne devait plus jamais revoir. J'avoue franchement que j'ai été profondément touché par la bonté de cette pauvre vieille créature simple. Il y a des cas où ni la vieillesse ni la prison ne peuvent endurcir le cœur.

Mes gardes m'ont fait monter dans la voiture, et l'un d'eux s'est assis de chaque côté, car ils semblaient penser que je pourrais encore tenter de m'échapper, comme si les lourdes chaînes et l'énorme cadenas avaient été des bandes de soie attachées par le nœud d'un véritable amoureux. "Que Dieu te bénisse!" s'écria la bonne vieille femme du geôlier, baignée de larmes. "Que Dieu vous bénisse, gentille vieille mère!" J'ai répondu. "Continuez!" rugit le garde au postillon. Le lourd fouet passa sur les épaules des deux chevaux, et notre voiture s'éloigna en cliquetant sur les pierres. Dans chaque rue que nous traversions, les fenêtres étaient remplies de spectateurs, tous souhaitant à mes gardes un bon retour, comme s'ils pensaient soit qu'ils étaient liés au coin le plus reculé du globe, soit qu'ils étaient en compagnie de quelque sorcier qui pourrait leur jouer un mauvais tour sur la route. Les gardes eux-mêmes semblaient peu à l'aise ; car, même si j'étais si solidement attaché, ils chargeèrent leurs fusils, les amorcèrent et me regardèrent d'un air significatif — un indice de ce à quoi je pourrais m'attendre si je devenais rétif.

Bien que, comme je l'ai déjà observé, un de mes gardes parlât français, mon état d'esprit était tel que je n'entrai que peu ou pas de conversation avec lui. Quelquefois, en effet, je lui posais une question concernant son pays, mais ce n'était que pour obtenir des informations sèches que je pouvais désormais utiliser avec avantage. Chaque question était sèchement posée et tout aussi sèchement répondue, et ainsi mon voyage se poursuivit.

A minuit, nous nous arrêtâmes dans une ville fortifiée, dont mes gardes me cachèrent le nom [21] , et j'étais si bien surveillé que je ne pus poser la question, si indifférente soit-elle, à qui que ce soit. Cependant, on m'a informé poliment que je pouvais me coucher ici pendant deux heures, et j'ai répondu aussi civilement ou satiriquement : « Qu'un lit n'était pas un confort pour un homme encombré de lourdes chaînes et d'un lourd cadenas. Si je n'étais rationnel en rien d'autre, j'étais considéré comme rationnel en ceci ; et en conséquence, j'ai été déverrouillé, déchaîné et démantelé, et autorisé à me coucher ; mais je pensais que mon caractère était si dangereux, que deux officiers de police, outre mes deux gardes, étaient postés dans ma chambre pour me surveiller pendant que je dormais ou que j'étais dans mon lit, s'asseyant chacun de chaque côté. J'ai à peine besoin de remarquer que je ne pouvais pas dormir. Si un œil était fermé cette nuit-là, ce devait être dans la tête d'un de mes gardes ou dans celle d'un de leurs assistants.

Le temps s'écoulait et j'étais heureux de l'arrivée de l'aube froide et humide. J'ai été à nouveau enchaîné, et nous avons été placés dans un autre véhicule, et j'ai découvert qu'ils prenaient une direction plus au nord, en direction de Strasbourg. Nous avons fait trois relais avant quatre heures de l'après-midi, lorsque nous sommes arrivés à Tütlingen, petite ville ouverte du Wurtemberg, [22] et nous nous sommes arrêtés, comme d'habitude, à la poste, qui était aussi une taverne. Nous y avons trouvé un certain nombre de personnes très distinguées. J'ai bien sûr attiré l'attention de tout le monde ; ils semblaient désireux et désireux de me servir, et réprouvaient vivement la conduite des Bavarois pour avoir utilisé un officier britannique avec une telle cruauté. J'avais grand espoir de rester ici toute la nuit, car j'eus d'abord de la difficulté à me procurer une voiture. Cependant les Bavarois ne jugeèrent pas cela prudent, et ils prirent un chariot commun, rempli de paille, et me placèrent au centre entre eux. Ils n'avaient pas tort, car si j'étais resté là cette nuit-là, j'aurais certainement été secouru.

A minuit, nous changeons de wagon à Rothweil. A l'aube, nous nous changâmes de nouveau ; et à quatre heures de l'après-midi nous traversâmes Gegenbach ; et vers minuit nous arrivâmes à Offenbourg, ville fortifiée du Bade, et à cinq ou six lieues seulement de Strasbourg. Ici nous nous sommes couchés, mes gardes ayant d'abord placé leurs sommiers de chaque côté du mien.

Mon esprit était trop occupé par la misère qui m'attendait pour admettre le sommeil. Les cachots, dans lesquels j'étais peut-être inévitablement condamné à mener une existence misérable, apparaissaient à mon imagination avec toutes leurs horreurs. Bitche était la place qui m'avait été initialement assignée, et j'étais d'avis, d'après les différents récits que j'avais reçus de ce misérable lieu, que la vie d'un prisonnier n'était prolongée que pour rendre son châtiment plus grand. Ma dépression spirituelle devint extrême ; et même mes gardes compatirent grandement à ma détresse, et exprimèrent fréquemment leur regret de ce que c'était à eux de me livrer de nouveau entre les mains de mes ennemis.

En justice envers mes conducteurs, je dois dire qu'ils ont usé de leur autorité avec autant de miséricorde que possible. Ils prévoyaient du mieux qu'ils pouvaient tous mes désirs ; et, en fait, à tous égards, ils m'ont mis aussi à l'aise que possible compte tenu de nos circonstances et de nos positions relatives. Quand je réfléchis à ces faits et à bien d'autres semblables, et surtout quand je réfléchis à la bonne vieille épouse du geôlier de Lindau, je dois dire que j'ai trouvé les Allemands généralement honnêtes et bienveillants, et les femmes de ce pays particulièrement.

Le lendemain à huit heures nous quittions Offenbourg pour Strasbourg, et à onze heures nous déjeunions à Kehl. C'était notre dernière étape, et c'est ici que nous fîmes notre dernier changement de chevaux. Nous traversâmes le pont à une heure et fûmes fouillés très strictement par les douaniers. Tout ce qu'ils ont trouvé sur moi, ce sont de lourdes chaînes et un cadenas tout aussi lourd. Plût au ciel qu'ils aient jugé ces marchandises de contrebande et m'en aient privé ! Ces gens-là, ainsi que les sentinelles, furent furieux lorsque je leur dis qu'ils n'avaient pas été aussi pointilleux quelques matins auparavant, lorsque j'avais passé le pont sans qu'ils daignent me parler. Je mettais ces derniers dans une colère des plus furieuses lorsque je les questionnais sur le fait qu'ils s'emmitouflaient dans leurs manteaux chauds et se tenaient dans leurs guérites, tandis que je me glissais près d'eux au milieu du bétail. Comme ils étaient fous ! — mais la plaisanterie était désormais entièrement contre moi, car en une demi-heure je me trouvais solidement enfermé dans la prison militaire de Strasbourg. Ainsi prirent fin tous mes espoirs.

Le gardien de cette prison était, grâce à Dieu, excessivement poli et bon ; et la courtoisie et la gentillesse ne sont en aucun cas des qualités communes parmi les geôliers de cette nation la plus civilisée et la plus polie. Il me fit entrer dans un appartement où il y avait un assez bon lit, et me demanda même si je désirais faire du feu. Un bon feu dans une pièce humide d'une prison, par une journée de décembre glaciale, était certainement un grand ajout au confort d'un pauvre prisonnier, et je répondis franchement qu'il n'y avait rien, sous son toit du moins, qui me plairait autant. beaucoup à voir comme un foyer flamboyant ; mais j'ajoutai tout aussi honnêtement que je n'avais pas un sou pour payer cela. Le peu d'argent que je possédais avait été presque entièrement dépensé par les Bavarois pour m'acheter une chemise et une paire de bas, et je les vis donner le reste, qui n'était qu'une bagatelle, aux *gendarmes français* lorsqu'ils me livrèrent à leur garde. "Dans ce cas," répondit le geôlier ému, "vous irez chez moi vous réchauffer, et vous ne manquerez de rien de ce que je peux vous aider." Ce fut un accueil très différent de ce à quoi je m'attendais. Il est étonnant de constater quel effet la bonté a sur le cœur, et particulièrement sur le cœur des affligés et des misérables. La charité de cet homme me désarmait complètement de toute idée d'évasion. Rien n'aurait pu m'inciter, par une quelconque mauvaise conduite, à soumettre un si bon homme à la réprimande ou à la punition des autorités au-dessus de lui.

Frissonnant de froid, je quittai ma chambre sombre et humide, et me retrouvai bientôt dans un appartement très confortable, et mes yeux furent accueillis par la vue d'un feu flamboyant, tandis que le crépitement des bûches brûlantes « faisait entendre une douce musique à mes oreilles. »

Mon franc et charitable Samaritain me donna bientôt une raison pour laquelle la bienveillance de sa nature se déversait maintenant si cordialement envers moi. C'était un vieux soldat, et il avait été fait deux fois prisonnier par les Anglais pendant la dernière guerre. Il avait été capturé au large de la Méditerranée et, à chaque fois, les Anglais, dit-il, l'avaient traité avec bonté ; et il comprit qu'il ne faisait que payer une dette de gratitude en profitant de l'occasion d'être bon envers un officier anglais en détresse. Jamais la logique n'a été plus concluante à mon esprit, et jamais le récit d'un débiteur et d'un créancier sur les faveurs reçues et rendues n'a sonné plus agréablement à mes oreilles.

Il me présenta à sa femme, une Allemande, qui insista pour que je m'asseye près du feu ; et la créature franche et hospitalière semblait rivaliser avec son mari pour adoucir mes souffrances. Après de très nombreuses heures où j'avais failli périr de froid, et être à l'étroit et engourdi par mes chaînes, je n'ai pas besoin de dire à quel point je me sentais à l'aise. Je soupai avec mon digne hôte et hôtesse, et le lendemain je déjeunai et dînai à leur table.

Ce jour-là, le lieutenant de *gendarmerie* de l'arrondissement de Strasbourg, accompagné d'un autre officier, est venu m'interroger sur ma fuite, la direction que j'avais prise et toutes les autres circonstances de ma fuite. J'étais franc et communicatif, et ils furent tous deux très étonnés des souffrances que j'avais endurées, et exprimèrent leur émerveillement de ce que j'avais pu traverser le pont de Kehl sans être repéré. On m'apprit, à mon grand regret, que Bitche était le lieu de ma destination ; et que le lendemain matin, au point du jour, je serais escorté jusqu'à cette forteresse, en compagnie de onze soldats corses récemment désertés de leur régiment de Deuxponts, portant avec eux leurs armes, leurs accessoires et leurs sacs. Ces malheureux, ajoutaient-ils, devaient tous être fusillés. Je dois avouer que je n'aimais nullement voyager en pareille compagnie ; mais mes informateurs m'assurèrent que, bien qu'ils fussent sensibles à l'indignité et qu'ils en étaient désolés, il était hors de leur pouvoir de l'empêcher, et que je devais me soumettre avec patience à mon sort. Je n'avais qu'à exprimer ma démission avec la meilleure grâce que je pouvais assumer.

Le geôlier, sachant bien dans quel genre de cachots je serais placé pendant mon voyage à Bitche, me dit qu'il n'avait reçu que neuf livres, soit environ sept shillings et six pence sterling, ce qui était tout ce qui avait été remis aux *gendarmes*. comme ma propriété par les Bavarois ; et comme mes fonds étaient si bas, il ne demandait que deux shillings et six pence pour tout ce que j'avais reçu à sa table ; et il donna le reste de mon argent à ma garde, pour qu'il avance selon que j'en aurais besoin. J'étais reconnaissant pour la générosité et le désintéressement de cet homme. C'était en effet la note la plus raisonnable que j'aie jamais payée en France, et je lui demandai d'en prendre davantage, car j'étais certain que ce devait être à cause de mes finances réduites que ses demandes étaient si modérées ; cependant, il refusa résolument, alors je pris congé de lui et de sa femme, [23] et me mis à ma place, qui était aux côtés du onzième Corse, auquel j'étais enchaîné et menotté, tandis qu'une autre chaîne passait également par le l'ensemble du parti, ce qui nous a tous complètement liés. Vers midi, nos gardes furent changés. La brigade qui nous escortait maintenant était composée des scélérats les plus cruels que j'aie jamais vus. On me passa la chaîne autour du cou, sous mon mouchoir ; et comme je leur ai fait remarquer que ce devait certainement être leur dessein de m'étrangler en mettant la chaîne si serrée, ils ont pris un autre maillon, me traitant de coquin d'Anglais, et ont mis un immense cadenas qui pendait. comme ornement sous mon menton tout le long ; ils ont ensuite vissé mes menottes jusqu'à ce que la peau soit littéralement arrachée des poignets. Ils connaissaient parfaitement mon nom et le fait que j'avais récemment échappé à mes gardes.

Le soir, nous arrivâmes à la prison de Hagenau, et le lendemain matin, à la lumière du jour, nous partîmes en route. Nous étions placés dans le même ordre, à cette exception près : la chaîne passait sur l'épaule et sous le bras, comme une ceinture de soldat, au lieu de passer autour du cou. Vers cinq heures de l'après-midi, nous arrivâmes dans une ville ouverte, Niederbronn. Le froid était très intense, il a neigé toute la journée. Pour notre confort, nous avons été placés dans l'un des donjons les plus sales qu'un mortel ait jamais vu, avec à peine de la place pour nous retourner et seulement un petit trou dans la porte pour laisser passer l'air. Les Corses paraissaient très sensibles à ma situation ; et observa « qu'ils ne devraient pas se plaindre lorsqu'un *officier britannique a été utilisé d'une manière si horrible* ». Il leur était permis de sortir du donjon pour prendre quelques rafraîchissements que les habitants charitables leur envoyaient ; mais on ne laissa pas le *sacré Anglais* bouger ; et j'eus beaucoup de peine à me procurer un morceau de nourriture, qu'on me passa par le trou d'aération, et pour lequel on demanda le double prix. Ce trou d'aération était si petit et il y avait une odeur si abominable que je ne m'attendais pas à y survivre. Deux de ces malheureux furent saisis d'une maladie, une sorte de choléra, qui dura toute la nuit et ajouta beaucoup à la *mauvaise odeur* que nous avions déjà. Je n'ai jamais passé une nuit plus épouvantable. Enfin arriva le moment de réjouissance, annoncé par les bruits habituels : cliquetis de clés, grincements de portes, verrous, etc. Un *gendarme* se présenta et, d'une voix bourrue et autoritaire, nous pria de nous préparer à notre marche. Il n'eut que très peu de peine à faire exécuter cette convocation ; mais il nous a dit qu'il fallait d'abord nettoyer notre cellule ! « Où est l'Anglais ? rugit la brute ; « laissez-le faire cette partie tout seul ! » J'étais plein de dégoût et d'indignation ; et m'avançant hardiment vers lui, je lui dis résolument que je ne le ferais pas. L'homme était entré dans une colère furieuse, et je ne doutais pas que les conséquences auraient été graves pour moi, lorsque, heureusement, les soldats intervinrent et dirent que, puisqu'ils avaient causé le mal, il était juste qu'ils devaient nettoyer. hors de la cellule. Ceci fait, nous continuâmes notre voyage, de la manière de la veille.

Les deux soldats malades, bien que les pauvres malheureux semblaient extrêmement malades, n'étaient pas exemptés de leurs chaînes et de leurs chaînes, bien que le temps fût excessivement inclément et que la neige abondante nous soit soufflée au visage par un vent violent et violent. Ils étaient évidemment dans un état de forte fièvre, et partout où ils apercevaient un ruisseau gelé, ils suppliaient qu'on leur permette de s'arrêter, pour se procurer de la glace ou de l'eau ; mais les brutes au cœur de silex étaient sourdes à toute supplication, et les misérables malades étaient obligés de manger des poignées de neige pour apaiser leur soif rageuse. Le comportement cruel et sauvage de ces gardes dépassait tout ce dont j'avais été témoin ; et pourtant j'en avais vu et vécu assez pour faire frémir la nature. Ils accusèrent également ces pauvres malheureux d'être des traîtres envers leur compatriote Napoléon.

Vers midi, le 21 décembre 1807, les hautes tourelles et les tours massives de la sombre forteresse dans laquelle j'allais être incarcéré se présentèrent à mes yeux. Leur apparence même suffisait à frapper l'esprit d'horreur ; et je ne peux m'empêcher de croire que l'ingénieur avait cet objectif en vue lorsqu'il a donné de telles formes extérieures à sa structure. La perspective d'être enfermé dans cette détestable forteresse, peut-être pour le reste de mes jours, ne pouvait être soulagée que par la probabilité que ma durée de vie serait raccourcie par la nature de mon emprisonnement. La mort elle-même était préférable à une persécution prolongée, et je souhaitais parfois dévotement être en repos. C'est dans cette suite de pensées et de sentiments que j'ai procédé ; et j'étais si absorbé par mon affliction, que j'étais presque inconscient de tout objet ou de toute circonstance autour de moi, jusqu'au moment où je fus brutalement réveillé de ma stupeur et me trouvai au centre de la forteresse de Bitche.

CHAPITRE XII

Conjectures des prisonniers sur mon pays et mes crimes. — Conclusions de mes chaînes que j'avais commis un meurtre. — M. Ashworth et M. Tuthill, accompagnés de M. Baker, me rejoignent. — Le lieutenant Essel s'est effondré en tentant de descendre les remparts de Bitche. — Mon chagrin de sa mort — La hauteur immense des remparts — Mon horrible cachot — Son état de crasse révoltant. — Entretien avec le commandant — Demande de prendre l'air accordée deux heures par jour — Méditations sur une évasion — Nos efforts déjoués — Une nuit de Noël dans un cachot — Souvenirs de la maison et des amis — Une sentinelle tirant sur ses prisonniers — Je suis transféré dans une cellule avec cinquante prisonniers — De nouveau transféré dans une cellule supérieure avec seulement douze — État amélioré — Entendre parler d'un plan des prisonniers en bas pour effectuer leur évasion — S'efforcer de les rejoindre — Stratagème pour étouffer le bruit du travail... outils. — Sape réussie. — Bruit à l'ouverture de la troisième porte. — Sentinelles alarmées. — Les gardes entrent. — Cherchez et découvrez notre ingénierie. — Fureur des officiers français. — M. Brine, répondant au nom d'O'Brien, est capturée à ma place – je m'échappe du donjon et retrouve ma propre cellule – Feignez la maladie et évitez les soupçons.

DÈS que j'ai pu rassembler mes sens dispersés et reprendre mon esprit distrait, je me suis aperçu que j'étais regardé de tous côtés par mes malheureux compatriotes, qui à ce moment-là se trouvaient hors de leurs *souterrains* , avec leur permission de prendre ces quelques halètements. d'air frais qui étaient essentiels pour qu'ils puissent exister pour le reste de la journée dans leurs cachots nocifs. J'entendais certains de ces pauvres gens se demander si j'étais un sujet britannique. « Il devait être à la tête d'un banditti ! dit l'un d'eux. « Il y ressemble », observa un autre. « Peut-être, remarqua un troisième, est-il le capitaine des soldats auxquels il est enchaîné. » "Très probablement", a répondu un autre. « Quoi qu'il en soit, » dit un cinquième, « qu'il soit Anglais ou étranger, il est clair qu'il n'est pas un prisonnier de guerre, car jamais on ne chargerait si lourdement de chaînes un prisonnier de guerre d'aucune nation. » Sur cette opinion, et sur celle-là seule, ils étaient tous d'accord ; et j'ai été désigné par le consentement universel comme un criminel audacieux qui avait commis un, voire une foule de crimes atroces. Enfin, quelques-uns de mes anciens amis me virent et me reconnurent. "Bonté divine!" s'écria l'un d'eux, c'est notre vieil ami O'Brien. « Mais pourquoi de telles chaînes, et avec une telle bande ? fut la réponse. Personne n'osait s'approcher pour poser une question ; et, comme je l'ai découvert par la suite, la conclusion générale était que, dans ma tentative de m'échapper, j'avais tué un officier ou un soldat qui s'était opposé à moi, et que j'ai été conduit ici ainsi en sécurité, préparatoire à mon procès et à mon exécution pour meurtre.

Mais il ne fallut pas longtemps avant que mes anciens amis et compagnons, Ashworth et Tuthill, trouvent le moyen de m'attaquer.

Je n'ai jamais été plus abasourdi de ma vie, car je m'étais flatté qu'ils avaient réussi leur évasion, et j'avais été heureux à la pensée, qui s'était imposée dans mon esprit comme un fait, qu'ils étaient arrivés sains et saufs en Angleterre. M. Baker, du service marchand, et en peu de temps tous mes anciens compagnons, m'entourèrent, sauf le pauvre lieutenant Essel ; et, tandis que je m'informais anxieusement de ses nouvelles, à mon grand chagrin, je fus informé qu'il avait été mis en pièces en essayant de franchir les murs, dans une nouvelle tentative de s'échapper. M. Ashworth et Tuthill m'ont dit qu'ils avaient été arrêtés ou repris environ deux heures après s'être séparés de moi dans le bois. En fait, elle avait été si soudainement encerclée par les soldats et les paysans qu'il était impossible d'en sortir. Ils ont ajouté qu'ils n'avaient jamais pu expliquer pourquoi je m'étais libéré. Les autres prisonniers n'avaient pas profité du détournement que nous avions fait en leur faveur, mais étaient restés dans le chariot.

La mélancolique nouvelle de la mort violente de mon pauvre compagnon Essel était un inconfort supplémentaire à mon malheur et à mon angoisse. Je demandais anxieusement des détails lorsque le garde est arrivé et a conduit avec colère mes amis dans leurs cachots respectifs pour avoir osé communiquer avec moi. Moi et les Corses, je fus conduit sans ménagement dans une autre partie de la forteresse, appelée La Grosse Tête.

Je ne tenterai pas de décrire la forteresse de Bitche. Pour donner un détail minutieux de sa force, *souterrains*, etc., rempliraient un volume. En ce moment, il me suffit de dire qu'elle passe pour une des plus fortes fortifications de France, et qu'elle est bâtie sur le sommet d'un rocher immensément élevé, dans lequel sont creusées toutes ses grottes souterraines. Elle possède, d'un côté, trois remparts. Le premier a de 90 à 100 pieds de haut ; le second, de 40 à 50 ; et le troisième, du 25 au 30, avec des redoutes, des retranchements et tous les artifices du génie militaire, presque innombrables. [24] Tandis que j'examinais ces hauteurs et ces profondeurs prodigieuses, il me semblait qu'il était physiquement impossible d'en échapper, et j'étais rempli de désespoir. Rien d'autre que la folie ne pouvait donner envie de tenter de s'échapper. Arrivé au misérable cachot que je devais habiter, mes menottes et mes chaînes furent ôtées, et les déserteurs corses furent conduits aux cellules des condamnés. Ils furent, je crois, fusillés peu après. Un donjon lugubre était ouvert, dans lequel il semblait que j'étais condamné à être enseveli vivant. La solitude me paraissait terrible, et je considérais la « mort vivante » comme mon sort final ; mais j'ai trouvé dans le cachot M. Worth, aspirant, et un capitaine Brine du service marchand. Ce dernier était un de ceux qui étaient venus de Verdun avec moi. Ils étaient sur une porte, qu'ils avaient réussi à décrocher, et qui servait de plate-forme pour les tenir à l'écart des excréments et de l'humidité, qui leur arrivait jusqu'aux chevilles : ils avaient un peu de paille et une couverture. Ils m'apprirent qu'ils avaient été les compagnons du malheureux Essel dans sa tentative tardive de franchir les remparts. Six d'entre eux s'étaient évadés de leur grotte, avaient pris une corde faite de draps et étaient sur le point de descendre, lorsqu'ils furent découverts et l'alarme donnée, ce qui fit que quatre d'entre eux frappèrent ensemble sur la corde, mais seulement assez fort pour en abaisser un à la fois, ou deux au maximum ; la corde se brisa en conséquence. L'un d'entre eux fut mis en pièces, et les trois autres – je crois qu'ils s'appelaient Nason, Potts et Adams – si gravement mutilés et meurtris qu'on avait d'abord peu d'espoir quant à leur guérison ; Worth et Brine furent bientôt saisis par les gardes de l'embrasure. Les autres s'amélioraient alors rapidement, et ils les attendaient au cachot dans quelques jours, dès que le chirurgien les aurait suffisamment bien signalés ; après quoi ils devraient rester dans ce réceptacle d'ordures pendant trente et un jours, temps habituel pour être enterrés vivants dans la première et la plus horrible gradation de notre captivité. Il y avait cinquante marches de pierre profondes sous terre, car je les ai souvent comptées, et les passages les plus sombres et les plus compliqués menaient de là à la maison du geôlier, qui avait la surveillance et la surveillance des prisonniers, en collaboration avec un garde.

Je n'étais pas resté plus d'une demi-heure dans cette demeure lugubre et crasseuse, lorsqu'un *gendarme* vint et demanda *au nouveau arrivé* de le suivre. J'imaginais que c'était pour me libérer (c'est-à-dire de ce cachot), et pour me placer avec mes compagnons, MM. Ashworth et Tuthill, dans une des grottes, ce qui était considéré comme une sorte d'indulgence, ils ayant un lit. et le feu est autorisé dans ce dernier ; mais j'étais grandement dans l'erreur.

Je suivis mon guide à travers tous les passages mentionnés ci-dessus, et j'arrivai enfin à la maison du geôlier ; où je fus abordé, en ces termes, par un homme qui portait une casquette de cuir et une redingote :

-- C'est vous, monsieur, qui nous avez donné tant de peine et qui avez fait transporter les *gendarmes* aux galères.

"Pas à ma connaissance."

"Vous l'êtes, monsieur, et méritez la plus grande sévérité qui puisse être infligée."

Cela m'a incité à demander à être informé de ce qu'il voulait dire.

« Je veux dire, monsieur, répéta-t-il, que vous méritez le châtiment le plus sévère, pour ne pas vous reposer tranquillement avec vos gardes et pour avoir été complice de leur châtiment.

J'ai répondu : « J'étais conscient que j'avais seulement fait mon devoir en m'efforçant d'échapper à l'esclavage, à la tyrannie et à l'oppression, ainsi qu'à toute autre cruauté qui pouvait être inventée. »

Je lui ai montré les marques que j'avais alors sur mes poignets et sur différentes parties de mon corps, exprimant en même temps très chaleureusement ma détestation pour un pays qui pouvait tolérer un tel traitement.

« Je vous prie, dit-il, savez-vous à qui vous vous adressez ainsi ?

"Je ne le fais vraiment pas."

« Alors, monsieur, je voudrais que vous sachiez que je commande tous les prisonniers enfermés dans ce fort ; que j'ai un très grand pouvoir investi en moi et que je pourrais vous placer, en un instant, là où vous ne seriez jamais vu ni entendu parler de vous.

Je répondis : « Que je ne savais pas qu'il était commandant, que je n'avais pas le moindre doute sur son pouvoir, que j'étais loin de vouloir lui causer la moindre offense, que j'étais entièrement en son pouvoir, il pouvait donc agir. par moi comme il le jugeait approprié.

Il écoutait avec une grande attention ; est devenu tout à fait doux et doux ; J'étais extrêmement désolé, mais je ne pouvais éviter de me punir. Il ordonna donc qu'on me reconduise au donjon que je venais de quitter. Mes compagnons me procurèrent à manger ; et je me sentais absolument heureux, quoique dans un endroit si misérable, d'être avec mes propres compatriotes : je n'avais plus à craindre que la guillotine ou l'esclavage dans les galères.

Ainsi, mon esprit étant un peu apaisé et mon moral quelque peu recruté, je rassemblai quelques-unes des pailles éparpillées, m'allongeai sur la plate-forme inventée par mes camarades d'adversité et m'endormis profondément. Quand je me réveillai, la nuit était très avancée. Mes compagnons, d'une manière ou d'une autre, s'étaient procuré un silex, un amadou et une bougie, et nous allumâmes. Ils désiraient avoir le récit de mes aventures, que je leur livrais, et ils me racontèrent en retour leurs malheurs et leurs souffrances. C'est ainsi que je passai ma première nuit dans cet horrible cachot.

Il me restait encore trois et trois livres de mon argent, et avec cela, à force de pots-de-vin, nous obtinrent de l'eau-de-vie auprès du geôlier. Ce stimulus nous paraissait très nécessaire, car les effluves de ce lieu nocif et pestiféré étaient aussi forts et presque aussi offensants que ceux du dernier cachot de

Niederbronn, dans lequel j'avais été enfermé avec les soldats corses. Nous recourûmes aussi au tabac à fumer, ce qui atténuait dans une grande mesure les effets de la fétidité de ce lieu révoltant, quoique cela me rendît très malade. Je reçus maintenant une nouvelle secrète, qu'une Madame B-l-a-d, dans la petite ville de Bitche, avait récemment reçu, par l'intermédiaire de mon digne ami, le révérend Launcelot C. Lee, l'ordre de subvenir à mes besoins pécuniaires. veut dans une certaine mesure; et je n'ai pas besoin de dire à quel point cet acte attentionné et humain de générosité et de gentillesse avait exalté mon esprit abattu.

Je n'ai pu m'empêcher d'exprimer à mes camarades mon étonnement devant l'immense force et la sécurité de nos donjons. Ils surpassaient tout ce que j'avais jamais vu, ou tout ce dont je m'étais jamais fait une idée ; et il me paraissait merveilleux de voir comment les hommes pouvaient imaginer et construire de tels lieux pour le tourment et la lente destruction de leurs semblables.

Il fallut le lendemain avant que nous puissions obtenir quoi que ce soit pour recruter la nature épuisée, bien que nos cris sur le nom du geôlier, La Roche, eussent été mille fois repris du fond de notre cellule. Nous avions appelé à tour de rôle, mais nous étions tous presque épuisés, lorsque l'individu arriva aux barreaux du petit trou qui donnait accès à l'air ; et après avoir sollicité et prié, flatté et supplié toutes ses bonnes qualités (Dieu nous pardonne notre hypocrisie !), le coquin a accepté de nous donner quelque rafraîchissement. Il le fit passer à travers les triples barreaux du trou, car on ne lui avait pas confié les clefs de la porte, et tout ce qu'il apportait, nous le dévorions avidement.

Je demandai à mes compagnons s'il ne leur était jamais permis de respirer de l'air frais ; et, à mon grand regret, ils répondirent que jusqu'à présent ils n'avaient jamais bénéficié de cette indulgence. Il me paraissait impossible de vivre plusieurs jours dans un tel endroit sans cela. J'ai dit à mes compagnons de souffrance que je pensais qu'il serait opportun de solliciter l'indulgence par une lettre commune au commandant, exposant notre situation, en demandant en même temps la mort immédiate, s'il avait l'intention de nous priver de la santé, et ainsi nous fait nous attarder et met fin peu à peu à une existence misérable.

Cette application a eu l'effet escompté, et nous avons pu respirer l'air tous les jours, entre onze heures et une heure. Ce premier jour, alors que je respirais l'air, ce qui nous prouva un soulagement inexprimable, je fus informé par un des *gendarmes* que le lendemain de mon évasion, leur commandant avait donné des ordres stricts aux hommes de son armée. corps, qui avaient été envoyés parcourir les bois et la campagne à ma recherche, que, dans le cas où ils me *trouveraient*, ils me cicatriseraient et me défigureraient avec leurs sabres *au front et au visage* , et me mutileraient de telle manière. une manière qui s'avérerait un exemple pour dissuader, à l'avenir, tout prisonnier de guerre britannique de tenter de s'évader. Cette circonstance, j'ai entendu souvent la répéter depuis par d'autres du même corps.

Quand je leur ai posé la question de savoir si, en cas de rencontre avec moi, ils auraient effectivement exécuté ces injonctions, certains ont fait une réponse évasive et ont hésité ; tandis que d'autres, plus francs, reconnaissaient qu'ils auraient été obligés d'obéir à leurs ordres *à la lettre* , et que, bien entendu, il leur aurait été demandé de déclarer, pour justifier une telle conduite, qu'ils n'avaient pas d'autre choix, comme je l'ai dit. ne se rendit pas, mais résista désespérément. Aucune supplication, quelle qu'elle soit, ne pouvait nous procurer plus de propreté. Notre situation était littéralement pire que celle des cochons ou des chiens.

Nous avons alors recommencé à élaborer et à méditer des plans d'évasion. L'un d'eux a proposé de saper le donjon. Je ne voyais aucune chance de réussir sur ce point. Cependant, j'étais prêt à essayer tous les moyens pour retrouver ma liberté. On se procura avec beaucoup de difficulté des marteaux et des ciseaux, et nous les emportions toujours sur nous, car le donjon était saccagé chaque jour en notre absence. Nous accrochâmes un vieux manteau contre la partie du rocher par laquelle nous avions l'intention de commencer. Il fallait une corde pour descendre les remparts après notre sortie du donjon ; nous avons donc, par l'intermédiaire de quelques amis, qui avaient obtenu la permission de venir nous voir, avons réussi à acheter du gros linge pour les chemises (ce dont nous avions vraiment besoin), et des cordonniers parmi les prisonniers nous avons reçu de temps en temps une pelote de ficelle. Nous nous procurâmes peu à peu des aiguilles, de la cire d'abeille, etc., et fîmes une corde de quatre ou cinq brasses pour chacune, que nous *marbrâmes* avec le reste de la ficelle et que nous passâmes serrée autour de notre corps sous la chemise. Notre temps de travail a commencé immédiatement après notre enfermement après avoir respiré l'air frais. La nuit ne suffirait pas, car il faudrait des bougies, et nous aurions pu être aperçus à travers les barreaux par nos sentinelles.

L'entreprise de sape s'est avérée impraticable et a par conséquent été abandonnée. Ayant une corde, nous nous flattions de pouvoir un jour, tout en respirant l'air frais, pouvoir échapper à la vigilance des sentinelles et escalader les murs. Cependant, ce plan s'est avéré si difficile à réaliser qu'il a été abandonné, et notre seul espoir était d'avoir l'occasion d'utiliser la corde lorsque nous serions libérés de notre donjon actuel et placés dans un autre *souterrain* ou appartement du forteresse.

La nuit de Noël arriva, mais sans joie de Noël, etc., ni gaieté. Nous réfléchissions à nos misères sans rien pour les apaiser. L'air de « Oh, le rosbif de la vieille Angleterre ! » cela nous viendrait à l'esprit, et des plum-puddings visionnaires et de riches surlonges tourmenteraient l'imagination. Toute l'hospitalité, la gaieté et la bonté qui se manifestent dans nos îles natales lors de cette fête étaient clairement présentes dans nos souvenirs. « *Nessun maggior dolor che ricordarsi del tempo felice nella miseria* » était désormais pleinement vérifié. Des pensées intenses et des sentiments intenses envahirent mon corps, et je tombai enfin dans un profond sommeil. Peu de temps après, j'ai été soudainement réveillé par mes amis et violemment traîné dans un coin de ma cellule. Après avoir demandé ce que cela signifiait, j'ai été informé que la sentinelle avait brûlé les barreaux de M. Worth et avait de nouveau cassé son mousquet avant que j'en sois informé ; s'il était parti, le ballon aurait dû me traverser le corps, car j'étais à bout portant face aux barreaux. L'individu avait demandé à M. Worth d'éteindre sa bougie, et il avait refusé, sur quoi le misérable insensible (peut-être ivre), sans dire un mot de plus, lui avait lancé deux fois son morceau - une méthode sommaire pour faire respecter les ordres. Nous nous plaçâmes bientôt là où il ne pourrait pas nous atteindre, même si son fusil partait . La bougie brûlait toujours, et cette sentinelle ardente, quoique sans feu, fut obligée de se tourner vers la suppliante et de nous prier de l'éteindre. Pendant tout le temps de sa supplication, il gardait son morceau pointé vers la bougie. Nous avions eu une grande expérience du caractère de ces coquins et nous nous étions soigneusement tenus à l'écart de son chemin. A minuit, il fut relevé, et nous fîmes connaître sa conduite au caporal de la garde, qui le réprimanda sévèrement et nous donna la permission de garder notre bougie allumée. Quel était le mal ? Nous ne pouvions ourdir aucune trahison ni inventer aucun stratagème à la lumière d'une lampe de poche ; nous ne risquions pas non plus de mettre le feu à un donjon de pierre humide et voûté.

La conduite de cet individu, cependant, avait été si scandaleuse que nous avons décidé de le signaler au commandant le lendemain, et nous avons essayé de nous calmer pour le reste de la nuit, remerciant la Providence de ce que, grâce au tir manquant de son mousquet, nous avions échappé à son intentions meurtrières.

En conséquence, pendant notre absence, je fis part de ce qui s'était passé au *maréchal de logis* , M. Mitchell, qui commandait en second. Je lui ai fait remarquer l'inhumanité de ce misérable, en s'efforçant de priver de la vie de pauvres prisonniers de guerre, qui avaient déjà été placés dans le plus horrible état imaginable, pour avoir allumé un pouce de bougie la nuit de Noël. Il répondit avec beaucoup de *sang-froid* : « Mais son morceau n'a pas explosé ; aucun de vous n'a été blessé ; et à quoi bon y prêter davantage attention ?

23 janvier 1808. — Nous fûmes enfin conduits du donjon à un misérable trou souterrain, où je descendis par trente marches de pierre abruptes, où MM. Tuthill et Ashworth, avec cinquante de nos compatriotes, étaient déjà enterrés vivants. Je restai là, planifiant et complotant tout ce qui était possible pour réaliser mon évasion, mais en vain. Cependant, je portais constamment la corde autour de moi ; pourtant les gardes étaient si vigilants que j'avais très peu d'espoir de pouvoir un jour en faire l'usage prévu.

Cela s'est poursuivi pendant les mois de février, mars, avril, mai et juin ; au bout de quoi le commandant eut la bonté de me permettre de monter dans une petite salle, où il y en avait déjà douze autres. Cette indulgence, eut-il la courtoisie de dire, était la conséquence de ma bonne conduite. MM. Tuthill, Ashworth et Brine étaient du nombre. Ce dernier portait sa corde comme moi, et était la seule personne du groupe, alors dans la pièce, à savoir que j'en avais une. Nous devenions chaque jour plus intimes grâce à cette confiance l'un dans l'autre ; et après un grand nombre d'efforts infructueux, le 17 juillet 1808, la durée de notre esclavage parut toucher à sa fin : ce jour-là, un des marins, un jeune Irlandais dont j'ai oublié le nom, me dit en secret : — qu'un groupe avait l'intention de sortir du *souterrain cette nuit-là* ; qu'il était l'un d'entre eux ; et il m'a informé qui étaient les autres. J'ai commencé à regretter d'avoir quitté la grotte. Cependant, j'imaginais qu'il y avait une probabilité de passer la nuit chez eux. J'ai donc attendu les chefs de ce groupe pendant leur temps pour respirer l'air, et, sans laisser entendre mes motivations, j'ai demandé qu'ils me permettent de leur rendre visite dans la grotte, ou *souterrain* , ce soir-là. Ils me regardèrent fixement, et l'étrangeté de la demande leur fit soupçonner que j'avais connaissance de leurs desseins. Connaissant leur entière confiance en moi, je n'ai pas hésité à leur dire la vérité. Malgré tout ce qui était élogieux dans leurs opinions à mon sujet, ils refusèrent toujours d'accéder à ma demande ; car ils m'assurèrent qu'ils ne pouvaient pas s'écarter de leur plan fixé, c'est-à-dire qu'aucun de ceux d'en haut ne devait être admis en bas. Le motif en était la crainte d'exciter les soupçons, car il fallait obtenir la permission du *maréchal de logis* pour que nous puissions aller dans la cellule inférieure, et même la demander risquait de mettre les autorités sur le *qui vive* . Je me suis senti très mortifié de mon exclusion de l'entreprise. A l'heure habituelle, six heures du soir, on les fit descendre pour être enfermés, mais tandis qu'ils descendaient, je leur dis que je ne désespérais pas de les rejoindre ce soir-là. Après que leurs portes furent fermées, j'avais observé que le *maréchal de logis avait l'habitude* de quitter la forteresse pendant quelque temps, et cette nuit j'observais son départ avec inquiétude. Vers six heures et demie, je le vis sortir ; à sept heures, c'était notre tour d'être enfermé. Cet intervalle était pour moi capital : il ne fallait pas perdre de temps. Jamais je n'ai été dans un plus grand état d'anxiété. Enfin, je m'approchai hardiment du *gendarme* de garde, qui s'appelait Buché, et lui dis que j'avais été invité à célébrer l'anniversaire de la nuit d'anniversaire d'un vieil ami dans le *souterrain* et qu'il m'obligerait beaucoup en me permettant descendre. Il hésita. « Non, mon aimable monsieur Buché, dis-je très poliment, quelles appréhensions pouvez-vous avoir ? Ne suis-je pas bien plus en sécurité dans le *sous-sol* que dans la cellule à l'étage ? Cette observation opportune le satisfit et je reçus sa permission de descendre.

J'ai immédiatement informé MM. Tuthill, Brine et Ashworth de mon succès, lorsqu'ils ont également persuadé le garde de les laisser se joindre à la célébration de la nuit d'anniversaire. J'avais peur que leur candidature ne crée des soupçons et ne m'empêche même d'adhérer au parti ; mais j'étais heureux de constater que c'était tout le contraire qui se produisait. Ma renommée pour les stratagèmes d'évasion était malheureusement si grande que toute demande que je pourrais faire évoquait immédiatement une foule de soupçons confus ; mais quand le pauvre M. Buché trouva tant de gens désireux de célébrer la nuit de naissance, il en conclut qu'il y avait réellement une nuit de naissance à célébrer, même s'il aurait pu frapper un cerveau plus intelligent que c'était plutôt une absurdité pour les hommes de célébrer quoi que ce soit qui avaient à peine assez de nourriture à mettre dans leur bouche.

Cependant, ce n'était pas notre affaire d'être trop curieux, et je descendis avec mes compagnons. En approchant de la grotte, mes oreilles furent frappées par le vacarme de la gaieté, astucieusement simulée pour empêcher les sentinelles d'entendre le bruit des ciseaux, des scies et autres outils, dont je croyais qu'ils travaillaient dur. Certains chantaient ou criaient, d'autres dansaient, d'autres encore faisaient hurler et aboyer leurs chiens, et ce, d'une manière peu douce ; et la tromperie était si admirablement entretenue que le geôlier et les gardes auraient pu supposer qu'il y avait une bruyante saturnale en fête parmi leurs prisonniers. Avant sept heures, nous étions au milieu de ces « joyeux camarades », et nos gardes nous enfermaient tous ensemble, riant que nous, les Anglais, puissions nous rendre si heureux avec peu ou rien. Nous avions emporté avec nous quelques nécessités pour la nuit, qui ne pouvaient être observées, dans nos poches.

Nos amis nous reçurent à bras ouverts et admirèrent notre persévérance. J'ai trouvé qu'ils s'entendaient vite ; les mineurs étaient très actifs. Une porte était déjà forcée. La deuxième porte était une immense porte en fer ; il était impossible de le percer ; les mineurs avaient donc travaillé la terre et les roches en dessous. Il était dix heures et demie lorsque nous trouvâmes un trou assez grand pour qu'un petit homme puisse s'y faufiler, ce qui lui permit de forcer les verrous et les barres du côté opposé et d'ouvrir la porte. Cet homme, dont le nom était Daly, fut plus tard agent de la marine et vécut à Greenwich : il s'échappa de Verdun avec, je crois, le docteur Clarke, et débarqua sain et sauf en Angleterre. Les principaux obstacles étaient maintenant supprimés, de l'avis de tous, et il ne restait plus que deux petites portes pour nous empêcher d'avancer vers un passage souterrain qui conduisait hors du fort. C'était une communication très complexe, et nous devions nous frayer un chemin jusqu'à ces petites portes, car il était dangereux d'avoir la lumière d'une bougie.

Quelques malheureux prisonniers anglais, par trahison entre eux, avaient été sabrés dans le même passage des années auparavant, dans une vaine tentative de s'évader pendant la nuit. Quelle valeur aurait eu une lanterne noire maintenant ! Tout le monde, à l'exception des quelques personnes désignées pour forcer les portes, se préparait à s'enfuir. Il était presque minuit. Notre empressement à forcer la troisième porte a fait reculer le verrou, ce qui a provoqué un bruit qui a été entendu par les sentinelles du dehors. Cela provoqua une alarme générale qui fut immédiatement vaincue : tous les espoirs étaient finis. « Quels malheureux ! » furent les seuls mots qu'on put entendre, chacun s'efforçant de rejoindre sa place respective avant l'entrée des gardes. Ceux qui étaient partout dans la terre essayaient de se déshabiller et de cacher leurs vêtements ; la confusion était grande dans toutes les parties de la grotte ; courir les uns contre les autres, se tromper de lit, de vêtements, etc., était tout à fait ridicule. Les visiteurs étaient, parmi tous les autres, les plus mal lotis : leurs amis, chez qui ils venaient passer la soirée, n'avaient pas de lit à leur proposer. Les portes s'ouvraient maintenant, les gardes entraient, et moi, qui était partout dans la terre, je me promenais sans trouver d'endroit où me faufiler. Par accident, je suis tombé sur un lit et j'ai immédiatement rampé sous les couvertures, avec mes bottes et tous mes vêtements. Les gardes passèrent près de moi, avant même que je m'installe ; mais ils étaient trop occupés à atteindre l'endroit d'où ils croyaient avoir entendu le bruit. Dans notre grotte, à cette époque, tout était silencieux. Vous avez peut-être entendu une épingle tomber. Tous les prisonniers semblaient profondément endormis, et un ou deux ronflaient même. À la lumière du garde, alors qu'ils passaient, je découvris que j'étais dans le lit d'un domestique, un Américain nommé Clarke. Il était si intolérablement ivre (ils réussirent cette nuit-là à faire entrer clandestinement du *snique* ou du cognac) que je mis longtemps avant de pouvoir le réveiller ; et lorsqu'il était éveillé, j'avais autant de peine à lui faire comprendre qui j'étais et pourquoi je m'étais mise dans son lit. Je craignais que l'homme stupéfait ne pousse quelque éjaculation qui pourrait tout dévoiler. Heureusement cependant, aussitôt qu'il put comprendre ce que je disais, il me pria de me couvrir le visage et m'aida à me cacher du mieux qu'il put. Il apparut ensuite qu'il s'était couché pleinement conscient du rôle qu'il allait jouer le lendemain matin, et qu'il s'était un peu enivré pour lui donner du courage pour son entreprise ; et comme dans l'ivresse, un peu amène toujours plus, il s'était enfin beaucoup enivré, dans l'illusion qu'il se rétablirait avant l'heure du décampement. C'est là, je crois, l'illusion commune à tous les ivrognes débutants.

En découvrant que la première porte avait été ouverte, le commandant de l'équipe de recherche dit, avec un ricanement : « Qu'il nous donnerait des semaines pour passer la suivante ; » c'est-à-dire la porte en fer lourde et massive que j'ai déjà décrite. En avançant de quelques pas, un des gardes proclama, avec un horrible juron, que même la porte de fer avait été forcée. Cela mit l'officier dans une colère furieuse, et il jura outrageusement contre les « *sacrés coquins, les Anglais* », poussant une tirade de serments sur sa résolution de découvrir les chefs d'une si horrible conspiration. « Où sont les visiteurs ? s'écria-t-il d'une voix furieuse. « Où sont ceux qui, si j'ai bien compris, ont persuadé les *gendarmes* d'être admis en cellule ? Ils doivent être les auteurs de cette horrible affaire, de ce complot.

La passion n'est jamais rationnelle, sinon elle aurait appris à cet officier que ceux qui avaient été admis comme visiteurs pour une seule soirée ne pouvaient pas être les auteurs d'un complot qui devait avoir été actif pendant plusieurs jours, ou semaines, voire plusieurs mois. .

L'officier furieux a appelé la liste de rassemblement des visiteurs, et Tuthill, Ashworth et O'Brien ont résonné dans ses poumons en colère. J'étais un trop vieux marin pour remarquer le premier appel. Les deux premiers officiers furent assez indiscrets pour répondre. Ils pensaient qu'en étant déshabillés et au lit, ils pourraient échapper à tout soupçon. Mais le résultat fut bien différent. On leur ordonna de se lever, de mettre leurs vêtements et, sous un usage très brutal, ils étaient sur le point d'être conduits vers ce qui avait été mon ancienne habitation, le donjon. L'officier enragé répéta de nouveau mon nom : O'Brien. Le pauvre M. Brine a répondu à l'appel ; et on lui ordonna, sans cérémonie, de s'habiller, et on le força de rejoindre les deux autres. Le nom d'O'Brien résonna de nouveau sur les lèvres de l'officier enragé ; mais M. O'Brien n'avait pas plus envie de répondre à l'appel qu'il ne l'avait eu au début. Le domestique ivre s'était suffisamment remis pour comprendre toute la scène, et il joua son rôle avec beaucoup de tact. Je restai sous les draps, tandis qu'il se redressait, les genoux si relevés qu'il était impossible de me découvrir. Il protesta qu'il était seul au lit ; et les apparences favorisaient son affirmation, les gardes ne le dérangeaient pas, mais passèrent au lit voisin. Pour ma part, je ne voyais aucune possibilité de m'échapper, car les chercheurs savaient bien que je me trouvais en bas, et j'étais souvent sur le point de sauter et de rejoindre mes camarades, qui étaient maintenant mis en marche vers le donjon. Le serviteur ivre observa astucieusement : « Qu'il serait temps de me joindre à cette fête lorsque je serai découvert, et que je devrais attendre patiemment le résultat. » J'ai trouvé beaucoup de raison dans ce qu'il disait et je suis resté silencieux. Il y avait trois ou quatre autres meneurs (comme ils les appelaient) découverts par l'argile et la terre trouvées autour de leurs vêtements, et tous furent escortés jusqu'au terrible cachot. Les portes furent alors verrouillées, des sentinelles étant placées sur celles qui avaient été forcées. Je m'attendais à ce que les gardes reviennent à la recherche d'un autre groupe de meneurs, et je restais anxieux en attendant leur arrivée. En attendant, j'étais d'avis qu'il valait mieux enlever mes bottes et mes vêtements. J'ai donc dépouillé et caché ceux qui étaient pleins de terre et de saletés dans différentes parties du *souterrain* . Un certain temps s'écoula, mais aucun retour des gardes ne me dérangea. Je me ressaisis comme je pus : mon compagnon de lit me laissa en pleine possession, et je tombai dans un profond sommeil.

Quand je me suis réveillé, il faisait jour. L'heure habituelle pour permettre aux prisonniers de respirer l'air frais était arrivée ; mais les portes ne furent pas ouvertes comme auparavant : et on fut bientôt informé qu'elles resteraient fermées à clé, jusqu'à ce qu'ils jugent à propos de livrer les noms de tous ceux qui avaient eu l'intention de s'échapper la nuit précédente. Les prisonniers se moquèrent d'une telle proposition, car il n'y avait rien de plus certain que tous ceux qui avaient été capables de marcher auraient saisi une si belle occasion de recouvrer leur liberté. Après réflexion, il fut convenu de ne donner que les noms de ceux qui se trouvaient déjà dans le donjon, étant certains d'être punis. Le commandant n'accepta pas l'affirmation d'un si petit nombre de noms et le *souterrain* resta verrouillé. En tout cas, j'étais sûr de ne pas sortir de ma chambre, car il n'y avait aucune possibilité d'y revenir. A onze heures, on nous rassemblait généralement : le *gendarme* qui nous avait donné la permission de descendre était en détention, et il parut qu'il n'avait pas donné les bons noms au début, et qu'il n'avait pas été interrogé surtout par la suite, ce qui expliquait l'incident. erreur entre mon nom et celui de M. Brine. Cependant, le moment qui ne me laissait aucun espoir ni possibilité d'éviter d'être détecté approchait rapidement.

A neuf heures, le commandant M. Clément et tous les autres officiers de la garnison descendirent pour constater les ravages que les prisonniers anglais avaient faits dans l'ingénierie de la fortification.

Ils ne trouvèrent parmi nos outils qu'un vieux morceau de scie, un seul marteau et quelques burins, et ils exprimèrent tous leur étonnement de ce que nous ayons fait de si grands progrès à travers des obstacles aussi massifs en si peu de temps et avec une telle rapidité. outils peu nombreux et mauvais. Durant cette enquête, j'eus beaucoup de peine à me cacher ; et, même si j'y parvenais, je savais qu'en fin de compte cela ne servirait à rien, car lorsque onze heures arriveraient, mon sort serait décidé.

Vers dix heures, un chargement de bois arriva pour les prisonniers. On demanda alors la permission de faire ouvrir les portes, afin qu'ils puissent monter le chercher. Cela fut refusé, et les prisonniers des pièces supérieures reçurent l'ordre de jeter le bois à ceux du cachot, par les trous d'aération, mais, heureusement pour moi, les bûches étaient trop grosses pour passer à travers les grilles. Nos gardes furent donc obligés d'ouvrir le *souterrain* et de laisser monter un certain nombre de prisonniers pour y descendre le bois. Une garde stricte était placée à la porte.

Je parvins à descendre des vêtements propres, qu'on me fit passer à travers les barreaux, et je concertai un plan avec un de mes codétenus qui descendait le bois, un homme très respectable et bien conduit, un sergent de marine. du HMS *Magnifique* . Il devait faire un signe particulier, en posant la main sur la partie arrière de sa tête, lorsque les yeux du garde étaient hors de la porte ; ce qu'il fit, et à cet instant je glissai, ou plutôt sautai.

Les sentinelles me saisirent et me prièrent de redescendre sur-le-champ. Je demandai pourquoi ils ne me permettaient pas de monter, puisqu'ils venaient tout juste de me permettre de descendre ? Je leur ai dit que je n'appartenais pas au *souterrain* et que j'y étais descendu simplement par curiosité pour voir ce qu'avaient fait les prisonniers la nuit dernière. Je rappelai leur erreur à ceux qui avaient l'habitude de rassembler la chambre à laquelle j'appartenais, et leur demandai comment ils pouvaient supposer que j'appartenais au *souterrain* ? Ils me regardèrent, parurent convaincus et surpris de ne pouvoir se rappeler que je les avais croisés dans ma descente, me demandèrent pardon et me laissèrent poursuivre ma route. J'atteignis mon propre appartement où, en quelques secondes, je fus indisposé et bien au chaud dans mon lit. J'évitai ainsi d'être envoyé aux galères : car, après mes tentatives réitérées d'évasion, une découverte de plus m'aurait livré à cet horrible sort.

Il n'y avait aucun danger que je sois découvert maintenant, jusqu'à ce que le *gendarme* , qui m'a donné l'autorisation, soit libéré. Dans l'après-midi, j'obtins l'autorisation d'aller au cachot, pour voir mes pauvres camarades et leur présenter mes condoléances. Ils se réjouissaient beaucoup de ma bonne fortune, mais craignaient que mon stratagème ne soit bientôt découvert. Huit jours se sont écoulés : je rendais souvent visite à ces pauvres gens pendant ce temps-là. Le *gendarme* Buché fut alors relâché, et je fus obligé de rester constamment dans la chambre lorsqu'il était de service ; et, quand il est venu nous rassembler, j'étais couvert dans mon lit. Ils ne prononçaient jamais de noms : compter les têtes était leur méthode, qui me convenait admirablement. Cinq jours s'étaient encore écoulés de la même manière, lorsque nous reçumes l'ordre de préparer une revue générale, qui a habituellement lieu une fois par mois.

4 août. — Ce jour-là, nous fûmes tous mis en rang et minutieusement inspectés. Il est apparu à mes amis et à moi-même que je ne pouvais pas éviter d'être découvert à cette occasion, car tous les *gendarmes* étaient présents. Il n'y avait aucune exception ou excuse de maladie à faire ; si un prisonnier était capable de ramper, il devait s'y rendre, et ils étaient souvent transportés. Je pris place dans les rangs, m'attendant dans quelques minutes à me retrouver dans les limbes avec mes anciens compagnons.

Le *gendarme*, que j'avais si longtemps évité, avait les yeux rivés sur moi. J'avais reçu l'information qu'il allait faire savoir au commandant Clément ou au général Maisonneuve, que je l'avais importuné plus que les autres, et que c'était lui qui l'avait décidé à ne rien laisser tomber. Il fut étonné de me voir, ayant été informé que j'étais dans le donjon avec les autres. Peu de temps après, il m'a dépassé et je l'ai vu aller parler aux deux officiers mentionnés ci-dessus : j'étais alors sûr qu'il avait terminé l'affaire. L'examen a eu lieu ; chacun a été inspecté et certains se sont vu poser plusieurs questions. J'ai été ignoré avec très peu de préavis. Je ne pouvais pas m'en expliquer, mais j'étais d'avis qu'ils auraient dit quelque chose à ce sujet s'ils en avaient eu connaissance. J'ai été heureux lorsque nous avons tous été licenciés et que les officiers ont été autorisés à prendre leur retraite. Ma fuite me paraissait inexplicable, mais elle n'en était pas moins bienvenue ; J'étais cependant si confus de ma bonne fortune que je pressentis qu'il y avait en réserve quelque mal latent.

Pendant que j'allais de long en large, dans un dilemme embarrassant, le *gendarme* Buché s'approcha et m'aborda en ces termes :

« Par quel miracle es-tu échappé du donjon ? Comment, au nom de tous les merveilles, es-tu sorti du *souterrain* ? Je t'ai vu marcher quelques jours, mais peut-être ne m'as-tu pas vu.

Il n'y avait aucun doute sur ce qu'il voulait dire, mais, plein d'appréhensions comme j'étais, je résolus de paraître étonné qu'il ose ainsi s'adresser à moi, et de persévérer dans l'affirmation de mon ignorance de tout ce à quoi il faisait allusion.

"Priez, monsieur," répondis-je, "et pourquoi devrais-je être mis dans le donjon ?"

"Mon Dieu!" s'écria-t-il étonné de mon effronterie, n'êtes-vous pas la personne même qui fut principalement l'occasion pour moi de vous laisser, vous et vos trois compagnons, rendre visite à vos amis et célébrer l'anniversaire d'un anniversaire, comme vous appeliez ?

« Vous avez certainement dû vous tromper, monsieur ; ce n'était pas moi, répondis-je avec un air d'innocence offensée.

Cet homme ne devait pas être intimidé ou imposé de cette manière. Il s'en est tenu à son texte et a insisté sur le fait que j'étais le coupable ; mais, à mon grand soulagement, il ajouta qu'il n'avait aucun désir de me voir puni, car, sa punition étant terminée, la mienne ne pouvait lui apporter aucun soulagement. J'étais heureux de trouver un être humain si dépourvu de l'esprit de vengeance ; et pourtant l'homme ajoutait qu'il en aurait parlé au général et au commandant, si sa femme ne l'avait persuadé - *Anglicè* , lui avait ordonné et contraint - de ne pas le faire. Peut-être la dame avait-elle eu quelques peccadilles de la part de son mari à ressentir, et n'était-elle pas trop affligée du châtiment dans lequel je l'avais trahi.

Je gardai toujours mon digne sang-froid et lui assurai qu'il ne perdrait rien par son indulgence et pour ce qu'il en avait souffert, car je connaissais la générosité du *monsieur* pour le compte duquel il avait été mis en détention.

À cela, il ne put retenir son visage plus longtemps, et il éclata d'un rire de cheval à mon visage. J'ai été obligé de jeter le masque. Il m'a serré la main et nous sommes devenus de si bons amis qu'il m'a même emmené au cachot cet après-midi-là pour voir mes malheureux compagnons. Rien ne pouvait les étonner plus que ma comparution avec cet homme, qu'ils croyaient moralement impossible à apaiser, car son indulgence envers moi avait conduit à sa disgrâce et à son châtiment. Je leur racontai tout ce qui s'était passé et le dialogue qui avait eu lieu ce jour-là entre lui et moi, dont ils me félicitèrent tous et me traitèrent de prisonnier le plus heureux de la forteresse.

CHAPITRE XIII

Un procès à Metz. — Des officiers anglais condamnés aux galères. — Forge et usage de faux passeports. — Les conséquences. — Un nouveau projet d'évasion. — Une nuit favorable mais des sentinelles défavorables. — Un dîner d'adieu. — Une nouvelle tentative d'évasion. — Une descente des remparts par une corde. - Dissimulation dans un fossé - Descente d'un glacis - Un adieu au Manoir des Larmes - Direction le Rhin - Dissimulation dans un bois - Refuge dans une vigne - Chasse à un renard - Dérangé dans notre antre - Une fuite et ses dangers - Le Bords du Rhin. — Passage du fleuve. — Une joyeuse évasion en territoire neutre. — Confort potentiel d'une auberge et d'un rafraîchissement.

CE fut le lendemain (5 août 1808) que mes malheureux compagnons reçurent l'ordre de se préparer à une marche sur Metz, où ils furent envoyés sous forte escorte, pour y subir leur procès comme conspirateurs. Comment la simple tentative d'évasion de prisonniers de guerre pouvait relever d'une telle catégorie de crimes m'était inexplicable. Buché, le *gendarme*, reçut l'ordre de se rendre à Metz, pour agir en double qualité de procureur et de témoin principal. J'étais désormais entièrement au pouvoir de cet homme. Un seul mot de sa part m'aurait mis au nombre des proscrits et des condamnés ; car être jugé et condamné devant un tel tribunal équivalait à la même chose. Je me trouvais heureux que Buché ne me dénonce pas.

J'eus la mortification de voir mes pauvres compagnons lourdement repassés et enchaînés. Après avoir été enfermés pendant plusieurs jours dans leur tanière crasseuse et pestiférée, ils devaient parcourir vingt-cinq lieues pour être soumis à leurs épreuves fictives. Nous nous séparâmes le plus affectueusement possible, et j'aurais presque volontairement pu partager leur sort : « Notre crime était commun », selon les mots du poète, et je ne pus m'empêcher de répéter la fin du vers, « et commune soit la douleur. .»

Quelques jours plus tard, je reçus une lettre de mon ami M. Ashworth, me racontant mélancoliquement le procès ; et il conclut en déclarant que lui-même et plusieurs de nos amis furent condamnés « *comme esclaves des galères à quinze ans* ». *M. Tuthill a été condamné à seulement neuf ans.* [25] »

J'ai été si choqué par cette partie de l'information que j'ai laissé tomber la lettre, sans aller plus loin, et je me suis dépêché de raconter la nouvelle affligeante à mes frères prisonniers. Les sentiments d'indignation qu'elle suscitait étaient extrêmes, et bien que sous le pouvoir absolu de l'ennemi, nous nous écriions haut et fort contre la barbarie et la tyrannie d'une nation qui se disait civilisée et qui pouvait souffrir qu'une telle sentence judiciaire soit prononcée ou exécutée.

Après que les premiers bouillonnements de rage et d'indignation furent apaisés, un de mes amis ramassa la lettre, et tout changea rapidement ; car, en lisant plus loin, il constata que la sentence du tribunal avait été annulée. Si grande que fût cette consolation, elle n'altéra en rien mes sentiments à l'égard du chef de la nation française.

La lettre continuait en m'informant que deux de nos marins étaient condamnés aux galères pour six ans et qu'ils avaient effectivement été renvoyés à leur destination. Cela m'a semblé horrible.

J'ai connu ces deux malheureuses victimes. L'un était italien de naissance et l'autre anglais. J'ai découvert que le premier, John Gardner, *alias* l'Italien John, avait été condamné pour avoir fabriqué un faux passeport pour l'autre, un certain Henry Hudsell, *alias* Quiz. Hudsell s'est échappé de Bitche et a parcouru plusieurs lieues avec ce passeport fictif, avant que l'imposition soit découverte. Si le lecteur veut seulement considérer le traitement que nos prisonniers ont enduré, sans aucune perspective d'échange pendant la guerre, et que, bien que ce crime puisse être qualifié de contrefaçon, il n'a pas été commis dans le but de molester ou de blesser qui que ce soit, mais a été simplement projeté de libérer le porteur, je n'ai pas le moindre doute qu'il sera d'accord avec moi dans l'opinion, qu'il est bien loin de mériter une peine égale à six ans, avec toutes dénominations de malfaiteurs, de galères.

Il y avait un Anglais récemment arrivé des galères, qui avait servi dans notre armée sur le continent, sous les ordres de Son Altesse Royale le duc d'York ; son nom, autant que je me souvienne, était Barnes. Il a déclaré que lui et quelques autres avaient été faits prisonniers par les Français et que, par accident, un de leurs gardes avait été tué. Tous les prisonniers furent accusés et condamnés à douze ou treize ans d'esclavage, je ne sais pas exactement lequel ; cependant, il était le seul survivant. Son temps écoulé, on le conduisit au dépôt du supplice, pour y être encore considéré comme prisonnier de guerre. Il incombait sûrement à notre gouvernement, lors de la paix de 1814, d'ordonner une enquête rigoureuse pour savoir si l'un de nos compatriotes souffrait encore dans les galères !

Septembre 1808. — J'avais alors un autre projet d'évasion en contemplation, et avec tous les espoirs de succès. L'arrivée d'un M. Hewson et d'un M. Butterfield, aspirants (qui, en mars dernier, s'étaient échappés de Verdun et étaient descendus dans le golfe de Lyon, en Méditerranée, où ils avaient été arrêtés et ramenés à Bitche)), a beaucoup favorisé mon projet. M. Hewson étant un ami intime et une très vieille connaissance, je lui ai fait part de mon projet, et il s'est extrêmement réjoui de l'occasion si bientôt offerte de tenter à nouveau de s'en aller. Cependant, il fallut attendre un certain temps, car il fut placé dans le *souterrain* . En quelques jours, à la suite d'une indisposition réelle, il parvint à être transporté à l'étage dans une chambre réservée aux malades. Je n'attendais plus que le digne Hewson ; il fallait s'efforcer de le faire monter dans ma chambre : il ne restait plus d'autre perspective. Il en fit la demande par lettre au commandant ; et le 11 septembre il réussit. Nous ne souhaitions plus qu'un moment favorable. Le lendemain, M. Barklimore, un de nos amis communs, a également reçu la permission de résider dans notre appartement. Ce monsieur est actuellement un chirurgien réputé à Charlotte Street, Bloomsbury. Nous n'étions heureusement que sept, les autres pauvres gens étant à Metz ; et sur ces sept, trois étaient confinés dans leur lit. Le quatrième était un certain M. Batley, officier dragon du service de la Compagnie des Indes orientales, qui avait été capturé dans le paquet *Bell* , à destination de l'Inde. Il était resté longtemps dans la pièce et m'a informé qu'il avait deviné ce que nous faisions et a demandé à être autorisé à se joindre à notre danger, ce que nous avons accepté. Aucune occasion de passer les sentinelles ne se présentait encore. Nos amis sont arrivés de Metz, mais ont été mis en bas. Je leur ai fait part de l'affaire : ils pensaient que c'était un projet très dangereux et hasardeux ; cependant, s'ils le pouvaient, ils auraient volontiers couru le même risque avec nous : mais c'était impossible. Le 12 septembre, et la veille même de notre tentative méditée pour nous échapper de la forteresse, le commandant M. Clément, en traversant la cour où nous étions autorisés à respirer l'air, s'arrêta avec beaucoup de condescendance quelques minutes pour converser. avec moi; lorsqu'il s'adressa à moi en disant : « Eh bien, Monsieur O'Brien, je pense que maintenant que l'empereur d'Autriche nous a rejoint, vous devez abandonner tout espoir de vous échapper, car il n'y a aucune chance pour un Anglais de quitter le continent. .» Je répondis : « C'est bien vrai, monsieur le commandant ; mais s'il n'en était pas ainsi, monsieur le commandant, où est la possibilité de sortir de cette forteresse forte et si bien gardée ? «C'est vrai», dit-il en souriant; "Mais la tentative a été faite plus d'une fois, bien qu'elle se soit révélée invariablement infructueuse et souvent fatale à certains membres du parti." Il poursuit en disant : « Mon opinion est que si les prisonniers de guerre, je veux dire anglais, parvenaient à sortir de l'emprisonnement, leur seule issue serait celle de Flushing ou de Rotterdam, où ils sont toujours à peu près sûrs de trouver des passeurs anglais prêts à s'enfuir. pour les embarquer. J'assurai à M. le commandant que ses propos étaient tout à fait exacts, et que si je croyais avoir la moindre chance de m'échapper du fort, je n'hésiterais pas à essayer de le faire demain ou le plus tôt possible. « Je vous crois sincèrement, monsieur O'Brien, et je vous rends hommage pour votre franchise », fut sa réponse ; « si vous aviez parlé autrement, je ne vous aurais pas cru » : et il ajouta en souriant, en me disant adieu : « vous pouvez essayer de vous enfuir si vous le pouvez, et nous prendrons soin et ferons tout ce qui est en notre pouvoir pour vous en empêcher. Je ne pouvais m'empêcher de trouver cette conversation, à un moment si critique, très extraordinaire. Cependant cette opinion ne nous fit pas modifier notre route vers l'Autriche.

Nous étions maintenant le 13 septembre et le troisième jour depuis que mon ami Hewson nous avait rejoint. La nuit fut très bruyante et inclémente, et nous pensions que cela prouvait beaucoup en notre faveur. Tout était prêt. Notre corde était étroitement enroulée en boule et cachée dans un mouchoir de poche. Chaque instant était attentivement observé et compté. Enfin l'obscurité s'installa. Il pleuvait à torrents, soufflait presque comme un ouragan, le tonnerre roula avec un bruit terrible, et je n'ai presque jamais vu dans aucune partie du globe une nuit plus désespérée. Tout cela nous paraissait jusqu'ici propice ; mais malheureusement les éclairs étaient vifs et incessants, et c'était une source de danger sérieux.

Nous ouvrîmes alors notre porte et restâmes au bas de l'escalier, attendant de voir les sentinelles rentrer dans leurs loges. Il était environ huit heures, et nous avons veillé quatre heures, jusqu'à minuit, et pas un seul d'entre eux n'a quitté son poste. C'était d'autant plus provocant que, comme il pleuvait à verse et qu'ils étaient sans capote, nous avions calculé avec certitude qu'ils auraient besoin et chercheraient un abri. C'était le contraire qui se produisait, et pendant tout ce temps ils furent aussi vigilants que s'ils avaient soupçonné nos desseins.

Nous décidâmes enfin de regagner nos appartements jusqu'à la nuit suivante, et de déposer tous nos appareils dans des endroits que nous avions préalablement fixés pour les cacher ; mais, après y avoir réfléchi, nous avons estimé que, selon toute probabilité, les sentinelles qui viendraient relever la garde à minuit ne seraient pas aussi robustes ni aussi vigilantes que leurs prédécesseurs, et que nous pourrions encore avoir l'occasion de mettre notre projet à exécution. . Dans cette attente ou espérance, nous attendions, dans un état d'anxiété intense, jusqu'à deux heures du matin ; mais, à notre grand désarroi, nous constatâmes que les sentinelles défiaient les éléments et gardaient leur poste dans le sens le plus strict de leur devoir. Chagrinés et vexés, nous sommes retournés à nos appartements, avons fermé la porte à clé et nous sommes couchés.

Le *souterrain* fut ouvert à l'heure habituelle, et nos amis accoururent, s'imaginant, à cause des intempéries de la nuit, que nous avions dû réussir à nous échapper ; et ils furent grandement déçus de nous trouver tous bien au chaud dans nos lits. Je leur racontai toutes les circonstances : ils haussèrent les épaules et exprimèrent leurs craintes que, si nous ne pouvions pas partir par une nuit comme la précédente, il y avait peu d'espoir de nous échapper par beau temps.

Le 14 septembre, nous dînâmes de bonne heure, afin d'avoir le plaisir de retrouver nos amis pour un dîner d'adieu pendant le temps qui leur était laissé pour respirer l'air frais. Nous étions déterminés à établir de bonnes bases pour notre voyage et nous nous procurâmes un très gros morceau de bœuf, le fîmes rôtir et nous procurâmes beaucoup de pain, de bière et de légumes. Ceci, dans nos circonstances, était plus qu'un festin d'échevin : nous l'avons tous apprécié, espérant sincèrement que ce serait peut-être le dernier que nous mangerions jamais entre les murs d'une prison française. Nos amis nous faisaient remarquer le nombre de difficultés que nous aurions à surmonter pour passer les gardes, les dangers qui l'accompagneraient, et nous exprimaient l'inquiétude qu'ils éprouvaient à notre égard. Nous étions cependant déterminés à ne pas abandonner notre entreprise et à être prêts chaque nuit jusqu'à ce qu'une occasion se présente. Nous nous séparâmes comme nous l'avions fait la veille. Ils ne pensaient pas que nous aurions aucune chance cette nuit-là, car le temps était modéré et beau. A notre heure habituelle de six heures (le règlement d'hiver ayant commencé), nous fûmes enfermés et recommençâmes aussitôt nos préparatifs. Nous pensions peut-être que les sentinelles pourraient être plus négligentes en début de soirée ; c'est-à-dire avant huit heures, heure habituelle pour établir la garde de nuit et donner les ordres nécessaires.

Nous étions à nouveau tous prêts. Notre porte était ouverte ; et nous voyions la sentinelle, que nous avions le plus à craindre, se promener devant nos fenêtres. Sa loge était devant la porte, dans la cour par laquelle il fallait passer ; mais, comme nos gardes habitaient sous nos appartements, nous pensions qu'il prendrait pour l'un d'eux quiconque se déplaçait si tôt : et il était inhabituel de défier quelqu'un avant huit heures.

Vers sept heures, le soldat, à notre infinie joie, entra dans sa loge. J'ai immédiatement descendu les escaliers qui menaient à la cour. C'était juste le crépuscule ; et je devais consacrer six minutes à cet espoir désespéré, comme on pourrait justement l'appeler, pour attacher notre corde à une palissade et descendre le premier rempart, avant que M. Hewson ne le suive, qui était le suivant sur la liste. Je passai la sentinelle tout près, et je le vis penché sur son mousquet. Il n'a jamais bougé, même si j'ai croisé son regard, me prenant probablement pour l'un des gardes ; et j'arrivai providentiellement à l'endroit fixé pour attacher la corde, ce que j'accomplis très vite, et j'étais en train de descendre lorsque mon ami Hewson arriva. En quelques minutes, à mon indicible satisfaction, nous étions tous les quatre au pied du premier mur. Notre principal objet étant maintenant atteint, nous nous félicitâmes mutuellement. Il nous restait encore deux murs à abattre ; les hauteurs, comme je l'ai déjà mentionné, étant respectivement de 90 à 100, de 40 à 50, et la troisième de 25 à 30 pieds. Nous nous sommes tous accrochés à la corde et avons rampé avec nos pieds contre le mur, jusqu'à ce que nous ayons une bonne hauteur. Nous nous détachâmes alors ensemble, lorsque la corde se brisa, et nous tombâmes les uns sur les autres, laissant entre nos mains de quoi descendre le rempart suivant. Nous attachâmes cette pièce à l'une des pierres supérieures de l'embrasure, et redescendîmes. Il nous fallut alors répéter notre tir sur la corde, et elle se cassa de nouveau, laissant un morceau de longueur suffisante pour notre projet futur, la descente du troisième et dernier rempart.

Nous avions pris la précaution de prévoir deux longs crochets de bottes à enfoncer dans le mur, pour attacher notre corde, au cas où nous ne trouverions aucun autre moyen de l'attacher. Ceux-ci se révélèrent d'une grande utilité pour faire tomber le troisième rempart. En fait, si nous ne les avions pas eus avec nous, nous aurions dû nous rendre, car nous n'avons trouvé aucun moyen d'attacher la corde à quoi que ce soit, et tomber d'une hauteur de 30 pieds aurait pu être une destruction. Les crochets de bottes servaient à notre usage : nous étions au bas du troisième mur ; et tout ce que nous avions maintenant à faire était de dépasser les sentinelles extérieures, qui étaient peu nombreuses et plutôt peu vigilantes, peut-être à cause de l'impossibilité supposée pour aucun prisonnier de s'échapper dans cette direction. Nous nous étions en effet laissés descendre par cette frêle corde d'une hauteur totale d'environ 180 à 200 pieds.

Au bas du troisième rempart, nous restions dans le *fossé* ou fossé ; et il nous fallut surveiller le tour de la sentinelle qui marchait immédiatement devant nous. Dès qu'il eut le dos assez tourné, nous remontâmes l'escarpement du fossé et descendîmes doucement la pente ou le glacis. En quelques minutes, le cœur bondissant d'émotions joyeuses, nous étions sur la route de Strasbourg, sur laquelle nous avons continué à courir à toute vitesse pendant près d'une heure. Nous nous arrêtâmes alors pour enfiler nos chaussures que nous avions accrochées autour de notre cou en dévalant le glacis, car nous avions trouvé plus sûr de descendre les murs sans chaussures qu'avec elles, les pieds étant beaucoup plus souples.

Nous nous retournâmes maintenant pour jeter, comme nous l'espérions, une dernière vue de la Maison des Larmes, nom qui avait été si longtemps donné à cette détestable forteresse par les malheureux prisonniers, dont beaucoup en avaient versé en abondance ou en pluies, dans ses horribles cellules et donjons. Nous avons spontanément rendu nos remerciements au Dieu Tout-Puissant pour notre délivrance et nous nous sommes cordialement serrés la main, accablés d'exultation devant notre succès presque miraculeux. Lorsque nous regardions les hauteurs prodigieuses du rocher et de la forteresse, il nous semblait qu'un miracle seul aurait pu nous permettre de les descendre, suspendus à une corde aussi légère et aussi mal faite que celle que nous avions pu construire avec notre force. du linge de chemise et une petite ficelle de cordonnier.

Les aventures de la dernière heure me traversèrent l'esprit comme un rêve ou un conte de fées. J'avais peine à en croire mes sens lorsqu'ils me disaient que j'étais à nouveau libre et mon propre maître. Je regardais fréquemment mes compagnons et je me disais : « Mon Dieu ! est-il alors possible que nous soyons à nouveau débarrassés de nos tyrans et délivrés de l'esclavage et de la persécution ? Je m'adressai alors à eux et constatai combien il nous fallait procéder avec prudence. C'était la deuxième tentative de MM. Hewson et Barklimore, la première de M. Batley, mais ma troisième, l' affaire *souterraine n'étant pas incluse*. J'avais donc toutes les raisons d'être sur mes gardes ; et bien sûr, il est devenu le leader. J'observai donc franchement que je ne devais courir aucun risque qui puisse être évité par quelque moyen que ce soit, et que dès qu'ils tenteraient quelque chose que je jugerais téméraire ou imprudent, je les quitterais. Ils exprimèrent la plus grande satisfaction de mes résolutions et désirèrent ardemment s'y conformer.

Nous dirigeâmes unanimement notre route (par les étoiles) plein est, ce qui nous mènerait directement au Rhin, et à une distance considérable au nord de Strasbourg ; et au point du jour, le 15, nous entrâmes dans un excellent bois à flanc de montagne, près de la grande route, nous y pénétrâmes assez haut, et nous eûmes toute la journée une vue complète de ceux qui passaient en dessous, sans possibilité d'être aperçus. vu par eux. Nous vîmes quelques-uns des *gendarmes* de notre ancienne demeure au grand galop vers le Rhin, et nous étions certains qu'ils nous poursuivaient et avaient l'intention de donner une description de nous, à mesure qu'ils avançaient, à leurs frères qui étaient cantonnés dans les villages voisins. .

Barklimore, à notre grande mortification, commençait déjà à ressentir de forts symptômes d'une rechute de fièvre. Aussi malheureux que cela fût, nous étions déterminés à ne pas abandonner ni lui ni Batley avant de les avoir pilotés de l'autre côté du Rhin. Vers huit heures du soir, nous descendîmes de notre cachette et nous nous dirigeâmes prudemment dans la direction mentionnée ci-dessus. Un peu avant le jour (le 16), nous nous arrêtâmes. Les pieds de M. Batley étaient extrêmement douloureux et, ayant une cachette sûre, nous avons jugé plus prudent de ne pas avancer plus avant la nuit suivante. Notre rafraîchissement était un peu de pain de munitions et de saucisses, avec d'autres choses (comme des choux, des navets, etc.) que nous nous procurions dans les champs. Quand la nuit tomba, nous recommençâmes notre voyage ; mais nos deux compagnons devinrent faibles et épuisés, et notre progression fut donc très lente. Le 17, nous nous arrêtâmes et restâmes dans un bois, comme nous l'avions fait les deux jours précédents, et à la tombée de la nuit nous repartîmes, espérant atteindre dans quelques heures les rives tant désirées du Rhin.

Cependant, le jour du 18 n'apporta aucune apparition de la rivière ; et, ce qui était plus important, il n'y avait aucun bois en vue contre lequel nous puissions nous cacher. Nous avançâmes d'environ un mille, lorsque nous découvrîmes un vignoble dans lequel nous nous précipitâmes avec toute la rapidité possible. Nous avions peur d'être vus par le gardien ou le garde, qui est toujours aux aguets, et nous avons donc continué à avancer lentement, jusqu'à ce que nous calculions que nous avions atteint au moins le centre. Le sol était très humide et inconfortable, et la pluie ne cessait de couler, ou plutôt de tomber à flots, sur nous depuis les feuilles ; mais nous n'étions pas en état d'être pointilleux, et nous étions très heureux d'être si en sécurité et si bien placés.

Environ une heure s'était écoulée lorsque nous entendîmes un homme siffler à une courte distance. Nous avons pensé que ce devait être le gardien, et s'il nous voyait, nous étions sûrs qu'il soupçonnerait que nous venions au moins pour cueillir les raisins, car ils étaient presque mûrs ; ce qui constitue un délit pénal dans ce pays. Peu de secondes après, nous entendîmes le bruit d'un mousquet, et le petit coup de feu résonna dans les vignes près de nos têtes. Nous en avons déduit que cet individu avait adopté cette méthode sommaire pour nous arrêter ; mais aussitôt un énorme renard passa à proximité avec des chiens en poursuite, avec l'homme qui criait à une petite distance derrière, qui, heureusement, ne suivait pas les chiens en ligne droite, sinon il se serait jeté sur nous. Comment agir, nous ne pouvions pas le concevoir. Quitter la vigne eût été extrêmement dangereux, et après un court débat, nous avons jugé plus prudent de rester là où nous étions. Vers dix heures, nous fûmes de nouveau très alarmés par le bruit de voix qui s'approchaient rapidement de nous. Nous nous sommes couchés face contre terre , sans aucun espoir d'échapper à notre vue, les voix se rapprochant toujours. En peu de temps, nous avons découvert qu'ils étaient à un stand, mais près de nous. Je levai la tête pour regarder à travers les vignes, et vis les jambes et les cuisses de deux hommes près de moi, les pans de leurs capotes touchant presque là où nous étions ; mais ils avaient le dos tourné et ils allaient dans une direction opposée : en quelques minutes nous les perdîmes complètement de vue. Je proposai de déménager ailleurs, car nous étions constamment en alerte depuis que nous avions choisi l'endroit où nous nous trouvions alors ; et j'étais d'avis que c'était près d'un sentier. Nous nous dirigeâmes donc vers un autre endroit, mais nous y étions à peine une heure lorsque nous entendîmes de nouveau un bruissement parmi les vignes. Chacun de nous, très déconcerté, releva la tête et regarda vers l'endroit d'où nous entendions le bruit ; nous avons observé une femme portant un enfant dans ses bras, conduisant une petite fille d'environ sept ans et venant droit sur nous. La femme ne pouvait pas nous voir d'abord, mais l'enfant si, sa petite tête étant considérablement sous les branches. Elle cria aussitôt et saisit la femme par les mains ; sur quoi je me levai et l'abordai en allemand. Elle était vêtue d'un costume de campagne, paraissait très confuse et ne répondit rien, mais continua son chemin et nous décidâmes de quitter la vigne avant qu'elle puisse arriver au village pour rendre compte de cet événement. En quelques minutes nous étions sur la grande route. A ce moment-là, il n'y avait que deux femmes à bord, et elles semblaient venir vers nous. Nous avons avancé très délibérément. J'avais étudié un peu l'allemand à Bitche, et je le trouvais maintenant d'une grande utilité, car c'est la langue parlée en Alsace. Je leur ai demandé à quelle distance nous étions du Rhin. « *Trois heures* » répondirent-ils. Nous nous séparâmes et continuâmes notre route, désirant ardemment trouver un endroit où nous cacher.

Peu de temps après, nous avons aperçu un homme qui s'avançait vers nous. À notre grand mécontentement, il s'est arrêté et nous a observés encore et encore avec un étonnement apparent. Nous n'aurions pas dû en être surpris, car, malgré tous nos efforts pour l'éviter, nous étions couverts de boue, et nous devions offrir un spectacle affligeant, ou du moins très singulier. Batley était à peine capable de ramper à cause de ses pieds. Nous avons continué notre route, et nous avons vu l'homme se retourner encore et encore pour nous regarder ; et, sans vraiment comprendre qui nous étions, nous n'avions aucun doute sur le fait qu'il nous prenait pour « pas mieux que ce que nous devrions être ».

Nous découvrîmes alors un bosquet où nous fûmes bientôt bien installés et bien cachés. C'était l'une des meilleures cachettes que je connaisse, même si elle était proche de la route. Il était maintenant environ quatre heures et nous n'étions pas loin du Rhin. Dans ces circonstances favorables, nous espérions pouvoir le traverser au moins cette nuit-là. Notre conversation tourna maintenant sur la difficulté de trouver un bateau et sur le danger d'approcher d'une maison du côté français. Nos provisions étaient presque épuisées. Cependant, nous étions optimistes quant au succès et souhaitions anxieusement passer la nuit pour pouvoir faire notre expérience.

L'heure inquiétante arriva, et nous partîmes avec beaucoup d'entrain, sans oublier cependant d'observer toutes les précautions nécessaires. Comme cette partie du Rhin était infestée de contrebandiers, il était naturel d'en conclure qu'il devait y avoir aussi un grand nombre de douaniers, et nous étions obligés d'être très vigilants et circonspects - dois-je dire que l'affaire d'Étaples était frappante. dans ma mémoire?

Vers onze heures, nous avons fait le tour d'une grande ville, [26] et à minuit, à notre indicible joie, nous avons aperçu le fleuve tant désiré, avec sa large étendue brillant comme un miroir et reflétant le ciel dans un miroir. comme manière. Nous fûmes bientôt sur ses rives. Nous nous sommes reposés quelques minutes, pour reprendre notre souffle et faire nos observations. Il y avait un excellent bois tout près, et nous décidâmes de nous y cacher pour nous cacher, au cas où nous ne serions pas en mesure de trouver un bateau cette nuit-là ; et, en attendant, nous décidâmes de continuer pendant environ une heure en direction du nord : direction que nous commençâmes, en fouillant chaque petit ruisseau et chaque recoin de la rivière. La matinée étant étoilée, belle et sereine, on entendait les coqs chanter et les chiens aboyer du côté allemand. Ce magnifique fleuve coulait devant nous sur environ un mille de large, sans aucune île pour gêner la vue, ce qui n'est pas le cas sur toutes les parties du Rhin. Mon Dieu! comme nous avions envie d'être transportés ! Cette inquiétude nous empêchait de jouir pleinement de la perspective délicieuse qui s'offrait à nous : elle semblait être un paradis terrestre. Nous restâmes près d'une heure à admirer et à avancer, lorsque le Grand Maître de toutes les affaires humaines, dont la Providence nous avait tant favorisés tout au long de cette tentative d'évasion, nous présenta un bateau amarré avec une chaîne à un pieu enfoncé dans la berge, près d'un tas de bois dont je supposais qu'elle devait être chargée à la lumière du jour. Nous étions tous frappés de l'impulsion secrète qui nous avait dirigés vers cet endroit précis ; et à partir de ce moment, j'ai ressenti un soutien intérieur et la conviction que je devrais désormais réussir. En examinant plus en profondeur, nous avons trouvé la chaîne verrouillée. Le médecin et moi-même avons saisi le pieu et l'avons retiré sans difficulté de la banque. Cette sécurité d'une chaîne et d'un cadenas sur un pieu mobile me fit observer que c'était comme « le cadenas sur du cuir qui faisait rire le couteau de l'Irlandais ». Trois membres de notre groupe étant originaires de l'Île Verte, cette remarque provoqua un éclat de gaieté générale. M. Hewson, un marin expert, et moi-même fabriquâmes bientôt une paire d'avirons, ou pagaies, avec quelques morceaux de bois. Nous embarquâmes alors nos deux camarades, que nous déposâmes au fond de notre petite barque ; et au bout d'une vingtaine de minutes nous étions débarqués en toute sécurité sur le côté opposé, après avoir dérivé près d'un mille et demi avec la rapidité du flot. Nous avons enfoncé le pieu dans le sol, afin que les propriétaires du bateau puissent le retrouver au jour, et nous nous sommes dirigés vers la campagne le plus vite possible. Nous aurions laissé de l'argent au propriétaire du bateau pour les ennuis que nous lui avions causés, même si nous avions lamentablement pourvu de ce qui est nécessaire à la vie ; mais il était évident qu'il ne pouvait y avoir aucune certitude, et même peu de probabilité, qu'il tombe entre de bonnes mains.

Au lever du jour du 19, le temps devint excessivement épais et brumeux : le pauvre Batley était presque enceinte, le médecin était très fatigué et nous plutôt fatigués. Nous découvrîmes un village sur la rivière Merg, et après l'avoir examiné minutieusement, nous décidâmes d'y entrer et de nous rendre au premier pub que nous verrions, afin de nous procurer des rafraîchissements et de nous mettre en ordre le plus convenablement possible. non seulement pour des raisons de confort, mais pour éviter que nous apparaissions comme des objets de suspicion. J'ai calculé que nous pourrions très bien nous faire passer pour des Français ; et d'après la connaissance que j'avais des petits villages allemands, je n'avais aucune crainte du danger. C'était le sixième jour, mercredi compris, que nous passions sans repos, et cinq d'entre eux sous la voûte du ciel, exposés aux éléments, sans nous être approchés une seule fois de la demeure d'aucun être humain. Ceux qui sont vêtus de pourpre et se nourrissent somptueusement chaque jour ne peuvent se faire une idée de ce que l'homme endure, sans nourriture, sans confort, sans logement et même sans chenil.

CHAPITRE XIV

Rafraîchissements dans une auberge de village. La ville de Rastadt. Un voyageur civil. Un bon logement. Baden. Rencontre gênante avec un groupe royal. Une alarme concernant les passeports. Hornberg. — À Kriemhieldsach, après avoir traversé la Forêt-Noire. — Banditti. — L'assassinat d'un général français. — Une auberge allemande et une danse champêtre. — La ville de Tütlingen. — Une dissimulation de huit jours. — De vaines tentatives de contrebande de passeports. — Le déroulement de notre voyage. Traversée de l'Iller. — Quitter le Wurtemberg et entrer en Bavière. — Déroulement de notre fuite. — Kaufbeuern. — Un propriétaire curieux et des invités effrayés.

« QUOI qu'il arrive », nous étions hors de la France détestée, et nos pouls battaient de joie que le glorieux fleuve s'interpose entre nous et le pays de notre esclavage et de nos souffrances. « Coule, rivière brillante », répétai-je dans la chanson du poète moderne d'Erin, « coule ; car ni *les gendarmes* français , ni les espions français, ni les lois françaises ne peuvent nous atteindre à travers ta large et noble étendue d'eaux vives. Ici, les chaînes françaises ne peuvent pas corroder le corps, ni le despotisme et la tyrannie français ne peuvent prosterner l'esprit et ronger, comme le chancre, le cœur. » Telles furent nos réflexions en quittant les rives de ce fleuve de salut et en nous dirigeant vers le village voisin.

Il était environ sept heures du matin que nous entrâmes dans une taverne – si on pouvait l'appeler ainsi. Une servante et un enfant étaient les seuls à se lever. Nous nous faisions passer pour des voyageurs français venant de Prusse se rendant en France et désirant leur petit-déjeuner.

L'hôtesse fut immédiatement réveillée ; le petit déjeuner était préparé ; on fit venir un barbier, qui était aussi chirurgien, et nous nous fîmes raser, faire brosser nos vêtements et, encore une fois, nous faire ressembler « un peu à des gentlemen ». Nous avons trouvé la maison très bien conçue pour notre usage, et ce barbier et chirurgien s'est avéré être un homme intelligent. Rastadt, nous dit-il, n'était qu'à trois lieues ; et d'après différentes questions que nous lui posâmes, nous trouvâmes que nous avions dû passer le Rhin près de Durlach. Rastadt était sur la rivière Merg et à environ quatre milles au nord de Baden, la capitale du margravat.

Nous avons quitté notre auberge de village vers neuf heures, après avoir bien satisfait notre hôtesse pour notre excellent petit-déjeuner et notre hébergement opportun. Nous nous étions nourris comme des cormorans de café, de pain et de beurre délicieux, et avions ressenti tous les rafraîchissements d'une barbe tondue, d'une peau lavée et d'un vêtement assez bien brossé.

Nous nous dirigeâmes maintenant vers Rastadt. Batley était très boiteux. Tous ceux qui passaient le remarquaient, et il devenait trop évident qu'il lui était impossible de continuer le voyage plusieurs heures de plus. Comme je l'ai déjà observé, nous avions eu l'intention de le quitter ainsi que le médecin dès que nous aurions traversé le fleuve pour entrer en Allemagne ; mais nous sommes maintenant convenus de ne pas quitter notre autre ami. Le point grand et difficile était de savoir où placer le malade, de manière à assurer sa sécurité jusqu'à ce qu'il recouvre l'usage de ses membres. Il regretta de ne pas être resté là où nous avions déjeuné.

Rastadt nous apparut alors une ville ouverte. Nous trouvâmes cependant qu'il était trop dangereux de le traverser ; nous fîmes donc un *détour* et quittâmes la route vers un petit village éloigné d'environ deux lieues, où nous entrâmes dans un cabaret. Ils ne parlaient pas français et nous ne pouvions pas non plus expliquer suffisamment dans leur langue ce que nous voulions concernant notre ami malade. On fit venir comme interprète un vieil homme qui se trouvait être cordonnier. Nous avons commencé par commander une paire de chaussures pour Batley ; puis il remarqua que nous étions des Français de Prusse, allant à Strasbourg ; que notre camarade Batley était en cloque, et nous aurions aimé qu'il explique aux gens que nous avions l'intention de le laisser avec eux quelques jours jusqu'à ce qu'il ait repris des forces. Nous lui avons demandé de prêter toute l'attention à l'invité et de lui servir d'interprète. Ils ont accepté nos souhaits; un lit fut aussitôt préparé pour lui ; nous avons dîné ensemble, puis nous avons pris congé de ce pauvre garçon, et ce fut un congé pénible.

Nous avons continué notre prétendue route jusqu'à ce que nous perdions de vue le village, puis avons changé de route. Nous plaignions beaucoup du malheur de notre pauvre compagnon, et craignions que même le cordonnier ne découvre ce qu'il était, tant il parlait français si indifféremment. [27] Le jour tombait très vite, et il nous fallut chercher un logement pour la nuit.

Nous nous dirigeâmes vers un gros village situé dans notre direction. C'était plutôt le crépuscule. Nous la traversâmes jusqu'à l'extrémité opposée, il était alors environ huit heures. Nous ne savions pas comment agir et il commença à pleuvoir très fort. Nous avons été accueillis par un vieil homme habillé avec élégance, marchant très vite pour éviter de se mouiller. Il s'arrêta, visiblement dans l'intention de nous parler. Nous l'avons abordé en français ; Il lui demanda à quelle distance de nous se trouvait le palais de Bade, et si nous pouvions trouver bientôt un endroit où nous pourrions passer la nuit, dans la direction où nous allions alors. Il répondit dans un français approximatif, ce que nous étions heureux d'entendre, qu'il serait minuit avant que nous puissions arriver à un endroit quelconque qui répondrait à notre objectif ; et comme le temps était mauvais et l'heure très tardive, il nous conseilla de retourner avec lui au village que nous venions de passer, où il y avait d'excellents logements ; et il prendrait sur lui de nous montrer une taverne décente, où nous serions bien soignés et mis à l'aise.

La manière aimable et désintéressée avec laquelle le vieux monsieur nous a abordés nous a incités à accepter ses services. Il nous conduisit donc dans une maison distinguée, voisine d'une verrerie, où logeaient les ouvriers. Nous commandâmes le dîner, invitâmes le vieux monsieur à y participer, ce qu'il accepta après quelques hésitations. Je craignais qu'ils ne demandent à voir nos passeports, ce qui diminuait mon plaisir jusqu'à l'heure du coucher ; mais je me suis ensuite calmé sur ce point. Nous nous parlions et conversions avec ceux des ouvriers qui parlaient français. Je suis sûr qu'ils nous ont pris pour des Français, ce qui était une circonstance heureuse et qui les a peut-être empêchés de faire d'autres recherches. Peu après le souper, notre bon ami partit, et on nous conduisit à notre chambre, où chacun avait un excellent lit. La grêle et la pluie qui frappaient les fenêtres nous convainquirent de ce que nous aurions souffert si nous n'avions pas suivi les conseils du bon vieillard.

Nous décidâmes de partir très tôt, de peur qu'un accident ne nous empêche complètement de procéder. Ce point étant réglé, chacun se prépara bientôt à dormir, et en quelques minutes se retrouva profondément dans les bras de Morphée ; je n'ouvris pas non plus mes yeux fatigués, jusqu'à ce que mes camarades m'appellent à plusieurs reprises le lendemain matin. Le temps était encore très mauvais. Cependant nous déjeunâmes et continuâmes *notre route* sans demander à être dirigés vers un endroit particulier, afin qu'on ne pût croire que nous ne connaissions pas le pays. Je savais qu'il fallait continuer vers le sud, afin d'éviter une chaîne de montagnes presque inaccessibles qui nous empêcherait d'avancer vers l'intérieur. Nous étions maintenant entourés de bois et de déserts, et nous ne savions pas dans quelle direction nous tourner ou avancer. Dans cet état de perplexité, nous avons heureusement aperçu, de loin, un paysan et un petit garçon chargeant une charrette de bois. Nous nous dirigeâmes vers eux, mais il nous fallut longtemps avant de pouvoir leur faire comprendre que nous nous étions égarés et que nous souhaitions être dirigés vers Fribourg, que nous savions bien être au sud de nous. Finalement, nous avons réussi, et le civil a laissé son garçon et sa charrette et a parcouru avec nous près de deux milles afin de nous mettre sur la bonne route. Nous avons payé cette honnête et bonne créature pour sa peine, même s'il nous a fallu un certain temps avant de pouvoir le convaincre d'accepter quoi que ce soit.

Vers midi, nous passâmes devant le palais du margrave de Bade, et, à cause de la complexité des montagnes qui l'entouraient, nous fûmes obligés d'en approcher beaucoup plus près que nous ne le souhaitions. Cela avait une apparence romantique. Dans une des avenues que nous devions emprunter, nous apercevons deux officiers à cheval. Nous nous précipitâmes immédiatement parmi les arbres et nous cachâmes jusqu'à ce qu'ils soient passés. Nous arrivâmes bientôt sur une grande route extrêmement large, lorsque nous vîmes un certain nombre de cavaliers vêtus d'écarlate qui marchaient devant une voiture. Toute la cavalcade était à toute vitesse. Nous nous dirigâmes rapidement vers des cabanes et échappâmes de justesse à ce redoutable groupe. Les paysans étaient tous découverts au passage de la voiture, et nous en avons naturellement déduit qu'il s'agissait de l'équipage royal ; et, après enquête, on nous apprit que la personne qui se trouvait dans la voiture était le fils du duc de Bade, qui avait déjà pris le titre de roi. [28] Nous fûmes informés que nous étions dans la bonne direction pour Fribourg et que nous avancions de bonne humeur.

Nous avons dû traverser plusieurs villages respectables sur l'autoroute. Vers six heures du soir, en passant par une, Barklimore étant assez loin en arrière, je l'entendis nous crier de nous arrêter, car il y avait un homme qui voulait voir nos papiers ; mais naturellement nous étions trop pressés pour être retardés. L'homme nous regardait certainement avec beaucoup d'impatience ; mais s'il avait été policier, il n'aurait pas hésité à nous poursuivre. Il n'a pas; et comme notre compagnon ne comprenait pas l'allemand, nous en avons déduit que ses craintes lui avaient fait mal interpréter ce que voulait dire son individu.

Vers sept heures, nous découvrîmes un autre village dans la direction que nous devions prendre. Nous nous sommes approchés d'un pub, avons demandé de la bière et demandé si nous pouvions nous fournir des lits ? « Non », fut la réponse ; mais ils nous dirigèrent vers une autre maison où tous les lits étaient occupés ; et ces gens nous en envoyèrent dans un troisième, sans plus de succès. Nous ne savions que faire et regrettions beaucoup de ne pouvoir passer la nuit dans ce petit village, car, à en juger par son apparence, nous n'avions aucune raison d'avoir la moindre appréhension. Une personne que nous prenions pour un publicain, nous voyant en haleine, s'adressa à nous en français et nous dit : « Messieurs, vous semblez vouloir un logement ; il y a une petite ville, à environ deux ou trois milles plus loin, où vous pourrez trouver un bon logement. Nous lui rendîmes grâce et semblâmes satisfaits de cette nouvelle ; bien qu'en fait nous redoutions d'être accommodés comme il l'avait décrit, de peur que, par la suite, nous ne nous trouvions logés *gratuitement* , avec divers soins et civilités supplémentaires qui nous étaient imposés, bien au-dessus de nos besoins et contre nos inclinations. Je lui ai demandé s'il ne pensait pas que la porte serait fermée avant notre arrivée. Il n'a pas compris le sinistre objet de la question et, à notre grande joie, il a répondu qu'il n'y avait pas de portes du tout, la ville étant parfaitement ouverte. Sur cette nouvelle, nous décidâmes de continuer, bien que nous soyons déterminés à approcher les lieux avec une grande circonspection.

Vers neuf heures et demie, nous sommes arrivés à la ville et il ne semblait pas y avoir d'endroit d'où nous puissions avoir grand-chose ou quoi que ce soit à appréhender. Nous cherchâmes une auberge, et, comme d'habitude, nous décidâmes de ne pas aller dans la première que nous verrions, si nous pouvions l'éviter, ni en aucun cas d'entrer dans celle qui ne serait pas d'une humble description.

Enfin nous en découvrîmes un, et, à en juger par son apparence et sa localisation, nous fûmes incités à y entrer. Nous fûmes désagréablement surpris ; car nous fûmes conduits dans un café distingué, et, d'après l'apparence des invités, de l'hôtesse et des domestiques, il était évident que nous étions entrés dans le genre même d'auberge que, de toutes les autres, nous devions éviter. Cependant, il était trop tard pour battre en retraite. L'hésitation nous aurait infailliblement exposés au soupçon ; et si nous avions démontré une quelconque confusion, la détection et l'appréhension auraient sans aucun doute suivi. Nous avons donc fait preuve d'audace à ce sujet, et d'un air nonchalant, comme si nous étions entrés dans le genre d'endroit auquel nous étions habitués et que nous souhaitions trouver, j'ai demandé du vin et mes amis ont commandé le dîner.

J'étais cependant indisposé et j'ordonnai à la femme de chambre de m'allumer au lit, en informant mes compagnons que je n'avais pas l'intention de me déshabiller avant qu'ils ne se couchent ; et que s'ils découvraient les moindres symptômes de danger, je serais prêt à décamper à l'instant. Une circonstance très heureuse était que « mon hôte », Maître Boniface, était ivre d'une façon dégoûtante, et bien qu'il nous regardait souvent avec attention, comme s'il voulait nous poser quelques questions, il était si loin qu'il ne pouvait prononcer une seule syllabe. . Je m'allonge sur le lit plein d'anxiété ; Je ne pouvais pas non plus oublier les craintes de Barklimore à l'égard de l'homme qui, comme il le supposait, l'avait contesté pour ses papiers.

Après leur souper, mes amis se sont couchés. Ils m'informèrent qu'ils ne pensaient pas que nous courions un danger imminent, ni que nous étions parfaitement en sécurité, puisque notre sécurité dépendait principalement de l'état d'ivresse du propriétaire. Ce n'était pas très agréable de voir nos libertés ou notre vie dépendre de l'ivresse d'un autre homme ; et nous en sommes venus à la détermination de nous lever avant que cet homme puisse devenir sobre, de payer notre compte et de partir. Au crépuscule, nous nous habillâmes et réveillâmes les domestiques, qui allèrent aussitôt informer leur maître que nous nous préparions à partir. Il était évident que nous étions en danger imminent. Le propriétaire parut bientôt, et, à notre grande joie, il était dans un tel état de stupéfaction qu'il pouvait à peine ouvrir les yeux. Il a demandé où nous allions si tôt ? «À Strasbourg», fut ma réponse. Il observa que nous y serions très bientôt, car nous n'en sommes qu'à cinq lieues. Nous en étions conscients et lui avons souhaité bonjour. A dix heures, nous étions en vue d'Offenbourg, en faisions le tour et prenions la route de Gigenbach, que nous aperçumes vers six heures. Nous avons ensuite traversé la rivière Kinzig et continué sur la route directe en direction de Tütlingen. Je me rappelais parfaitement notre route, pour l'avoir si récemment parcourue avec les Bavarois. A minuit, nous nous arrêtâmes dans un petit village pauvre ; reçut des rafraîchissements et une sorte de lit. Barklimore eut une grave crise de fièvre et de fièvre.

Le matin du 22 septembre, nous avons pris un petit-déjeuner et sommes partis. Vers six heures, nous découvrîmes une sorte de forteresse à flanc de montagne, au-dessus d'une petite ville. Nous avancions avec toutes les précautions possibles ; mais à mesure que nous nous en approchions, il nous apparut que c'était un endroit de peu d'importance, et nous avançâmes donc hardiment. Nous nous trouvâmes près de la porte d'une petite ville douillette ; et ne voyant aucun militaire ni policier, nous l'avons traversé de part en part. Après avoir passé la porte opposée, nous nous sommes arrêtés dans une maison de vin, nous sommes rafraîchis et avons été informés que le nom de la ville était Hornberg. L'étape suivante était Kriemhieldsach, où se trouvait un relais de poste ; c'était à trois ou quatre lieues environ, et à la limite de la Forêt-Noire, que nous devions traverser avant d'arriver. Tous les voyageurs, nous informèrent-ils, préféraient s'arrêter à Hornberg, plutôt que de traverser un endroit aussi solitaire et désagréable que la Forêt-Noire, et à une heure aussi tardive. Cependant, nous étions des exceptions à la règle générale et nous avons continué notre route.

La Forêt-Noire, si célèbre ces derniers temps pour la retraite de Moreau devant les Autrichiens, est un nom très approprié donné à cette terrible région, car je n'ai jamais vu de ma vie un pays aussi montagneux, aussi lugubre et aride. Elle était autrefois infestée de bandits, et dans les dernières guerres, les Allemands, cachés, sortaient aux moments opportuns et infligeaient aux troupes françaises les pertes les plus sévères ; coupant les retardataires, capturant les convois et faisant prisonniers tous les petits corps détachés. On me dit qu'un général français, dont j'oublie maintenant le nom, avait été fusillé dans son carrosse alors qu'il traversait la forêt, et que les postillons, qui avaient entendu le bruit du fusil, n'avaient découvert sa mort qu'à leur arrivée à Hornberg. Nous n'avons rencontré que deux ou trois personnes avant d'arriver à Kriemhieldsach. La route de chaque côté était bordée d'arbres et était admirablement calculée pour la tactique des bandits.

Vers onze heures, nous arrivâmes au relais de poste, frappâmes à la porte et demandâmes l'entrée.

« Qui est là ? – et qu'est-ce que tu es ? a été demandé par une personne à l'intérieur.

« Trois voyageurs français qui veulent un logement », fut ma réponse.

La porte s'ouvrit immédiatement et nous fûmes immédiatement conduits à l'étage dans la salle publique. Nous aurions volontiers pu renoncer à la publicité et nous contenter d'une « chambre privée » ; mais heureusement l'apparence des invités nous inspirait confiance. Nous demandâmes le souper et priâmes qu'on préparât nos lits. Ils s'exécutèrent, et sans poser une seule question, ni trahir le moindre signe de suspicion ou de curiosité.

Notre ami Barklimore avait été très indisposé toute la journée, mais l'auberge n'était pas la mieux conçue au monde pour le sommeil d'un malade ; car, tandis que nous demandions nos lits, la famille de l'aubergiste et tous ses invités se mirent à danser. La musique était ce que les Allemands appellent un « doodle-sack », une espèce de cet instrument dur et discordant que nous appelons cornemuse écossaise. La valse a été introduite. La scène est devenue animée. Le médecin oublia sa maladie, engagea une jolie partenaire et se mit à danser avec une grande joie. Tous ces gens dirent : « Quels gens joyeux et joyeux vous êtes, Français ! » Je ne pus m'empêcher de sourire à cette remarque, et je ne pus m'empêcher de réfléchir à la grande différence entre valser la nuit avec une jolie partenaire allemande et dormir dans la boue en plein air ou dans les cachots encore pires de Bitche. Mon autre compagnon, Hewson, a saisi l'esprit de la scène et s'est joint à la danse. Cependant, je restais une exception à la compagnie générale et je ne quittais jamais la table jusqu'à la fin de la danse, puis nous nous retirâmes tous au lit.

Le 23 au matin, notre ami invalide n'allait pas mieux des inspirations de Terpsichore. Il était à peine capable de bouger. J'ai alors trouvé l'avantage d'être restés silencieux, pendant qu'ils démontraient leur agilité sur la légère pointe fantastique. Cependant, malgré la faiblesse du médecin, nous avons payé notre facture et poursuivi notre route. Au début de l'après-midi, après avoir rencontré un petit village, nous nous arrêtâmes, nous rafraîchissâmes et nous couchâmes très tôt. Le médecin était extrêmement malade et regrettait d'avoir si ardemment soutenu le caractère français.

24. — Nous sommes partis aussi tôt que d'habitude, avons contourné plusieurs villes et, à huit heures du soir, nous nous sommes arrêtés dans un petit village et nous nous sommes reposés. Le peuple était particulièrement attentif, faisant souvent l'éloge de la nation française : il faisait très souvent cantonner chez lui quelques-uns de nos compatriotes. Nous laissâmes Rothweil par la droite, et on nous dit que nous serions tôt le lendemain à Tütlingen, où je me trouvais dans l'espoir d'être accueilli favorablement. Nous étions de bonne humeur, passâmes la soirée agréablement et croyâmes que nos principales difficultés étaient surmontées.

Le dimanche 25, nous déjeunons et partons vers la ville tant désirée. A onze heures, nous l'avions en vue. Je proposai à mes compagnons de rester cachés dans un bois voisin, pendant que j'irais en ville pour essayer ce qu'on pourrait faire ; ils l'ont accepté; et nous regrettions seulement de ne pas avoir notre compagnon Batley avec nous.

J'entrai dans la ville vers midi, et je me rendis là où j'espérais quelque secours, d'après ma connaissance ancienne de l'endroit lorsque les Bavarois m'y conduisaient, et les espoirs qui m'étaient alors offerts ; mais, à ma grande mortification, je ne pus en obtenir aucun. Je revins avec ces tristes nouvelles à mes compagnons, leur assurai qu'il n'y avait aucun danger, et revins faire tous mes efforts pour me procurer des passeports.

La deuxième fois, j'ai rencontré des personnes qui ont promis de m'aider autant que possible à réaliser mes souhaits. Ils ont amené mes compagnons en ville et les ont placés à l'étage dans la taverne d'un ami ; là, dans l'attente quotidienne d'être approvisionnés de ce dont nous avions besoin, nous sommes restés cachés jusqu'au mardi 4 octobre, période de huit jours, lorsque, l'esprit déprimé, les visages sombres et les bourses légères, nous avons été conduits avant le lever du jour sur la route directe. à Memmingen, car nous avions décidé de prendre cette route jusqu'à Saltzbourg. Nous avions été régulièrement trompés par certains de ceux qui m'avaient promis de l'aide au cas où je reviendrais par là, et nous n'avions qu'à remercier nos étoiles de ne pas avoir été trahis.

Pendant notre séjour dans cet endroit, nous nous procurâmes une vieille carte allemande, que nous trouvâmes d'une utilité très matérielle. Vers midi, nous dépassâmes Mosskirch, en restant à environ deux milles à droite de celle-ci. Après la tombée de la nuit, nous traversâmes la rivière Andalspach et décidâmes de nous arrêter au premier endroit sûr que nous pourrions trouver. Nous découvrîmes bientôt une maison au bord de la route, qui ressemblait à une auberge. Nous entrâmes et demandâmes du pain et du vin, ce que nous trouvâmes être toute la provision que ce misérable endroit offrait. C'était assez bien pour nous ; mais un chevau-léger faisait office de garçon et il parlait français, ce qui créa dans mon esprit bien des appréhensions désagréables. Nous avons demandé des lits, et ils ont déclaré qu'ils n'en avaient pas ; mais le chevau-léger nous dit qu'il y avait de la paille propre dans l'écurie et que nous y étions les bienvenus. Nous quittâmes les lieux, quoiqu'on nous eût informé que le prochain village était à plus d'une lieue, car je n'étais pas du tout content de mon garçon militaire. Il était trop gentil et curieux.

Nous poursuivions notre route pendant au moins une lieue au milieu d'une forêt. La route était très bonne. Enfin, nous entendîmes un cri prodigieux devant nous, et nous ne pouvions pas expliquer un tel bruit à une heure si tardive ; cependant, il annonçait la proximité d'un village, peut-être celui qui nous avait été décrit. Nous avons avancé à grands pas. Les cris, les chants et la confusion des bruits continuaient. Nous découvrîmes bientôt sur la route un immense attroupement de gens des deux sexes qui venaient vers nous. Ils nous passèrent décorés de rubans et de cocardes, d'où nous concluîmes qu'il s'agissait d'une fête ou d'un mariage. Nous vîmes alors très clairement le village et y arrivâmes bientôt. Nous nous rendîmes au premier cabaret que nous pûmes découvrir, mais il y avait tellement de monde qu'on ne put nous recevoir. A force de persuasion, nous les persuadâmes de nous diriger vers un autre, où nous trouvâmes des lits et des rafraîchissements. Il y avait un grand nombre d'officiers de police et de soldats dans la première maison, mais ils étaient tellement ravis et amusés qu'ils ne purent venir faire aucune observation sur nous.

Nous avons tout payé excessivement cher ici ; et le matin nous la quittions, et nous nous dirigeâmes vers Waldsee, une ville de Souabe, avec un château. Vers six heures du soir, nous le dépassâmes en le laissant à une distance respectable sur la droite. A huit heures, nous nous arrêtâmes dans un petit village, où nous trouvâmes des lits et un dîner. Au point du jour, nous recommençâmes notre voyage, et vers quatre heures de l'après-midi nous découvrîmes la rivière Iler, que nous devions traverser. Nous quittions le territoire du Wurtemberg et entrions en Bavière. Nous vîmes un pont, mais imaginâmes aussi que nous pouvions y distinguer une maison de guet ou une autoroute à péage, ce qui ne nous alarma pas peu ; nous nous cachâmes donc dans un bois jusqu'au crépuscule, puis nous avançâmes et traversâmes le pont sans aucune difficulté. Il y avait plusieurs maisons de chaque côté, mais, heureusement, nous n'avons vu aucun policier, ni aucune personne qui pût causer la moindre appréhension. Nous continuâmes notre route au-dessus d'une lieue, lorsque nous arrivâmes à une taverne remplie de charretiers ; mais nous avons eu une chambre privée et nous nous sommes couchés très tôt.

Notre ami Barklimore fut alors pris d'une très forte accès de fièvre, et il nous fallait être très prudents en Bavière, de peur d'être obligés de quitter notre compagnon malade. Les excitations du danger et de la nécessité lui permirent le lendemain matin de tenter la fatigue de la journée. Nous avons marché très lentement compte tenu de sa maladie.

La nuit, nous avons dormi dans un village ; et non seulement les gens étaient civils, mais notre logeuse nous faisait laver et sécher nos chemises le lendemain matin. Ce n'était pas une mince affaire, compte tenu du temps que nous avions porté. Cependant, nous étions très ennuyés par le propriétaire. Il était au dernier stade de la phtisie et le court reste de sa vie semblait consacré à la curiosité. En vain lui avons-nous dit que nous étions des voyageurs français allant à Kaufbeuern, où nous avions de nombreux amis. Ses « pourquoi » et « pourquoi », ainsi que ses « quoi-alors » et « où-suivant » étaient très gênants pour les voyageurs dans nos circonstances suspectes. Nous lui assurâmes que de Kaufbeuern nous nous dirigerions très probablement vers Saltzbourg, mais rien ne satisferait sa curiosité ; et tandis que sa femme était en train de contribuer au rafraîchissement de nos corps en lavant nos chemises, il tourmentait nos esprits par des questions dont au dixième si nous avions répondu, ou du moins répondu honnêtement, nous nous serions infailliblement vus. dans quelques jours sur la grande route de Bitche.

CHAPITRE XV

En quittant Kaufbeuern à gauche. Traversée du Wardach et du Lech. Un bac bienvenu. La ville de Weilheim. Une marche longue et épuisante. Le somnifère de la fatigue. Le bac sur l'Inn. Effrayé par un soldat. Un faux — Traversée du fleuve. — La ville de Reichenhall. — Notre approche des frontières bavaroises. — L'augmentation des dangers. — Franchissement des barrières avec succès. — La supposition que nous étions dans les domaines autrichiens. Une demande inattendue de passeports. Une évasion. Les limites bavaroises et autrichiennes. Notre extrême danger. Anticipation des galères. Une piste à travers un bois au pied d'une montagne. Une fuite. La frontière passée et les fugitifs dans les domaines de l'empereur. Soldats en embuscade. — Les fuyards capturés. — Se faisant passer pour des Américains d'Altona. — Colère de la garde bavaroise d'avoir été trompée.

CE fut le 8 octobre (1808) que nous prîmes congé de notre propriétaire phtisique et curieux, et laissâmes en passant Kaufbeuern à gauche. Si ses poumons, tout au long de sa vie, avaient été aussi activement employés à poser des questions que lorsque nous étions avec lui, le seul étonnement est qu'ils lui aient duré si longtemps. Nous traversâmes le Wardach et nous dirigeâmes vers Schöngau. Vers six heures du soir, il commença à neiger si fort que nous nous réfugiâmes dans un village voisin pour la nuit. Elle était petite et nous convenait très bien. Au cabaret, il y avait un cordonnier qui travaillait pour la famille et ils ont eu la gentillesse de lui permettre de réparer nos chaussures.

Le lendemain matin, nous avons continué notre voyage, même si le temps était très rigoureux, il neigeait et nous soufflait droit au visage. Barklimore allait beaucoup mieux, et nous ne jugâmes pas prudent de rester longtemps au même endroit. A midi, trouvant une excellente halte, à cause de la rigueur du temps, et étant mouillés jusqu'aux os, nous nous y arrêtâmes : ce petit cabaret nous fournissait un grand feu flamboyant. Nous avons séché nos vêtements, nous sommes rafraîchis et nous sommes couchés tôt. Au point du jour, nous recommençâmes notre route ; et vers onze heures nous vîmes Schöngau, qui nous parut une place très forte, et par conséquent pour nous une place de danger. Nous ne pouvions découvrir aucune possibilité de traverser le Lech sans passer à proximité, sinon à travers lui. Nous avons consulté ce qu'il y avait de mieux à faire et, sans hésiter, nous avons décidé de tourner à gauche et de rester sur les rives de cette rivière, jusqu'à ce que nous puissions trouver un autre endroit pour traverser. Nous avons donc continué vers le nord environ huit milles, lorsque nous avons aperçu un laboureur au travail avec quelques chevaux forts dans un champ adjacent. J'ai immédiatement pensé qu'en montant à cheval, nous pourrions peut-être traverser la rivière à la nage sur le dos des chevaux. J'ai donc fait la proposition au laboureur et j'ai essayé de conclure un marché. Ce stupide voyou a pris tout cela comme une plaisanterie et s'est moqué de moi ; mais quand il a constaté que j'étais vraiment sérieux, il m'a considéré comme un peu moins que fou d'avoir une telle idée. Enfin, après avoir répété sans cesse le mot *schiff*, il désigna un ferry-boat du côté opposé. Là-dessus, nous nous approchâmes de la rivière ; et après avoir agité et fait des signaux pendant quelque temps, nous avons eu la satisfaction de voir un homme s'embarquer dans un bateau. Malgré le fait que, à cause des fortes chutes de pluie tardives, l'inondation était très forte, il a traversé d'une manière très magistrale, puis nous a transportés d'une manière également satisfaisante. Nous lui payâmes avec joie son tarif habituel, qui était d'environ un penny, et à huit heures du soir nous avions rebroussé chemin sur la rive opposée sur une distance de huit milles, dans le but de regagner la grande route. Weilheim était la prochaine grande ville sur notre route, mais nous nous arrêtâmes dans un petit village. Nous étions terriblement engrossés, et après avoir obtenu un rafraîchissement, nous nous couchâmes et constatâmes que le meilleur somnifère au monde était la fatigue. Tous les « sirops somnolents du monde » ne pouvaient pas « nous procurer un sommeil plus doux » que la longue et morne marche que nous avions entreprise.

Le matin, nous poursuivions notre voyage et, à dix heures, nous faisions le tour de Weilheim et de son château, traversions l'Amper et nous dirigeions vers Tötz. La nuit, nous cherchions refuge dans une cabane de paysan, au pied de la haute chaîne de montagnes qui sépare la Bavière du Tyrol.

Le lendemain matin, à onze heures, nous découvrîmes la ville de Tötz, dans une vallée de l'Amper. En général, la vue d'une ville est agréable au voyageur, et elle est proportionnellement à sa taille. Dans notre cas, c'est l'inverse qui s'est produit ; et chaque ville était un objet d'alarme, surtout si elle était d'une grandeur ou d'une population considérable. Tötz semblait un endroit difficile à franchir. Nous nous tournâmes vers le sud, et après avoir parcouru bien des lieues mornes à travers les montagnes, les forêts et les marais, nous découvrîmes heureusement un pont que nous traversâmes sans aucune interruption. J'ai observé sur la rivière un certain nombre de flotteurs et de radeaux admirablement construits, et ils étaient adroitement dirigés avec le courant, qui était excessivement rapide. Même cette apparence d'approche des affaires nautiques remplissait mon esprit de pensées sur ma profession et réjouissait mon cœur. Après avoir passé le pont, nous fûmes incités à entrer dans un cabaret, où nous nous procurâmes du poisson, du pain et de la bière pour le dîner. Il y avait dans cette maison un certain nombre d'ivrognes des deux sexes ; ils semblaient tous employés à transporter le bois vers le bas de la rivière et me rappelaient les ballasters de Billingsgate et de Wapping. Même s'il pleuvait excessivement fort, nous étions obligés de continuer. Barklimore a été transporté dans un wagon sur trois ou quatre milles, et le wagonnier a refusé de recevoir le paiement pour cela. Je dois, pour rendre justice aux habitants du continent, observer que ce trait de désintéressement est fréquent sur le continent ; Dans quelle mesure cela peut-il être courant dans notre propre pays, je laisse à l'expérience de chacun.

Le 12, au point du jour, nous recommençâmes notre route vers Neubeuern, et le soir, à huit heures, nous nous arrêtâmes pour la nuit dans un petit village, où l'auberge était très convenable et où nous fûmes bien reçus. Le matin, nous nous séparâmes de ces braves gens, mais qui, apparemment, n'étaient pas très friands des Français.

A onze heures, nous aperçûmes Neubeuern. C'est un fort situé à flanc de colline, sur un bras de la rivière Inn ; nous étions du côté opposé, très confus et ne sachant pas comment passer. Il y avait aussi une petite ville qui, je suppose, portait le même nom. Nous nous approchâmes des rives du fleuve et découvrîmes un bac sur la rive opposée. Sur chaque rive, des voilures étaient érigées, avec un étai ou une corde d'un côté à l'autre, auquel le ferry-boat était attaché avec une longue corde et un voyageur à traverser sur l'étai. Il était construit de telle manière que (même si le courant était rapide) un seul homme suffisait pour conduire le ferry-boat. Il y avait, de notre côté, un hangar avec des sièges permettant aux passagers de se reposer et d'attendre leur moyen de transport. Dans cet endroit, nous trouvâmes un vieil homme que, d'après son costume et son tablier, nous supposions être soit un chapelier, soit un teinturier. Il ne parlait pas d'autre langue que l'allemand ; il vivait (comme il nous l'a fait comprendre) dans le village d'en face, et était en fait chapelier de métier. Il nous informa que le passeur allait préparer son dîner et qu'il ne viendrait qu'après une heure. Nous demandâmes si la forteresse était forte, quoique, forte ou faible, elle était évidemment assez forte pour nous capturer et nous maintenir dans une ignoble durée. La réponse était qu'elle ne contenait « que quelques anciens combattants », une sorte de force à laquelle nous étions particulièrement opposés ; car, même si nous pouvions nous mettre à l'écart des recrues brutes, il n'était pas facile de l'imposer aux anciens militants. Ce chapelier semblait mesurer l'intérieur de nos têtes, et son caractère curieux était bien loin de nous être agréable, dans nos circonstances embarrassantes. Il nous demanda enfin si nous allions à Saltzbourg. C'était une question commode, car notre réponse affirmative nous donnait l'occasion plausible de savoir à quelle distance se trouvait Saltzbourg. « Quinze lieues » fut la réponse, et je n'ai pas besoin de dire qu'aucun de nous n'a senti son cœur rebondir à la nouvelle qu'il était si loin de ce point vers la fin de son voyage.

Nous redoutions qu'il n'y ait un examen des voyageurs et une inspection des passeports, si près de la garnison frontière ; mais c'est en vain que nous avons sondé le chapelier à ce sujet.

Une heure arriva; le passeur s'approcha, mais il était accompagné d'un soldat, avec une plume immense, qui s'agitait si terriblement dans l'air qu'elle semblait présager de notre capture et de notre sort ultérieur. Nous n'osâmes pas poser une autre question au chapelier, de peur que cela ne crée des soupçons, et quoique nous ayons eu le temps de nous échapper, nous réfléchissions que nous n'avions pas d'autre moyen de traverser la rivière. En fait, nous étions déstabilisés. Nous avons examiné et reconsidéré, résolu et abandonné notre résolution. La consternation régnait certainement sur nos conseils, qui aboutissaient à ce que nous acceptions d'errer dans les champs, et d'observer ce que pouvait être l'objet du soldat à son immense plume. Le poète [29] a le vers,

Heureux d'une plume, chatouillé d'une paille,

mais jamais les hommes n'ont été moins satisfaits d'une plume que moi et mes compagnons. Nous convînmes que si cet homme se dirigeait vers nous, nous nous séparerions dans des directions différentes, et tenterions ainsi de le dérouter ; s'il prenait la grande route commune, nous devions conclure qu'il n'avait pas traversé la rivière pour notre capture. Nous étions dans un état d'alerte extrême. Enfin le bateau toucha le rivage. Le fils de Mars, avec la plume dans son bicorne, sauta hors du bateau. Tous les regards étaient tournés vers lui, et chacun de nous avait une jambe en avant, prêt à fuir son approche, quand, à notre inexprimable joie, il ne daignait pas nous regarder, mais poursuivait sa course vers la grande route. Jamais le mépris n'a été plus bienvenu chez ceux qui étaient négligés ou méprisés. Nous montâmes dans le bac avec le chapelier et débarquâmes sur les rives opposées.

Le prix n'était qu'une bagatelle. Il nous fallut changer un florin et, bien que nous aurions volontiers payé cinq fois la somme, si nous en avions eu les moyens, pour nous en sortir, nous attendîmes que notre monnaie soit régulièrement faite, ce qui prit un certain temps, car les pièces étaient si difficiles à comprendre, et le passeur dut emprunter un rôle au chapelier. Mais nous craignions que, si nous n'avions pas été si particuliers, ils n'auraient soupçonné que tout n'allait pas bien et auraient donné des renseignements à la garnison. Les choses étant réglées, nous continuâmes notre route avec insouciance, jusqu'à ce que nous soyons hors de vue de la forteresse ; puis nous avons continué aussi vite que possible, pour rattraper le retard du ferry.

Vers sept heures du soir, nous nous arrêtâmes dans une maison très commode au bord de la route ; j'ai eu des lits et un dîner; et au jour nous recommençâmes notre promenade. Nous étions maintenant sur la grande route de Reichenhall, la dernière ville bavaroise que nous aurions à traverser. Chacun de nous était d'excellente humeur et presque sûr de se tirer d'affaire du succès qu'il avait récemment remporté. Nous avons déployé toutes nos forces pour pénétrer le plus tôt possible dans les territoires autrichiens, et avons marché au moins douze lieues ce jour-là, jusqu'à ce que, très fatigués, nous ayons convenu de nous rendre dans un village au bord du lac de Kempsee, et de arrêtez-vous là pour la nuit. Nous distinguâmes bientôt un pub ; j'ai dîné et je me suis couché. Les gens étaient courtois et nullement curieux.

Nous nous levâmes tôt et continuâmes notre voyage. Nous avons rencontré plusieurs personnes, mais aucune, à notre grande joie, ne semblait posséder le moindre esprit de curiosité. Nous nous rendîmes compte que nous étions encore à trois lieues de Reichenhall. Nous avançons d'un pas rapide, mais avec précaution, sachant combien ils sont généralement particuliers sur les frontières. Nous sommes également convenus, si nous pouvions entrer immédiatement en toute sécurité en Autriche, d'éviter complètement Saltzbourg et de nous diriger directement vers Trieste. Barklimore commençait à être épuisé. Les routes étaient rudes et mornes, et pas un village ni une habitation humaine n'était visible, même à l'extrême limite de l'horizon. Alors que nous approchions de Reichenhall, nous rattrapâmes deux wagons et persuadâmes l'un des wagonniers de conduire notre compagnon boiteux et handicapé. Jamais arrangement ne fut plus heureux, car à peine fut-il installé dans le wagon que deux *gendarmes bavarois* apparurent. Hewson et moi-même avons cherché à nous cacher de l'autre côté de la route et avons ainsi échappé à toute détection.

Depuis plusieurs jours, je constatais que tous les panneaux et indications au bord de la route étaient en allemand et en français. La route que nous parcourions était toute nouvelle, et il paraissait qu'elle avait été tracée depuis la bataille d'Austerlitz, afin de faciliter l'entrée future des Français dans les États autrichiens. C'était d'une échelle magnifique et a dû coûter des sommes immenses, étant découpé à travers des rochers et des montagnes prodigieuses. C'était la plus belle route militaire que j'aie jamais vue, et elle témoignait du projet gigantesque que Napoléon devait avoir en contemplation. [30]

Nous étions apparemment à moins de deux milles de la ville et nous avons supplié le chariot de laisser descendre notre ami. Le garçon, trop bon enfant, proposa de l'emmener en ville, et nous fûmes obligés de feindre que nous avions l'idée de nous arrêter chez un ami du quartier. La maison d'un ami dans le quartier ! Jamais êtres pauvres n'ont été plus sans amis et plus ignorants d'un quartier.

Nous étions maintenant à bout de nerfs, et il était trop tard pour tenter même de faire un tour de la ville afin de nous introduire clandestinement dans les territoires autrichiens, qui doivent être à au moins quatre ou cinq milles de distance. Les montagnes environnantes semblaient calculées pour dérouter le voyageur le plus expérimenté qui tenterait de franchir ses passages de nuit, ou même de jour ; et que pourraient faire de pauvres fugitifs ignorants et désespérés comme nous ?

Toutes les questions ayant été délibérément pesées et considérées, nous résolumes de nous installer dans un cabaret, à peu de distance, au bord de la route ; et nous espérions que ce serait notre dernière nuit en Bavière. Nous y entrâmes donc et trouvâmes plusieurs personnes honnêtes. Je fis comprendre à notre hôte que notre camarade était tombé subitement malade, que je souhaitais le coucher le plus tôt possible et que nous préférions rester avec lui plutôt que d'aller en ville, car il était alors tard. Il nous a poliment dit que nous devrions être immédiatement hébergés.

Vers huit heures et demie, on nous conduisit au lit et nous étions de bonne humeur. Le lendemain matin déciderait de notre destin et nous étions très optimistes. Nous savions qu'il fallait être prudent aussi en Autriche, mais estimions que le grand point serait atteint lorsque nous serions hors du pouvoir de la Confédération du Rhin. J'avoue que j'ai parfois pensé à quel point nous serions malheureux si nous étions arrêtés dans les environs de la dernière ville bavaroise et reconduits à l'horrible *Manoir des Larmes* . Je le déclare franchement, j'aurais préféré la mort comme alternative.

A l'aube du 17 octobre, nous nous levâmes, commandâmes chacun une tasse de café et nous nous dirigeâmes avec beaucoup de circonspection vers la ville de Reichenhall, et ne vîmes que très peu de gens bouger. Tout, nous l'imaginions, nous favorisait ; mais l'instant d'après nous découvrîmes un pont que nous devions inévitablement traverser ; au bout, il y avait une autoroute et les couleurs bavaroises, bleu et blanc, que nous connaissions assez bien. Deux hommes sont apparus à une courte distance de l'autoroute. Nous étions sur le pont. Les deux hommes sont entrés dans une maison proche de l'autoroute. Nous avons avancé rapidement. Pensant que c'était une occasion très favorable, nous dépassâmes très heureusement l'autoroute à péage et tournâmes brièvement à droite, ce qui nous conduisit directement comme nous le souhaitions et nous éloigna également de la ville. Nous passâmes ensuite une autre barrière, où il n'y avait pas de maison en vue, et étant si près de celle que nous venions de franchir, nous conjecturâmes que toutes deux étaient surveillées par les mêmes personnes.

Ayant prévu toute aggravation des difficultés à mesure que nous approchions de la frontière, nous étions ravis de constater que le système de police n'était pas aussi strict que nous l'espérions : nous nous considérions désormais en sécurité. Nous avançâmes d'un mille et nous croyâmes dans les territoires autrichiens. Notre bonheur était inconcevable. Nos dangers, pensions-nous, étaient passés, et nous nous trouvions maintenant dans un pays qui, bien que n'étant pas allié avec l'Angleterre, avait été subventionné autrefois à hauteur de tant de millions par elle, et qui avait une cause si commune avec nous en abattre l'ennemi général. Nous avions presque l'impression d'être chez nous. Nous étions si en sécurité que nous avons commencé à être moins attentifs aux dangers de toute sorte.

La route devenait excessivement lourde ; et, bien que j'eusse emprunté des routes bien pires et dans des circonstances plus difficiles, mes perspectives de triomphe me rendaient fastidieux ou sportif. Une coupe, ou un sentier, semblait mener à travers champs dans une direction, et j'ai choisi de l'emprunter, car je pensais que cela raccourcirait notre distance, tandis que Hewson poursuivait de préférence la grande route. En regardant en arrière, je constatai que Barklimore suivait mes pas assez loin derrière, même si en peu de temps j'ai complètement perdu de vue Hewson. J'avais fait un angle obtus et j'avais gagné une certaine distance, et je repris bientôt la route ; mais, à mon grand inquiétude, je cherchai en vain mon ami. J'ai supposé que, bien qu'il ait parcouru le chemin le plus long, il avait dû marcher si vite qu'il faisait plus que compenser la différence ; et que, par conséquent, il était en avance sur moi. Bientôt, à mon grand étonnement et à mon plus grand désarroi, je fis la triste découverte que nous étions toujours dans les territoires bavarois ; car j'apercevais près de moi une autoroute, avec la maison voisine portant les armes bavaroises. Heureusement, la porte était fermée et je passai devant elle le cœur palpitant, remerciant le Ciel de m'avoir échappé de justesse. J'ai alors accéléré le pas ; et, en regardant en arrière avec une grande anxiété, à ma joie indicible, j'ai découvert que Barklimore avait réussi avec le même succès.

Je devins alors extrêmement alarmé pour la sécurité de notre ami Hewson, et conclus que, dans l'idée qu'il se trouvait dans les domaines autrichiens, il aurait pu s'approcher imprudemment de la barrière que nous venions de franchir et avoir été capturé. Je m'arrêtai pour attendre l'arrivée de Barklimore, afin que nous puissions conseiller sur ce qu'il y avait de mieux à faire. Au milieu de notre perplexité et de notre détresse, à ma joie indicible, j'aperçus Hewson très loin devant nous et se dirigeant vers nous avec précipitation. Comment il avait pu arriver si loin en avance m'était inexplicable. Je me précipitai vers lui et lui exprimai mon étonnement de le voir se séparer de nous dans un moment si critique. Il riposta brièvement et dit que, comme nous avions coupé un si grand angle en traversant les champs, il en concluait naturellement que nous étions plus avancés que lui. Mais il n'y avait pas de temps à perdre en récriminations ; car notre danger était extrême. Hewson, avec beaucoup d'inquiétude, nous dit que nous étions toujours sur le sol bavarois, et que peu de temps en avant il était arrivé à la ligne de démarcation entre les deux pays, et au point le plus proche de laquelle se trouvait une barrière, avec un garde; et il ajouta : « L'officier autrichien m'avait arrêté et avait demandé mon passeport. Avec toute la présence d'esprit que je pouvais supposer, dit Hewson, je lui ai dit que mes compagnons qui me suivaient avaient tous nos papiers, et il m'a demandé d'attendre votre arrivée, mais j'ai réussi à échapper à sa vigilance. et je me suis empressé de vous faire part de notre danger.

Nous avons reçu cette triste nouvelle avec des visages pâles et des sourcils froncés, mais notre inquiétude s'est accrue lorsque Hewson a poursuivi : « J'ai rencontré la femme de l'homme qui regarde cette porte bavaroise, ou autoroute à péage, et elle m'a demandé si j'avais montré mon passeport. et des papiers à son mari ; bien sûr, j'ai répondu que oui.

Nous nous trouvions donc ici dans une situation aussi désespérée que jamais. Jamais nous n'avions eu à affronter des dangers plus nombreux et plus extrêmes. Il ne nous paraissait que trop évident que, lorsque la femme raconterait à son mari ce que Hewson lui avait dit, une poursuite contre nous serait commencée et une tollé s'élèverait pour notre appréhension. Si l'officier autrichien avait refusé de laisser passer Hewson sans passeport alors qu'il était insoupçonné, il était évident qu'il ne nous laisserait pas passer lorsque les soldats bavarois nous poursuivaient. Il était inutile d'aller directement à la garde autrichienne, d'avouer qui et ce que nous étions et de nous rendre prisonniers, sur la confiance de l'amitié qui avait existé autrefois entre l'Angleterre et l'Autriche et des bons sentiments que les Autrichiens devaient entretenir. envers les Anglais. Quelle que soit la direction dans laquelle nous nous tournions, de nouvelles difficultés se présentaient et nous étions distraits par l'idée d'être emmenés après avoir surmonté tant de dangers, parcouru tant de centaines de kilomètres et arrivé à un point où même quelques mètres au-delà d'une ligne de séparation imaginaire pourrait nous sauver.

Je proposai aussitôt que nous essayions d'échapper et de dépasser la garde autrichienne en évitant la barrière et en franchissant la frontière comme nous le pourrions, en tout autre point ; et alors, si nous étions pris, notre dernière ressource serait de réclamer la protection de l'officier autrichien, en tant que sujets anglais, et autrefois, mais non maintenant, alliés de l'empereur. A tout risque, même au prix de notre vie, nous devions éviter de tomber entre les mains des Bavarois, car alors notre destin inévitable serait un voyage enchaîné jusqu'au Manoir des Larmes, un procès à Metz et une condamnation. aux galères.

Pas un instant n'a été perdu. J'examinai le pays et aperçus un sentier étroit qui menait à un bois épais au pied d'une immense montagne. Nous nous engageâmes immédiatement dans ce sentier détourné et avançâmes aussi rapidement que la nature de la piste nous permettait d'utiliser nos jambes. Nous nous attendions à être poursuivis par les troupes autrichiennes ; et notre seul espoir était d'entrer si loin dans leur territoire, que, une fois capturés, ils ne penseraient pas à nous renvoyer aux redoutables Bavarois.

Nous poursuivions notre route avec toute la vitesse possible, courant, grimpant, rampant et brouillant, selon que la nature du terrain le permettait ou l'exigeait, jusqu'à ce qu'enfin nous nous arrêtions, essoufflés, au milieu du bois, et, à notre grand plaisir. joie, je n'ai entendu ni le son d'une voix humaine ni le pas d'une poursuite.

Nous avons repris notre souffle et avons recommencé. Il était impossible de gravir l'immense montagne, car ses flancs étaient parfaitement inaccessibles, et souvent à une grande hauteur perpendiculaire ; et pourtant nous jetions un regard nostalgique et persistant sur ses escarpements escarpés, et pensions que si nous pouvions seulement gagner une de ses grottes ou forteresses, notre sécurité serait parfaite.

Nous gardâmes le chemin à travers le bois, et peu de temps après nous aperçûmes la grande route ; et, à la joie des poumons épuisés et des cœurs palpitants, nous nous trouvâmes pleins à un mille en arrière de la barrière autrichienne. C'était bien là un bonheur : un bonheur si grand, si inattendu, et si contrasté avec toutes les circonstances de notre position antérieure, que nous nous défiions même de nos sens qui nous en assuraient si clairement.

Nous prenions maintenant le pied ferme sur la grande route spacieuse, et nous étions sur le point de continuer avec les sentiments d'exaltation qui nous faisaient croire que nous pouvions défier le monde et rire du livre du destin ou des ruses de la déesse perfide et inconstante, quand : dès notre premier pas, une voix rauque nous appela à nous rendre, et quatre soldats allemands surgirent de leur cachette, derrière un rocher à la lisière du bois, et chacun nous présenta un fusil à la tête. Nous avons conclu qu'ils étaient des bandits et qu'ils n'avaient pas grand-chose à craindre d'eux, car nous n'avions aucune propriété à perdre, et savions que ces nobles n'étaient pas désireux de se suicider, alors qu'il n'y avait aucun avantage à verser le sang. Mais nous fûmes bientôt détrompés, car tandis que trois des gaillards gardaient le canon de leurs pièces vers notre tête, le premier d'entre eux nous ôta très poliment son chapeau. Cela ressemblait beaucoup à la scène de *Gil Blas* , où le mendiant suppliait pitoyablement le voyageur, au nom de la Sainte Vierge, de laisser tomber une marvadie dans son bonnet, tandis qu'il tenait sa carabine pointée sur sa tête, comme une large allusion à ce que il devait souffrir s'il n'était pas charitable. Mais les cas n'étaient pas pertinents, et il s'agissait de soldats autrichiens, et le chef nous a demandé poliment nos passeports. Je lui ai montré un vieux portefeuille et j'ai fait semblant de chercher le mien, que je ne trouvais évidemment pas ; mais je lui montrai quelques enveloppes en caractère allemand, que j'avais prévues en cas de nécessité. Le flegmatique sergent allemand a vaincu toutes mes excuses, en déclarant simplement qu'il n'était pas un juge dans des cas aussi difficiles, ni un érudit (en fait, il ne savait pas lire), et que son devoir était de nous conduire devant son officier, en nous montrant la direction dans laquelle nous connaissions la barrière autrichienne. « Allez-vous vous rendre ? a-t-il dit; et quelle possibilité de réponse nous restait-il d'ailleurs, lorsque chacun avait un fusil présenté à la tête ? « Très volontiers, répondis-je, mais ne sommes-nous pas dans les domaines de l'Empereur dans *le Kaisersland* ? Comme mon cœur battait de joie lorsqu'il répondit « Oui, Monsieur » — *Ya Mynheer* . Jamais le soleil n'a vu des prisonniers plus consentants. Nous avons accompagné nos ravisseurs chez l'officier. C'était un jeune homme et il ne parlait pas d'autre langue que l'allemand. Cependant, nous comprenions parfaitement qu'il était mécontent de notre tentative de lui échapper ainsi qu'au garde. Il nous examina, et nous lui fîmes comprendre du mieux que nous pouvions : « Que nous étions des Américains, qui avions échappé aux Danois à Altona, et qui faisions de notre mieux pour gagner Trieste, où nous comptions nous procurer un passage vers notre pays. pays d'origine." Il demanda qu'un de ses soldats aille prévenir le Bavarois, à la prochaine barrière, qu'il le voulait. Cette circonstance me causa beaucoup d'inquiétude. J'ai essayé de savoir de lui s'il avait l'intention de nous envoyer à Salzbourg. Il a dit que nous devrions être transportés immédiatement dans cette ville. Nous fûmes très contents de cette nouvelle, car nous redoutions d'être livrés au Bavarois qui était maintenant arrivé, et nous fûmes étonnés lorsque l'officier lui dit qu'il nous avait laissé passer sans nous examiner ni nous interroger. Notre *ami* de la barrière fut excessivement irrité de cette nouvelle, et, si nous avions été livrés à sa tendre merci, il se serait amplement vengé de la manière dont notre succès l'avait exposé aux railleries de l'officier de la nation rivale. .

CHAPITRE XVI

Notre arrivée à Salzbourg. Le directeur de la police. Persévérance dans notre histoire d'Américains. Soupçonné d'être des espions. Sentiments autrichiens favorables à l'égard de l'Angleterre et des Anglais. Confession de la vérité. Bien traité comme les officiers anglais. Une excellente auberge. Un gouverneur aimable. Grande courtoisie. Dépêches de Vienne. Passeports commandés pour nous. Une remise d'argent de Vienne. Passeports pour Trieste. Notre voyage. Étudiants allemands et chien latin. Clagenfurt. Laibach. Banditti. Une scène de montagne. Un feu de garde irlandais. Arrivée à Trieste — Extases de voir le Golfe et la frégate anglaise au large. — Notre embarquement — Recueilli par le bateau *de l'Amphion* — Un vieil ami et camarade de bord — Découverte d'un ennemi — Un combat désespéré et infructueux — Les tués et les blessés — Abattu par la droite. bras—Valeur du Lieut. GM Jones. — Sa blessure. — Bonté excessive du capitaine et des officiers *de l'Amphion* . — *Le brick Spider* . — Corfou. — Malte. — Sir Alex. Bal — Rencontre inattendue avec de vieux amis échappés de Bitche — Promu lieutenant dans le *Guerrier* (un soixante-quatorze) — Les gloires du service naval s'ouvrent à moi.

NOUS étions maintenant arrivés vers midi le 17 octobre 1808, lorsqu'une escorte ou une garde fut désignée pour notre garde, et nous fûmes mis en marche vers Salzbourg. Notre sort dépendait de ce que pourrait être la disposition momentanée du gouvernement autrichien à l'égard de l'Angleterre et de l'Amérique. Nous étions résolus à persévérer dans notre fiction américaine, si rien ne nous incitait au contraire. Vers deux heures, nous arrivâmes à Salzbourg. C'est une belle ville fortifiée, capitale du duché de Salzbourg, avec un château fort sur la montagne. Elle possède une université et deux palais nobles. La ville s'étend des deux côtés de la rivière Salza et est située entre trois montagnes. Les bâtiments de la ville étaient très remarquables, mais nous n'étions pas d'humeur ni dans les circonstances pour nous occuper de tels sujets, ni pour nous livrer au goût des amateurs.

Nous avons été conduits dans un bâtiment, la maison de ville, où nous avons été soumis à des interrogatoires stricts par le directeur de la police. Notre inquisiteur, cependant, était un officier bien élevé et distingué, et il parlait quatre langues avec une grande aisance.

Il nous a d'abord demandé en français quels compatriotes nous étions. Nous ne le comprendrions pas. Il nous posa ensuite la même question en italien et en allemand : nous étions également ignorants. Il nous a ensuite demandé notre pays en anglais. Maintenant, nous l'avons compris et avons immédiatement répondu que nous étions Américains.

« Comment avez-vous réussi, demanda-t-il, à entrer dans les domaines de l'empereur d'Autriche sans passeport régulier ? Vous serez considérés comme des espions.

Je lui demandai laconiquement : si les espions ne se muniraient pas de passeports, pour faciliter leurs desseins ? et je lui demandai en outre : Quelle connaissance d'un pays pourraient être obtenues par des espions, dans notre condition de dénuement et dans notre humble classe de vie ? Nous n'avions pas parmi nous une feuille de papier ni un crayon à mine noire et nous étions, en termes d'argent, des pauvres.

Ce monsieur parut frappé de ces vérités évidentes, mais il insista pour que nous rendions compte de nous-mêmes.

J'en étais le porte-parole et j'ai répondu ainsi : « Nous appartenions, dis-je, à un navire américain qui a été pris par les Danois (en vertu des décrets de Berlin et de Milan) pour avoir été arraisonné et révisé par deux frégates anglaises au cours de la guerre. Manche, lors de son passage vers la Baltique. [31] Nos noms, ai-je ajouté, sont Manuel (*alias* Hewson), second ; Henderson, chirurgien (*alias* Barklimore) ; et moi-même, Lincoln, qui malheureusement se trouvait être un passager.

Il a ensuite demandé que chacun de nous établisse par écrit une description régulière de qui et de ce que nous étions et que nous la lui apportions le lendemain matin. Il devait nous envoyer passer la nuit dans une taverne et nous demandait de ne pas en sortir sans sa permission. Il exprima également son étonnement de ce que nous ayons traversé le continent sans pouvoir parler une autre langue que l'anglais, et ajouta : *Que si nous étions même Anglais, nous n'avions rien à craindre du gouvernement autrichien* . Mon Dieu! Je n'ai jamais été plus heureux qu'en entendant ces mots, comme ils ont apaisé mon esprit ! Je feignais pourtant de ne pas le comprendre parfaitement, afin que mes oreilles puissent encore les entendre répéter ; et mon cœur rebondit de joie lorsqu'il réitéra que, si nous étions Anglais, nous n'aurions rien à craindre des Autrichiens. J'avais tellement confiance qu'un homme de son rang ne dirait pas de mensonge, que j'étais en fait sur le point de déclarer qui et ce que nous étions réellement. Cependant, je me suis gouverné et j'ai réprimé mon désir de raconter la vérité, même si je suis incapable d'expliquer comment j'ai pu le faire ; et, me tournant vers mes compagnons, je remarquai que nous ferions mieux de nous rendre à la taverne, car nous étions très fatigués. Le directeur a ordonné à un sergent de nous montrer le chemin. Nous prenons cordialement congé de ce digne vieux monsieur et suivons notre guide.

A la taverne, nous fûmes reçus comme des voyageurs américains, et nous fûmes un excellent souper et de bons lits ; nous nous sentions extrêmement heureux. Quelle grande différence entre notre situatiôn actuelle et celle d'il y a seulement quelques heures, entre les deux barrières !

Le lendemain matin (mardi 18), nous nous levâmes de bonne heure et tâchâmes de nous habiller aussi bien que nous le pouvions, du moins aussi bien que nos vêtements en lambeaux le permettaient ; nous nous procurâmes donc du linge de rechange et nous préparâmes à attendre le directeur. Nous décidâmes de continuer l'histoire américaine jusqu'à ce que nous puissions être bien assurés de la disposition du gouvernement autrichien à l'égard des Anglais. À dix heures, nous rendîmes visite au directeur, qui exprima de nouveau son grand étonnement de notre voyage si réussi sur une si grande distance, et s'étonna que nous n'ayons rien sur nous qui puisse certifier que nous étions Américains. "M. Manuel» rédigeait en même temps sa déclaration. Le vieux gentleman me fit encore observer qu'il y avait fréquemment des Anglais de passage à Salzbourg, qui s'étaient enfuis de France et qui trouvaient toujours un asile en Autriche. J'ai prêté une très grande attention à cette information importante. Le second avait maintenant terminé sa déclaration ; et « M. Lincoln, passager », devait ensuite commencer. Je ne pouvais vraiment pas me résoudre à faire une fausse déclaration, d'autant plus qu'il apparaissait que nous ne courions aucun risque à déclarer la vérité ; et j'ai donc signalé aux autres les conséquences qu'une telle démarche pourrait entraîner, avec la certitude d'être découvertes, car sans aucun doute la cour de Vienne ferait toutes les enquêtes nécessaires, par l'intermédiaire de son consul à Altona, avant de payer un quelconque crédit. à notre déclaration. Le résultat de ceci serait bien sûr que nous serions considérés comme des imposteurs, et peut-être ne seraient-ils pas crus lorsque nous déclarerions ce que nous sommes en réalité. Faire de la vertu une nécessité était notre meilleure politique. Ils convinrent tous deux que mes remarques étaient justes ; et ils me prièrent de prendre le vieux monsieur à part et de lui faire connaître toutes les circonstances. Je le fis donc et lui prouvai par un certificat [32] que je gardais toujours cousu dans mes vêtements, que nous étions des officiers britanniques. Il dit qu'il lui avait semblé à première vue que nous étions des prisonniers de guerre anglais, évadés des Français. J'ai raconté toute notre histoire. Il regretta beaucoup de ne pouvoir nous accorder immédiatement des passeports, puisqu'il fallait en informer le gouvernement de Vienne et obtenir son accord, mais il dit que nous aurions une réponse dans quinze jours au plus ; » et il ajouta en plaisantant : « Vous êtes en France depuis presque cinq ans, vous n'avez donc aucune objection à rester parmi nous quelques jours. » Il était excessivement gentil ; et je ne pus m'empêcher de lui dire que nos finances étaient réduites au plus bas. Le bon vieillard me réconforta bientôt sur ce point, en me déclarant que, pendant que nous serions détenus, le gouvernement autrichien nous accorderait une certaine somme journalière, proportionnelle à nos rangs respectifs. Il nous a supplié de nous installer aussi confortablement que possible dans notre auberge, nous a dit de chasser de notre esprit tout souci et toute anxiété et nous a demandé, plutôt que nous a ordonné, de rester à l'intérieur des portes, jusqu'à ce que nous ayons de nouvelles nouvelles de lui.

Nous avons pris congé avec beaucoup de respect et de gratitude ; et en rentrant à la taverne, nous ne pouvions nous empêcher de contraster cette urbanité et cette bonté avec la sévérité brutale que nous avions eu le malheur d'éprouver pendant tant d'années. L'effet de la gentillesse envers les personnes en détresse est d'élever le caractère de ceux qui la donnent et de ceux qui la reçoivent.

M. Hewson a écrit ce soir à son ami M. Concannon, à Vienne, qui avait été *détenu* à Verdun et a obtenu sa liberté (ce monsieur fut par la suite député de Coventry), pour le prier d'user de son influence auprès des autorités de notre nom.

Le directeur envoyait quotidiennement ses compliments « aux messieurs américains (car par politique envers la France nous étions encore considérés sous ce caractère), et demandait comment nous allions » ; et la logeuse et les serveurs déclarèrent que, jusqu'à ce qu'ils *nous aient vus* , ils avaient imaginé que tous les Américains étaient des nègres. Au crépuscule du soir, nous parvenions parfois à nous faufiler et à reconnaître la ville et les faubourgs ; et j'avais fixé un plan d'évasion, au cas où le gouvernement autrichien prendrait la résolution de nous livrer à l'ennemi cruel et détesté. Peut-être que ce soupçon n'était pas très digne de nous et ne pouvait être justifié que par ce que nous avions souffert de la part des Français.

Nous avions passé dix jours et dix nuits dans cette espèce de durée indulgente, lorsque, le onzième matin, avant que nous soyons sortis du lit, un officier frappa à notre porte et nous dit que le directeur désirait voir l'un de nous immédiatement. Hewson sauta du lit, s'habilla rapidement et obéit à l'appel. Pendant l'absence de notre ami, Barklimore et moi étions dans un état de grande perplexité. L'idée m'est venue à l'esprit que les gouvernements français ou bavarois auraient pu nous exiger des Autrichiens. Cette appréhension m'accable ; mais je cachai mes émotions, si fortes qu'elles fussent, à mon ami, qui souffrait alors beaucoup de fièvre et de fièvre.

Hewson revint bientôt, et sa physionomie dissipa bientôt toutes nos appréhensions, car sa joie était si excessive qu'il essayait en vain de prendre un air sombre pour nous inquiéter. Avec un air feint de tristesse, il nous dit qu'il craignait beaucoup que nous soyons renvoyés en France. Mais nous n'ignorions pas la physionomie au point de ne pas apercevoir qu'il débordait presque de quelque intelligence heureuse. Enfin, il nous félicita de ce que nous étions enfin des hommes libres — notre liberté était assurée aussi fermement que si nous avions pris « un lien du destin ». En effet, le directeur avait reçu de Vienne une dépêche dans laquelle le gouvernement autrichien nous avait reconnus comme sujets et officiers anglais, et dans laquelle il lui avait ordonné de nous donner des passeports pour nous rendre où bon nous semblerait ; et le directeur ajouta que nous étions maintenant libres, et que nous pouvions quitter la ville ce jour-là si nous le voulions. Dieu bon et miséricordieux ! quelle intelligence pour des gens qui ont été près de cinq ans dans un esclavage sévère et amer ! Nous avons sauté du lit, sommes tombés à genoux et, le cœur plein de gratitude envers notre Grand Créateur pour sa miséricorde et sa bonté sans limites, nous nous sommes salués comme des personnes libres.

Nous décidâmes aussitôt d'attendre notre digne ami, le directeur, et de lui témoigner combien nous étions reconnaissants de son attention et de sa gentillesse. Il nous reçut de la manière la plus élégante et parut aussi ravi que s'il eût été dans notre situation. Il voulait savoir comment nous comptions nous rendre à Trieste ? Nous répondîmes à pied, car nos finances étaient au plus bas ; bien que nous redoutions l'incapacité du médecin, sa dernière fièvre ayant été si grave qu'il avait saigné et eu des ampoules à plusieurs reprises ; mais il allait maintenant un peu mieux, bien que faible.

Notre passeport pour Trieste était, pendant ce temps, en préparation, et dans une demi-heure nous devions revenir le chercher. Entre-temps, nous retournâmes à la taverne pour faire les préparatifs nécessaires et prendre le petit déjeuner. C'était un repas luxueux. Au moment où nous sommes entrés, le propriétaire nous a présenté une réponse à la lettre de M. Hewson, de son ami à Vienne. Il nous informait du succès de notre demande dans cette ville, en ce qui concerne nos passeports, et contenait un ordre donné à son banquier à Salzbourg de nous fournir l'argent que nous jugerions nécessaire pour couvrir nos dépenses à Trieste et permettre nous permettre de voyager avec facilité et confort. La Providence semblait trop généreuse. Nous avons rendu visite au banquier, obtenu la somme nécessaire et fait appel au digne directeur pour lui donner le renseignement. Il parut très content, nous félicita de notre succès et ordonna que nos passeports soient établis pour passer par la diligence. Cela s'est avéré très heureux pour notre compagnon malade.

L'heure du départ arriva ; et maintenant nous voilà dans la diligence, libres de toute terreur, et exaltés au plus haut point de savoir que nous étions sur la route vers le bord de la mer, où nous verrions une fois de plus « le drapeau météore de l'Angleterre », et qu'il s'agite à nouveau au-dessus de nos têtes.

Notre voyage était intéressant. La première nuit, nous avons dû emprunter des routes complexes au milieu d'immenses montagnes couvertes de neige. L'apparence des habitants était en harmonie avec le paysage. Ils étaient habillés de façon grotesque et semblaient sauvages. La garde de la diligence était encline à l'insolence et encourageait évidemment les aubergistes dans leurs « tours aux voyageurs », des tours d'extorsion. Cependant, à la quatrième étape, nous nous débarrassâmes de ce mauvais exemplaire de l'ouvrage de la nature, car nous fûmes retirés de la diligence et mis dans un chariot qui nous conduisit à Villach, et de là à Clagenfurt. Le chariot était sans ressorts et, sur les routes accidentées et montagneuses, nous fûmes secoués presque à mort. Notre ami malade a dû souffrir terriblement ; mais il supporta ses souffrances avec son courage et sa maîtrise de lui-même habituels.

Dans le chariot, nous étions huit ; nos compagnons étaient des garçons qui retournaient à l'université après les vacances. Ils nous ennuyaient beaucoup avec leur latin familier ou canin ; et les jeunes coquins nous faisaient l'objet de leurs plaisanteries et de leurs satires, croyant que nous ne pouvions pas les comprendre.

A Clagenfurt, nous constatâmes que nous avions manqué notre route de Trieste de plusieurs lieues, parce que ceux qui avaient inspecté nos passeports à Villach ne nous avaient pas donné les renseignements nécessaires. On nous informa d'abord que nous devions retourner dans cette ville pour faire rectifier l'erreur ; mais, après avoir expliqué les difficultés et les privations qui nous attendaient en revenant sur nos pas, les autorités ont très gentiment réglé toutes les difficultés, et nous nous sommes retirés à la taverne Golden Sun, où nous avons souper et dormir.

On nous informa ici que nous ferions mieux d'effectuer le voyage du lendemain à pied, car les montagnes étaient si excessivement hautes que si nous avions une voiture, nous serions obligés de parcourir à pied la plus grande partie du chemin. Cette information nous détermina à partir à pied le lendemain matin ; et nous nous levâmes donc au point du jour (dimanche 30 octobre) et commençâmes notre voyage. Je n'avais jamais vu de telles montagnes que nous avons traversées ce jour-là. Nous fîmes douze lieues avant sept heures de l'après-midi, six d'entre elles montant presque perpendiculairement, et les six autres descendant en sens inverse : la grande route était en zigzag, mais nous ne la suivions pas. Nous arrivâmes enfin à un petit relais de poste, au pied d'un précipice prodigieux. Après avoir pris quelques rafraîchissements, nous prenons poste pour Laibach et voyageons toute la nuit. Au point du jour, nous entrâmes dans la ville et nous nous rendîmes immédiatement dans une taverne où nous trouvâmes des lits et nous retirâmes quelques heures pour nous reposer. Notre passeport a été apporté au directeur de la police pour être inspecté. Vers neuf heures, il nous fit appeler, nous posa quelques questions et nous rendit notre passeport dûment visé et certifié.

Le 31 octobre, à dix heures, nous prîmes poste pour Trieste, et arrivâmes le 4 novembre, vers huit heures, après un voyage des plus fastidieux, des plus pénibles et des plus vexatoires. Le lecteur qui trace la distance sur la carte ou l' *itinéraire* , et calcule le temps de notre parcours, comprendra la grande différence, même à cette époque, entre le voyage anglais et le voyage sur le continent.

La nuit après avoir quitté Laibach, nous avions à gravir une montagne très haute et escarpée ; et nos chevaux étant de la race de bétail la plus misérable, je descendis de cheval et pris un raccourci pour gravir la montagne. À onze heures du soir, j'ai vu un immense feu de joie à distance de la route où je me trouvais. Un certain nombre de personnes étaient rassemblées autour. Pas une maison n'était en vue ; la voiture était à au moins quatre milles au-dessous de moi ; et comme la route formait un parfait zigzag, le caractère sauvage du paysage montagnard m'a fait hésiter à m'approcher des lieux. Finalement, je m'approchai si près que je fus découvert et deux hommes coururent vers moi. Je n'avais aucun droit d'attendre de la courtoisie, de la décence ou même de la sécurité dans un tel désert, et les gars m'ont demandé grossièrement en allemand qui j'étais et ce que j'étais. Dans un allemand approximatif, je leur ai dit que je ne comprenais pas ce qu'ils disaient et je leur ai demandé s'ils parlaient français. Ils ont répondu « Non ». La scène entière était si terriblement sauvage qu'elle était digne du crayon de Salvator Rosa ; et même son crayon n'aurait pas pu lui rendre justice. "Parlez-vous italien?" dis-je, et un « non » farouche fut ma seule satisfaction. Finalement, j'ai éjaculé : « Parlez-vous anglais ? et, à mon grand étonnement, tous deux ont vociféré le « Oui » en anglais avec l'ajout de « parfaitement bien ». J'ai été abasourdi par la réponse; car qui aurait pu s'attendre à trouver la langue anglaise sur une montagne désolée et aride dans cette partie du monde ? J'ai découvert que l'un des hommes était un Irlandais d'origine et que l'autre était un Allemand qui était depuis longtemps au service britannique. Notre compatriote Paddy, car mes compagnons étaient aussi Irlandais, m'apprit, avec une renaissance du accent qu'il avait oublié, ou se flattait d'avoir oublié depuis de nombreuses années, que les montagnes étaient si infestées de bandits, que lui et son groupe y étaient postés pour arrêter les prédateurs et protéger les voyageurs. Je dois avouer que je pensais que ces voleurs-attrapeurs avaient adopté une méthode assez étrange pour poursuivre leur vocation ; car leur immense feu de joie exposait leur poste de surveillance et permettait par conséquent aux banditti de les éviter et de perpétrer leurs crimes en toute impunité. Peut-être que l'Hibernien avait greffé aux Allemands le génie (généralement considéré comme indigène) de son pays pour ce genre d'erreurs. Enfin la voiture arriva et, sautant dedans, je dis un long adieu à ces étranges policiers montagnards, après leur avoir donné une bagatelle que nous ne pouvions guère nous permettre.

Je n'ai pas besoin d'insister sur le plaisir que nous avons éprouvé ce matin à contempler le golfe de Trieste et les navires et vaisseaux stationnés dans le port, parmi lesquels se trouvait une escadre russe, composée de quatre voiles de ligne, d'une frégate et d'un magasin. bateau. Nous découvrîmes aussi un navire au mouillage à quelques lieues de là, qui, à notre très grande satisfaction, nous apprit qu'il s'agissait de la frégate de Sa Majesté britannique l' *Unité* , le capitaine Campball, qui, disait-on, bloquait ce port. C'était la meilleure nouvelle qu'on puisse imaginer. Nous étions désormais certains de pouvoir rejoindre notre pavillon natal ; comme mon cœur haletait pour être à flot sur l'Océan, et sous l'étendard anglais ! Comparées à ce sommet de liberté, même ma sécurité actuelle et ma récente liberté de voyager me paraissaient comme de l'esclavage.

Nous attendîmes le directeur de la police, qui nous reçut avec une grande politesse et nous fit conduire à la première taverne de la ville ; demandant que nous disions toujours que nous étions Américains. Un vent de Borea, ou vent de NE, qui dans l'Adriatique est le plus violent, se levait alors : il nous assura qu'il serait impossible de s'embarquer avant que le vent ne se calme, mais qu'il nous prêterait toute son aide en temps voulu. Il y avait alors en ville un monsieur nommé Danolan (qui avait été autrefois vice-consul anglais). Nous l'avons servi et il s'est avéré dans tous les sens du terme un véritable ami ; il s'engagea à nous embarquer, nous fournit de l'argent liquide et nous proposa de rester chez lui si nous le voulions : sa femme était également polie et attentionnée. Seule l'intempérie du temps empêchait en ce moment que notre bonheur fût complet.

Nous retournâmes à la taverne et passâmes nos moments aussi confortablement que possible dans les circonstances actuelles ; dîné à la table d'hôte avec les officiers russes de l'escadre, qui d'abord, j'imagine, crurent que nous étions réellement américains, mais ensuite, à cause de nombreuses insinuations de leur part et de l'attention marquée qu'ils nous prêtèrent, J'ai acquis la certitude qu'ils avaient découvert ce que nous étions.

Malgré la rigueur du temps, Hewson et moi gravissons une hauteur adjacente, lorsque nos poitrines se dilatèrent et que notre esprit brillait à la vue de l'Adriatique. Notre cachette dans les bois et nos terreurs dans les villes, nos lits marécageux, nos dos trempés et nos estomacs affamés, étaient des souvenirs des plus agréables, lorsque nous sentions qu'ils nous avaient conduits au « haut sommet de notre joie » et que nous voyions maintenant notre glorieux élément, avec une petite frégate sous pavillon de la vieille Angleterre, bloquait le port et surveillait toute la ligne de côte. La marine de cette côte, je le crois en vérité, pensait qu'elle pouvait aussi facilement combattre le diable lui-même que tenter de rivaliser avec une escadre anglaise. [33] Réfléchissons à cette immense distance des arsenaux et des ressources de l'Angleterre, et alors nous verrons que jamais nation n'avait établi une supériorité aussi irrésistible sur tous les ennemis, que l'Angleterre avait consommée par ses triomphes navals et par ses victoires navales. économie et gestion. Trois fois nous avons salué avec bonheur notre glorieux pays, en voyant son drapeau triompher sur la vague.

Dans la nuit du lundi 7 novembre, le temps devint doux, la frégate anglaise commença à peser, et je craignis qu'elle ne quittait son poste. J'étais si impatient d'être de nouveau sur un gaillard d'avant, que je ne songeai jamais que le blocus ne pourrait être levé, et que si elle partait, une autre devrait reprendre la gare. Nous nous rendîmes chez notre ami M. Danolan, qui nous assura qu'il avait tout pourvu pour notre départ ; et, selon son arrangement, à huit heures et demie nous étions embarqués, et en peu de temps nous étions hors du port. Cependant, quelques minutes avant notre embarquement, je déposai à la poste une lettre adressée à mes amis Tuthill et Ashworth, en vrai caractère allemand, leur donnant un détail minutieux de la route que nous avions suivie et tous les détails relatifs à nos succès. , qu'ils reçurent heureusement, et qui leur permit ensuite de s'échapper.

Nous ramâmes vers le point où j'avais calculé que nous trouverions la frégate anglaise ; mais, à notre grande mortification, nous avons été déçus. Quand la lune était levée, nous la pesions et nous nous distinguions pour elle ; mais, au grand chagrin de mon cœur, nous ne pouvions pas nous rallier à elle. J'ai caché toutes les tortures de mon esprit, de peur d'affliger mes camarades.

Nous avons continué à ramer dans des directions différentes, avec une sorte d'espoir désespéré, jusqu'au lever du jour, lorsque nous avons aperçu le bateau d'un navire de guerre qui s'approchait de nous. Il courut à nos côtés et demanda en anglais ce que nous étions. Je sursautai en entendant la langue anglaise et, avec une joie inexprimable, je vis que c'était un bateau de guerre britannique. Je répondis que nous étions trois sujets britanniques évadés d'une prison française. Ayant été informé que c'était le bateau *de l'Amphion* , j'assurai à l'officier que nous serions très heureux de quitter notre moyen de transport actuel et de prendre avec lui un passage vers la frégate. Il répondit : « Le navire est actuellement à une distance considérable ; Je ne reviendrai qu'à huit heures. Je répondis que cela importait peu ; deux d'entre nous appartenaient à la marine, et nous ferions volontiers avec lui une croisière le long de la côte, s'il n'y voyait pas d'objection. "Très bien", fut sa réponse. Nous payâmes donc nos bateliers, les licenciâmes et eûmes le bonheur de nous retrouver sous nos couleurs et dans notre élément.

En me retournant et en regardant l'officier qui commandait le bateau, quelle fut ma surprise et ma joie lorsque je reconnus instantanément le lieutenant Jones, un vieil ami et camarade de bord de 1802. Je me suis immédiatement fait connaître à lui, et cet excellent garçon a exprimé avec exultation sa joie d'avoir été l'officier qui avait eu la chance de venir nous chercher.

J'ai été étonné de constater que c'était l'*Amphion* , au lieu de la frégate *Unité* , qui était le navire ancré au large de Trieste. Le lieutenant Jones a mis les choses au clair en déclarant que l'*Amphion* n'était arrivé que cette nuit-là et que le navire de Sa Majesté, *L'Unité,* avait pesé et se tenait plus bas dans le golfe. Il était étrange que mon ancien navire et ami arrivât la nuit même où le temps favorisait notre embarquement à Trieste.

Ce matin, le 8 novembre 1808, je n'oublierai jamais. Nous nous sentions en parfaite sécurité et nous amusions à raconter des anecdotes sur notre évasion, à nous rappeler les horreurs du « Manoir des Larmes », et à laisser libre cours à nos espoirs en faveur de nos amis dans ses murs, lorsqu'à huit heures notre L'amusement fut interrompu par la découverte de deux étranges voiles sous Capo d'Istria. Nous les avons pris pour des navires marchands ennemis, volant le long des côtes. Le lieutenant Jones se dirigea directement vers eux. L'un que nous aperçumes bientôt était plein d'hommes et essayait de se séparer de l'autre et de se rapprocher du rivage. Elle avait l'apparence d'une barque, tandis que son compagnon était plus grand et était gréé comme un *trabaccolo* , ou goélette, sous les couleurs vénitiennes. Nous concluîmes que la plus grande partie de l'équipage l'avait abandonnée et essayait de gagner le rivage dans la chaloupe.

La disparité des forces était immense, et toutes les circonstances étaient contre nous ; mais, quoique nous ne fussions que dans le yawl d'une frégate (un très petit bateau comparativement), notre vaillant officier résolut sans hésitation de monter à bord et d'en faire corps à corps. Les chances étaient malheureusement contre nous. Qui peut concevoir ma fierté et mon exaltation lorsque je me trouvai ainsi participant aux gloires de ma profession, et réfléchissant combien peu de temps s'était écoulé depuis que j'avais été soit prisonnier dans un cachot, soit sorte de Nabuchodonosor errant dans les champs et les forêts. . Ma chance était excessive, d'être ainsi, comme dans une tangente, jetée dans le service actif : un coutelas de navire, un mousquet noir, étaient de bons substituts à mes chaînes et à mon cadenas ; et j'ai joué le rôle d'un marine à cette occasion.

Nous tirâmes plusieurs coups de feu pour amener l'ennemi, que le trabaccolo rendit avec intérêts composés, en nous lançant un coup de canon de quatre ou six livres. Notre vaillante petite troupe céda, *c'est-à-dire* tirée vers l'ennemi. Nous ne pouvions pas apercevoir beaucoup d'hommes sur son pont, mais ceux qui étaient là entretenaient un feu vif. Enfin nous arrivâmes à bord, dans le bon style anglais, lorsque plus de vingt hommes se montrèrent tout à coup, avec à leur tête un officier décoré de la Légion d'honneur, sur lequel je tirai un coup de fusil, ce qui, je crois, eut un effet fatal. Mais à ce moment-là, j'ai reçu une balle de mousqueton dans le bras droit, cela l'a désactivé. Ils nous déversèrent une volée de mousquets, de mousquetons, de tromblons, etc. Notre archer et un autre matelot tombèrent morts ; trois autres marins tombèrent de leurs blessures, et Green Dick, le pilote, l'un d'eux, mourut le lendemain. Jones a également été grièvement blessé. Notre petit groupe s'est donc malheureusement amenuisé. L'autre navire, voyant combien nos effectifs étaient peu nombreux et combien ils avaient diminué, se dirigea vers le trabaccolo avec vingt-deux hommes. Nous n'avions pas d'alternative, mais nous étions obligés de nous retirer, et ce n'est qu'à leur conduite ignoble que nous demeurâmes redevables de ne pas être de nouveau faits prisonniers. La frégate n'était pas alors en vue, et l'état confus de notre petit équipage, deux tués et cinq blessés, y compris notre brave et vaillant officier, ne nous aurait pas rendu difficile la conquête d'une force aussi supérieure, s'ils avaient persévéré dans l'attaque. . Notre retraite fut couverte par le mousquet d' *un seul* marin, nommé Hunt ; Je lui ai fourni des cartouches aussi vite qu'il pouvait les charger et tirer, les mordant et les lui donnant avec ma main gauche. Mon ami Barklimore nous a été d'un service essentiel en pansant nos blessures avec des mouchoirs, etc., car il n'y avait pas un nombre suffisant de *garrots* . Mon digne camarade Hewson s'est également grandement distingué comme l'un des pensionnaires, puis en tirant sur la rame pour faciliter notre évasion.

Le lieutenant Jones n'a jamais fait la moindre plainte, et il n'a fait savoir à personne qu'il était blessé, jusqu'à ce que nous soyons bien à l'écart de l'ennemi, bien que ce soit une blessure des plus douloureuses et des plus dangereuses qu'il ait reçue ; il avait aussi plusieurs balles de mousquet dans le sommet de son chapeau. Ma blessure au bras droit, comme je l'ai observé, l'a invalidé de sorte que je n'en ai jamais complètement récupéré la force. [34]

Vers midi et demi, ou midi, nous accostâmes mon bon vieux navire, remorqué par sa chaloupe, qu'on laissa partir en constatant du haut du mât notre état d'immobilisation. Nous fûmes hissés à bord sur une chaise, avec le plus grand soin, le capitaine et les officiers manifestant beaucoup d'inquiétude à notre égard et rivalisant d'offices de bonté. Les deux autres dignes lieutenants de l' *Amphion* , MM. Bennet et Phillott, avaient été à son bord à mon époque, et j'étais donc chez moi parmi de vieux amis et camarades de bord. On n'avait plus entendu parler de moi depuis de nombreuses années, et tout ce que mes confrères savaient de moi, c'était que j'étais prisonnier dans une prison française ; Jugez donc quel fut leur étonnement, lorsqu'en hissant les blessés, ils trouvèrent un étranger et reconnurent que cet étranger était moi. Il leur sembla que j'avais dû tomber des nuages, car ils ne pouvaient deviner comment je suis arrivé parmi eux.

Le capitaine Hoste, quoique inconnu de moi, s'est comporté comme un parent, et sa très grande humanité ne s'effacera jamais de mon souvenir reconnaissant ; bien qu'il l'ait avoué dès ma première comparution, il avait des préjugés contre moi, car il avait imaginé que j'avais été le chef du navire que M. Jones avait attaqué, et qui avait fait tout le mal à cet officier et à son équipage. Son commis m'a cédé sa cabine. M. Moffat, le chirurgien, et son assistant, M. Angus, nous traitèrent avec le plus grand soin et la plus grande tendresse. La boule, paraît-il, ayant divisé les muscles, avait complètement mis à nu l'artère de mon bras, effleurant sans la lacérer, mais à tel point que les deux chirurgiens, dans le premier cas, crurent que l'amputation était inévitable. Mes habitudes étaient depuis longtemps si sobres que mon organisme était exempt de toute tendance inflammatoire ; et c'est à cela, je suppose, que je dois ma guérison sans subir la perte de mon membre. Tous les officiers étaient zélés pour nous apporter de la part de leurs généreux compatriotes tout le réconfort et le secours que des personnes dans notre misérable condition pouvaient attendre.

Seize jours se sont écoulés, pendant lesquels j'ai été confiné dans mon lit de camp. Mon bras allait mieux rapidement et j'étais heureux d'être informé que Jones se remettait aussi rapidement de sa blessure. J'ai profité de l'occasion qui m'était offerte pendant ce délai de seize jours, par un marchand de Trieste venant à bord, de faire envoyer une lettre, agréablement promise, au commandant de Lindau, datée « à bord de la frégate HM *Amphion* , bloquant actuellement le port de Trieste », lui assurant combien je serais heureux, si jamais une occasion se présentait, de pouvoir le convaincre que je n'avais aucun sentiment vindicatif pour la sévérité inutile que j'avais reçue de sa part.

Le brick HM *Spider* , commandé par le lieutenant Sandford Oliver, nous rejoint maintenant depuis Malte, avec des ordres. Elle devait revenir immédiatement, et comme j'étais plein d'anxiété à l'idée de rejoindre le commandant en chef, au large de Toulon, ou de me rendre en Angleterre, j'obtins du chirurgien l'assurance qu'il ne pouvait y avoir aucun danger à m'éloigner. Le capitaine Hoste a gentiment cédé à mes sollicitations pour être autorisé à prendre un passage sur l' *Araignée* , tout en ajoutant, de la manière la plus amicale, que si je le préférais, je pourrais rester avec lui jusqu'à ce qu'il descende à Malte avec un convoi qui il s'y attendait bientôt. Hewson et moi avons exprimé notre crainte de manquer notre promotion, après avoir perdu tant d'années à cause de notre captivité : il a approuvé nos souhaits et nous a donné une lettre d'introduction et de recommandation à Sir Alexander Ball, qui était amiral de port et gouverneur de Malte. Nous avons pris congé cordialement de tous nos dignes amis dans l' *Amphion* , avons été transportés à l' *Araignée* et, en peu de temps, nous avons mis le cap sur le golfe.

Au large de Corfou, j'ai eu la satisfaction de voir battre pavillon français, pour la première fois depuis plusieurs années : le *Spider* prenait une bombarde (navire doté d'une sorte de cotre), chargée de laine et de grégos (capotes). Le 8 décembre nous arrivâmes à Malte, et à la suite de cette capture nous fûmes mis en quarantaine.

Pendant ce temps, le navire HM *Woolwich* était sur le point de naviguer vers l'Angleterre avec un convoi. L'amiral Ball avait ordonné à Barklimore un passage à bord ; mais elle a malheureusement pris la mer avant que nous puissions lui procurer un moyen de transport. Il fut cependant embarqué à bord d'un transport appartenant au convoi et arriva sain et sauf en Angleterre. Le navire HM *Proserpine* devait le lendemain se rendre au large de Toulon, vers Lord Collingwood ; et si nous n'avions pas été en quarantaine, c'était l'intention de Sir Alexander Ball de nous envoyer à bord. La *Proserpine* fut prise par les Français ; c'est pourquoi nous avons dû nous féliciter de notre cinquième évasion d'une prison française. Nous étions dix jours avant de sortir de la quarantaine ; et le même jour l' *Amphion* arriva. Le navire HM *Leonidas* était sur le point de naviguer vers la flotte ; [35] Sir Alexander Ball nous ordonna un passage, et tout fut arrangé pour rejoindre le commandant en chef au large de Toulon avec toute la rapidité possible.

Avant de monter à bord du *Léonidas* , nous sommes allés prendre congé de nos bons amis à bord de l' *Amphion* . Imaginez quel fut notre étonnement et notre joie lorsque la première personne que nous vîmes en arrivant sur son pont fut le compagnon de notre vol, notre frère malade Batley, que, à cause de sa boiterie et de sa mauvaise santé, nous avions été obligés de laisser au public. -maison à Baden. Heureusement pour lui, il a été récupéré au large de Trieste, et quelques jours seulement après que nous ayons navigué sur le *Spider* . Nos félicitations mutuelles terminées, il nous raconta brièvement les détails suivants de ses aventures et de son sort :

« Les gens avec qui vous m'aviez laissé dans le petit village se sont comportés avec beaucoup d'attention, ainsi que le vieux cordonnier. Dès que je fus parfaitement rétabli, je les quittai et me dirigeai vers l'Autriche ; mais le deuxième ou le troisième jour, je fus arrêté près d'Elsingen, dans le Wirtemberg, et jeté en prison, où je restai cinq semaines. Ils avaient écrit pour informer le gouvernement français qu'ils me détenaient; cependant, avant qu'une escorte (qu'ils attendaient) n'arrive de France pour me reconduire, j'ai heureusement réussi à m'évader en m'évadant de ma prison.

Je n'ai pas besoin d'observer quel plaisir sincère nous éprouvions à ce récit de son succès, ni combien était extrême notre joie de retrouver ainsi notre compagnon si longtemps perdu.

Nous étions les premiers à réussir à nous échapper de la forteresse terriblement forte et bien gardée de Bitche. Tous nos amis de l' *Amphion* furent excessivement enchantés de nous voir, et le capitaine Hoste fit tout ce qui était en son pouvoir pour répondre à nos vœux.

Nous leur priâmes d'affectueux congés et nous embarquâmes à bord du *Léonidas* . Le vent, quoique défavorable, n'était pas un obstacle à notre départ, car il naviguait comme une sorcière ; et en quatre jours nous arrivâmes à Minorque. Là, nous changâmes de navire et nous embarquâmes sur le HM sloop *Kingfisher* pour un passage à Gibraltar, où l'on calcula que Lord Collingwood s'était rendu, dans son navire amiral l' *Océan* , après s'être séparé du corps de sa flotte dans une violente tempête d'est. grand vent.

Nous avons continué sur le *Kingfisher* jusqu'à Malaga, où nous avons rencontré le brick *Weazle* , le capitaine Prescott, qui nous a informés qu'en raison d'un changement de vent, Lord Collingwood avait levé la barre pour Malte, où il avait l'intention de réparer le navire. dommages qu'il avait subis lors du vent. Nous retournâmes donc à Minorque, reçumes de nouvelles dépêches, et en cinq jours arrivâmes à Malte, et rejoignîmes Lord Collingwood dans l' *Océan* . Nous avons eu, en quelques jours, l'indicible satisfaction de revoir cinq autres de nos compagnons de souffrance, qui avaient tous réussi à s'échapper de Bitche, à la suite de la lettre que j'avais écrite de Trieste, indiquant le parti que nous avions pris. Parmi eux se trouvaient mes frères dans l'adversité, Tuthill et Brine. Ashworth s'était échappé, mais n'était pas encore arrivé. [36] Les Français considéraient Bitche comme leur bastion pour les prisonniers anglais, et ils devaient être grandement ennuyés et mortifiés de voir que tant d'entre eux avaient triomphé de leur force, de leur ingéniosité et de leur vigilance. [37]

Lord Collingwood nous reçut très gentiment et nous posa plusieurs questions sur nos démarches et nos projets. Il nous confia le service d'aspirants de marine à bord de l' *Océan* et quitta Malte pour Palerme. Nous rejoignîmes ensuite la flotte au large de Minorque, et l'accompagnâmes jusqu'à Toulon, dont nous bloquâmes le port jusqu'au 28 mars 1809. J'eus souvent l'honneur de dîner chez Monseigneur, qui eut la bonté de me faire asseoir près de lui, et pour m'aider à sculpter, car mon bras était si faible et toujours en écharpe. Sa Seigneurie rit de bon cœur en l'informant que j'avais écrit au commandant de Lindau conformément à ma promesse.

A cette époque, j'étais accablé de mélancolie, et même la joie de ma fuite semblait m'abandonner. J'avais perdu cinq années de ma vie à l'époque la plus précieuse, dans les prisons françaises, et l'idée d'accumuler un si long arriéré de service était des plus décourageante. Si je n'avais pas été capturé, j'aurais dû, avant cela, si j'avais vécu, être au moins lieutenant, sinon commandant, comptant sur les occasions de me distinguer en vue d'une promotion ultérieure. Or, à mon âge, je n'étais qu'aspirant.

Ces sombres pensées, cependant, furent bientôt soulagées, car Lord Collingwood me nomma le lendemain, 29, à un poste de lieutenant dans un poste vacant à la cour martiale du *Warrior*, le capitaine JW Spranger.

CHAPITRE XVII

Recevoir une lieutenance - La gentillesse de Lord Collingwood - Rejoindre le *Warrior* - Une réserve inattendue de dollars - Un accident de mer - Prise d'Ischia et de Procida - Expédition contre les îles Ioniennes - Rejoindre l' *Amphion* - Activité du capitaine Hoste dans l'Adriatique - Le commodore Dubourdieu et son Escadron à Ancône. — À la poursuite de l'ennemi. — Une poursuite effrénée. — Le succès enfin. — Une bataille glorieuse et une victoire splendide. — Détails de l'action de Lissa. — Mon retour en Angleterre. — Entretien avec le premier lord de l'Amirauté. Irlande — Une sollicitation du capitaine Hoste pour rejoindre la *Bacchante* comme premier lieutenant — Revisiter la Méditerranée — Provoquer l'ennemi — Ils nous provoquent — Une capture — Malheureuse perte de prises — Un accident inexplicable — Explosion extraordinaire d'une frégate française — Un drapeau de trêve —Venise—Corfou—Capture d'une flottille.

SA Seigneurie m'a présenté ma lieutenance de la plus belle manière possible. Il me fit de nombreux compliments et exprima son regret que ce soit la première occasion qu'il avait eu de m'accorder une commission sur son propre don ; ajoutant qu'il me l'a donné de bon cœur en réparation de mes souffrances et en récompense de mon entreprise et de mon courage. Sa Seigneurie exprima chaleureusement son approbation de ma conduite pendant le temps que j'avais été sous son commandement immédiat ; et les récompenses ainsi que les éloges étaient doublement précieux de la part d'un officier vétéran, si hautement et si justement célèbre pour son habileté nautique et sa bravoure consommée. Sa Seigneurie me souhaita cordialement tout le succès possible dans le service ; et à son ordre de réparer à bord du *Warrior*, il ajouta en plaisantant : « Je suppose que vos bagages peuvent être facilement transportés jusqu'à votre navire. A cette supposition, je répondis laconiquement qu'un bas suffirait pour contenir tout ce que je possédais.

Mais ma gratitude envers ce grand et bon homme, pour sa bonté paternelle envers moi depuis que j'étais à bord de l' *Océan* , était si puissante qu'elle bouleversait l'expression et les souvenirs de tous les sentiments amicaux qui avaient été manifestés à mon égard par le capitaine Thomas. , et tous les officiers du navire, se précipitèrent irrésistiblement dans mon esprit ; et ce ne fut pas sans de grands et nombreux efforts que j'empêchai mes sentiments de se manifester par ce qu'on aurait pu appeler une ébullition faible et féminine, quoique naturelle, d'émotions intenses. Il me fallut un certain temps avant de pouvoir me maîtriser suffisamment pour exprimer à Sa Seigneurie mon sentiment profond et sincère de sa gentillesse et de son patronage. Une période de vingt-neuf ans n'a pas diminué le moins du monde la gratitude qui m'avait alors presque accablé.

J'ai été embarqué à bord du *Warrior* par l'un de ses bateaux, sous le commandement du lieutenant David Dunn. A peine étais-je assis dans le bateau, que le barreur, touchant son chapeau, m'informa qu'un sac de dollars venait d'être remis pour mon usage. C'était un acte d'amitié opportun et généreux, grandement renforcé par la délicatesse avec laquelle il avait été conçu. Je me suis immédiatement rendu compte de qui émanaient ce bon sentiment et cette libéralité. Le député. William Waldegrave (aujourd'hui post-capitaine) était alors l'un des lieutenants à bord de l' *Océan* . Il avait manifesté à mon égard un sentiment très amical et, avant que je quitte le navire, m'avait suggéré la nécessité de me procurer une certaine somme d'argent afin de régler avec mon prédécesseur la possibilité de prendre sa place, pour laquelle il a peut-être payé à l'avance les dépenses liées à la table et les imprévus au mess. Je répondis à M. Waldegrave que mon ami le capitaine Hoste avait eu l'extraordinaire bonté de me donner *carte blanche* pour tirer sur son banquier de Malte tout l'argent dont j'aurais besoin. Mais ma réponse ne l'avait pas découragé ; en ouvrant le sac, je me trouvai approvisionné amplement, ou même abondamment ; et il y avait une lettre amicale dans laquelle il me disait que lorsque j'aurais un excédent de prix en argent, je pourrais payer son avance actuelle à son banquier. Je n'ai pas besoin de dire que j'ai rempli scrupuleusement et avec le plus grand plaisir ce devoir.

Arrivé à bord du *Warrior* , je fus présenté au capitaine Spranger, qui me reçut poliment, et, en même temps, je fus informé par le second de pont que c'était désormais ma montre. J'ai également été présenté à mes frères officiers, qui semblaient tous cordiaux et polis. Le dîner était maintenant annoncé, et après avoir expédié rapidement ce qu'il y avait, j'envoyai chercher le tailleur du navire pour m'équiper pour mon nouveau grade, en métamorphosant un aspirant en uniforme de lieutenant ; et, ayant emprunté un manteau à M. Dunn pour l'intérim, je montai sur le gaillard d'avant, et reçus immédiatement « les *ordres* » et pris le commandement du quart.

Comme M. Dunn était beaucoup plus grand et plus gros que moi, je faisais une silhouette plutôt ridicule dans son uniforme, une silhouette qu'on ne voit pas souvent sur le pont arrière d'un des navires de guerre de Sa Majesté ; mais un officier commandant de quart à bord d'un navire de guerre, plus particulièrement lorsqu'il est en ligne de bataille, a son attention si entièrement absorbée par des choses importantes qu'il n'a pas le temps de réfléchir à son apparence personnelle. que ce soit pour satisfaire son orgueil ou pour mortifier sa vanité.

Le lendemain matin, le capitaine Spranger me nomma lieutenant des transmissions, ce qui me libéra de tout service de nuit, sauf lorsque les signaux devaient être émis.

Dans l'après-midi du jour suivant, le 31 mars, alors que notre division de la flotte était en train de se porter ensemble par signal, le *Renown* et le *Warrior* se heurtèrent l'un à l'autre, ce qui nous causa tellement de dégâts que nous commençâmes à laisser échapper une fuite. bonne affaire. Nous avons cependant gagné sur la fuite, et après avoir fait tout ce qui était possible pour le réaménagement, nous avons accompagné Sir John Stuart dans l'expédition dans la baie de Naples, et avons été présents et coopérés à la prise des îles d'Ischia et de Procida. À l'automne, nous dirigeâmes seuls l'expédition, sous les ordres du brigadier-général Oswald, contre les îles Ioniennes, et réussîmes à capturer Zante, Céphalonie, Ithaque et Cerigo.

Nous nous rendîmes ensuite à Malte pour réparer, puis rejoignîmes la flotte au large de Minorque. Notre navire étant trouvé dans un état défectueux, Lord Collingwood l'envoya faire une courte croisière au large du cap Saint-Sébastien, avec ordre ensuite de se rendre à Malte et d'emmener le convoi d'avril en Angleterre.

A notre arrivée à Malte, j'ai été ravi de retrouver l' *Amphion* . Mon vieil ami, le lieutenant Jones, est venu m'informer que mon ami et ancien camarade de bord, Charles George Rodney Phillott, le premier lieutenant, avait été promu pour services distingués, et, avec son zèle et son amitié habituels, il a exprimé son espoir que je pourrais le faire. être nommé pour combler son poste vacant. Après une communication avec le capitaine Spranger, je m'adressai au capitaine Hoste, et malgré les demandes qui lui étaient si nombreuses et si fortement appuyées, j'atteignis mon but, et le 2 mars, le cœur joyeux et plein d'espérance, je rejoint l' *Amphion* et devient le troisième ou lieutenant subalterne. Mon ami Jones devint le premier, tandis que M. William Slaughter, à qui je succédais, était maintenant le sous-lieutenant.

Comme mes désirs étaient ceux du service le plus actif, j'étais maintenant en bonne voie de les voir pleinement satisfaits. Le 27, le capitaine Hoste reprit son poste dans l'Adriatique. La force navale de l'ennemi augmentait maintenant rapidement dans les ports de Venise et d'Ancône, et il était évident que l'empereur français était sur le point de faire un effort, soit pour infliger quelque dommage sérieux à notre commerce, soit pour interrompre notre supériorité navale dans la région. Adriatique. Notre petite escadre était en activité incessante ; et bien que notre force fût insignifiante comparée à celle de l'ennemi, nous comptions sur notre bonne fortune pour la combattre en détail, et des visions d'honneur, de gloire, de distinction, de promotion et de tous les résultats de la conquête remplissaient continuellement nos esprits. . J'avais individuellement le désir anxieux d'avoir l'occasion d'exprimer aux Français de la manière la *plus chaleureuse* combien je leur étais reconnaissant pour leurs anciennes faveurs. Nous avions l'habitude de nous lever ou de nous tenir près du rivage au large de leurs ports et sous voiles faciles, et parfois nous retenions, abordions et détruisions leurs navires côtiers, et faisions tout ce qui était en notre pouvoir pour les exaspérer et les inciter à sortir. .

Le 29 septembre, nous apprîmes que les navires de Chiozza, près de Venise, commandés par le commodore Dubourdieu, avaient appareillé ; et le capitaine Hoste, dans l' *Amphion* , accompagné de l' *actif* , le capitaine JA Gordon, poussa immédiatement vers Ancône. Ici nous trouvâmes l'ennemi, composé de trois grandes frégates, de deux corvettes, de deux bricks, d'une goélette et d'une canonnière. Certains d'entre eux naviguaient à l'extérieur du port, tandis que d'autres à l'intérieur semblaient être sous pression. Nous pensions qu'ils nous donneraient immédiatement suite, mais le soir, à notre grand dépit, ils rentrèrent tous au port. Notre calcul était qu'ils pousseraient vers Corfou, seraient renforcés par tous les navires qui pourraient se trouver au large ou sur cette île, puis se dirigeraient selon toute probabilité vers la Sicile.

Le *Cerberus* et *l'Acorn* rejoignirent notre petite escadre ; et lors de notre nouvelle reconnaissance d'Ancône le 17 octobre, nous constatâmes que tous nos oiseaux s'étaient échappés. Instantanément, tous les points de toile qui pouvaient être utiles furent déployés, et notre cap se dirigea vers Corfou, avec l'intention de regarder Lissa, *en passant* . Notre espoir était, grâce à une navigation supérieure, d'arriver les premiers à Corfou et d'empêcher leur entrée sans risquer une bataille.

Nous rencontrâmes un corsaire sicilien qui nous informa qu'il venait d'être poursuivi par les ennemis qui se dirigeaient vers Corfou. Nos calculs étaient ainsi vérifiés ; toutes les voiles étaient bondées, et nos cœurs rebondissaient dans l'espoir que l'aube nous présenterait l'ennemi au large. Le matin cependant arriva, et nos regards parcoururent en vain dans toutes les directions le bord de l'horizon. Aucun ennemi n'était visible et les espoirs brillants d'une bataille s'évanouissaient. Nous nous sommes dirigés vers Brindisi, jusqu'à Cattaro, sur la côte albanaise, et avons parcouru toute l'Adriatique ; mais tout n'était que déception. Finalement nous nous dirigeâmes vers l'île de Lissa, où, à notre arrivée, nous constatâmes, à notre infinie mortification, que l'ennemi était devant nous et était parti. En fait, le perfide Sicilien nous avait trompés ; et le jour même où cet allié nous avait donné la fausse nouvelle, le commodore français, ayant appris par un pêcheur que l'escadre anglaise était en croisière, courut à Port Saint-Georges ; troupes débarquées ; commis de grands ravages et dévastation; détruit nos prix; nous avons enlevé trois navires neutres que nous avions retenus ; et retourna précipitamment à Ancône. C'était une drogue amère de déception ; et personne ne l'a ressenti plus durement que notre vaillant capitaine. J'ai dîné avec lui ce jour-là et j'ai vu la grosse goutte couler sur sa joue virile. Jamais il n'y eut de dîner ou de table plus sombre et mélancolique que celui-ci.

Toutes les voiles étaient mises, et nous suivions la direction que l'ennemi avait prise ou qu'on disait avoir prise. Le lendemain, à minuit, nous avions un temps brumeux avec des vents légers et une forte houle. En balayant l'horizon avec une excellente lunette de nuit, j'imaginais que des objets sombres m'avaient obstrué la vue sur son bord. Je l'avais constaté à plusieurs reprises, et mon observation fut confirmée par le jeune gentleman de ma garde, avant de prendre la résolution d'en informer mon plus vaillant chef. Je n'oublierai jamais l'extase avec laquelle il sauta de son lit en s'écriant avec insistance : « Nous les avons enfin, Dieu merci ! — Merci, O'Brien, dit ce courageux passionné de la cause de son pays, merci pour ce bonne garde; que les officiers soient appelés et que tous rentrent tranquillement dans leurs quartiers ; reculez votre hunier d'artimon, afin que Gordon (de l' *Active* , le prochain navire en ligne) puisse s'approcher suffisamment pour communiquer sans bruit, et je serai sur le pont dans un instant.

Tous ces ordres judicieux furent exécutés aussi rapidement qu'ils avaient été donnés, et le capitaine Gordon reçut notre joyeuse nouvelle et la communiqua dûment au suivant successivement dans la ligne. Tous les cœurs étaient remplis d'une joie irrésistible face au conflit imminent ; et j'étais fier d'avoir été l'officier qui avait découvert l'ennemi. Le jour arriva, et quelle ne fut pas ma mortification, quel fut notre chagrin et notre déception à tous, lorsque la flotte ennemie se révéla n'être pas exactement *des châteaux d'Espagne* , mais une réalité, quoique de misérables pêcheurs ! Nous avons atteint Ancône et avons trouvé les fugitifs en sécurité dans le port. Le *Moniteur* , en remarquant cette course-poursuite, eut l'impudence de déclarer « que l'escadre anglaise, bien que supérieure aux françaises en *force* et *en nombre* , avait très soigneusement évité de mesurer ses forces avec elle ». [38]

Le *Cerberus* nous laissa pour Malte pour se réarmer, mais nous fûmes rejoints par le *Volage* , de vingt-deux canons, et le brick *Alacrity* , de dix-huit. Chaque jour, nous capturions des caboteurs et insultions les côtes ennemies. Le *Volage* , dans la nuit du 27 novembre, par temps brumeux, dû à un brusque changement de vent, heurta l' *Amphion* ; et les deux navires furent obligés de quitter l'escadre. A Malte, alors qu'il était en réparation, j'ai eu la satisfaction de voir mes valeureux amis, les lieutenants Jones et Slaughter, avancer au grade de commandant en récompense de leurs vaillants services. Je devenais maintenant premier lieutenant de l' *Amphion* , mon commandant et ils se plaisaient à appeler mon droit de naissance ; mais Lord Collingwood était mort, et Sir Charles Cotton, le nouveau commandant en chef, qui m'était étranger, sans consulter le capitaine Hoste, plaça au-dessus de ma tête mon ami le lieutenant Dunn, qui n'était que de huit mois mon aîné.

Le 26 février 1811, les deux navires étant prêts à prendre la mer, nous embarquâmes pour l'Adriatique et, le 12 mars, arrivâmes sur notre ancien lieu de croisière au large de l'île de Lissa, où nous trouvâmes l' *Active* et *le Cerberus* , le sloop *Acorn* étant en service détaché. . Notre escadre se composait donc de quatre navires, et tous étaient maintenant très désireux de reconnaître les héros d'Ancône, qui avaient, avec une telle effronterie consommée, déclaré que l'Adriatique avait été nettoyée par eux des intrus britanniques.

Leur politesse, semble-t-il, a anticipé nos vœux et dépassé nos attentes, en les incitant à faire amende *honorable* pour leur conduite antérieure en nous rendant visite avant l'aube du lendemain matin, mercredi 13 mars, jour à jamais mémorable. du moins avec moi, et avec tous ceux qui ont partagé sa gloire, et, pourrais-je ajouter, pour ne pas être oublié dans les annales navales britanniques.

L' *Active* étant bien au vent, à l'affût, Gordon aperçut une escadre de navires de guerre couchée ; il fit aussitôt le signal de nuit d'un ennemi et se leva pour nous rejoindre. À l'aube, notre joie était indescriptible : ils n'étaient qu'à un mile de Port St. George. La force de notre ennemi longtemps recherché, que nous avons immédiatement reconnu, était composée de six navires, d'un brick, d'une goélette, d'un chébec et de deux canonnières ; certainement un nombre très supérieur – la disparité, selon toute apparence, est écrasante ; mais, chose étrange à dire, il n'y avait pas une âme dans l' *Amphion* , depuis le chef jusqu'au chef, qui ne s'attendait à une victoire complète ; et j'ai été informé depuis que le même sentiment prévalait sur les autres navires.

Toutes les voiles étaient faites au près, virant de bord de temps en temps à la rencontre de cette escadre franco-vénitienne, dirigée par le même chef Dubourdieu, qui, vers six heures, se précipitait en deux divisions pour nous attaquer. Lui, menant le tribord ou le météo-un, dans la *Favorite* , une grande frégate, suivi du brick *Flore* , *Bellona* et *Mercurio* ; la division sous le vent était dirigée par le *Danaë* , suivi par le *Corona* , *le Carolina* et les petites embarcations. [39]

Nos navires étaient en ligne très compacte devant nous, l' *Amphion* , *l'Active* , *le Cerberus* et *le Volage* , ayant toutes les voiles encore déployées, afin que nous puissions fermer le plus tôt possible. Alors qu'il était presque à portée de feu, le capitaine Hoste a télégraphié « Souvenez-vous de Nelson ! » ce à quoi répondirent trois acclamations bruyantes de la part des équipages de notre escadron, qui occupaient le gréement à cette occasion.

A neuf heures, maintenant réduit aux voiles de haut et de haut galant, sur tribord amure, dans un ordre si serré qu'il était impossible à tout navire de passer entre elles, décoré de Union Jacks et d'enseignes aux différentes têtes de mât et haubans, Indépendamment des enseignes rouges régulières aux pics d'artimon, nous avons hissé un pendentif de commodore à la tête *de l'Amphion* , à la montée duquel notre vaillant commandant s'est écrié avec le plus d'insistance : « Voilà la fierté de mon cœur !

À chaque préparation faite, il y avait une pause ou un profond silence dans tout le navire, les deux escadres s'approchaient rapidement, lorsque le capitaine Hoste m'appela pour « tenter un seul coup d'un des canons du pont principal sur le navire de Dubourdieu ». Cela fait, il tomba immédiatement sous ses arcs, ce qui nous convainquit que nous devions l'atteindre à coups de fusil à double coup en très peu de minutes.

À ce moment-là, un feu des plus terribles fut ouvert et devint général des deux côtés : le nôtre était si bien dirigé et nos navires si serrés en ligne, que le commodore français, qui fit preuve d'une grande bravoure, fut complètement déjoué dans sa tentative de nous aborder. sur la hanche tribord. Cela a scellé sa destruction ; car au moment où son foc avait presque plombé notre taffrail, son beaupré et son gaillard d'avant étaient encombrés de pensionnaires, lui-même en grand uniforme parmi les premiers, faisant preuve d'une grande intrépidité et animant ses hommes, un cinq-et-demi en cuivre. Un obusier de pouces, préalablement chargé de sept à huit cents balles de mousquet et bien pointu, fut tiré droit sur eux. Le carnage occasionné par cela, ainsi que les tirs incessants d'armes légères des marines et des marins, ainsi que des balles, des raisins et des cartouches, de tous les gros canons qui pouvaient être utilisés, étaient vraiment épouvantables. De nombreux malheureux furent emportés ; et parmi les morts, on remarquait distinctement leur vaillant chef.

Le feu *de la Favorite* devenait alors irrégulier et languissant, et elle paraissait ingérable. Notre escadre étant déjà trop près du rivage, il fut jugé indispensable de prendre le large ; et donc le signal a été fait pour porter ensemble. Notre adversaire, tentant la même évolution, échoua et, dans une grande confusion, s'effondra sur les rochers de Lissa. Nous avons aussi, à l' *Amphion* , échappé de peu au partage du même sort ; et pour notre sécurité, nous devions, sous la Providence, principalement dû aux efforts extraordinaires et à la présence d'esprit de William Thomas, capitaine de l'avant-garde, stationné là, qui, au moment critique du port (les roches pas à moitié d'un coup de pistolet) éloigné sous notre vent), apercevant l'étai et les drisses tirés, les drisses se détachèrent du bloc de tête de mât, et par conséquent la voile rendue inutile, dont dépendait principalement l'exécution de cette évolution, attrapa l'extrémité des drisses sur il descendit et, avec la rapidité d'une biche et l'agilité d'un singe, il arriva au bloc de tête de mât, à travers lequel ils furent instantanément traversés et entraînés par lui avec la plus grande rapidité, par le haut du mât. restez jusqu'à l'extrémité du bout-dehors, où, en un clin d'œil, ils furent à nouveau courbés et le foc mis en vol, à l'admiration de tous ceux qui furent témoins de cet exploit intrépide, « en fait, presque surhumain », comme l'appela depuis le capitaine Sir David. Dunn, alors premier lieutenant, et témoin oculaire de l'affaire. [40] Heureusement, j'aurais pu dire miraculeusement, le navire s'est dégagé du danger et a repris l'action sur bâbord amures.

Le *Volage* , auparavant navire arrière, menait bien sûr désormais sur bâbord amure, et il remplissait vaillamment son rôle.

Le *Flore* montra alors sa détermination à exécuter, en montant à bord de l' *Amphion* , l'intention de son chef déchu ; et il fit certainement une tentative des plus vaillantes, mais il fut frustré. [41] Cependant, il réussit à passer sous la poupe et déversa un feu ratissant qui aurait été des plus destructeurs pour les hommes sur le pont principal, si je ne leur avais pas ordonné de se coucher entre les canons, comme en se tenant debout. ils étaient inutilement exposés, car il était impossible pour le moment de porter un fusil sur l'ennemi. Plusieurs tirs *du Flore* claquaient sur les ponts sans blesser les hommes ainsi protégés en se tenant serrés entre les canons, dont l'un avait son pomillion arraché.

Le *Flore* , maintenant sous le vent sur le même amure, s'est relevé sur notre quart sous le vent ; le *Bellona* fit de même sur le poste météorologique ; de sorte que nous étions chaleureusement traités entre eux.

La division sous le vent de l'ennemi à ce moment était également sur bâbord amure, et le capitaine du *Danaë* , évitant soigneusement les plus grosses frégates, se colla près du *Volage* , qui le tirait si bien de ses caronades de trente-deux livres, que il fut obligé de s'éloigner à une distance plus respectueuse ; cette manœuvre obligea le *Volage* à augmenter la quantité de poudre, dans l'espoir d'atteindre son rusé adversaire, à qui, malheureusement, l'effort se révéla favorable.

Les culasses ayant cédé par suite des charges accrues, les caronades furent renversées, ne laissant au vaillant Hornby qu'un seul six livres pour soutenir la lutte inégale. Le *Volage* était presque coupé en morceaux, lorsque l' *Actif* vint opportunément à son secours ; à cette vue, le *Danaë* fit toutes voiles pour s'échapper à Lessina, ainsi que le *Carolina* , et les petites embarcations s'éloignèrent dans diverses directions.

Le *Corona* ayant pendant tout ce temps été chaleureusement engagé par le *Cerberus* , tenta maintenant de suivre l' exemple *du Danaë* , mais fut poursuivi et amené à l'action dans un style supérieur par l' *Active* .

Cependant nous souffrîmes beaucoup dans l' *Amphion* du feu bien dirigé des deux navires, *Flore* et *Bellona* , si judicieusement placés dans nos quartiers ; mais le premier, étant le plus redoutable, exigeait notre plus grande attention

; et étant sous le vent, nous avons pu, en relevant, nous rapprocher et passer devant de manière à presque la toucher, lorsque nous avons déversé notre bordée tribord dans sa proue bâbord. En conséquence, elle cessa bientôt de tirer et frappa ses couleurs.

Le *Bellona* était maintenant surveillé avec une double diligence marquée, nous gardions en même temps quelques canons du pont principal pointés sur le *Flore* , craignant qu'il ne nous joue un tour et ne profite de notre état d'incapacité en s'éclipsant ; à peine cela était-il fait, que je reçus un message du capitaine par son *aide de camp* , M. Cornwallis Paley, à l'effet ci-dessus ; et j'eus grand plaisir, en réponse, à dire que j'avais anticipé les désirs de mon chef, ayant eu une certaine connaissance du caractère de ceux avec qui nous avions maintenant affaire. J'avoue que j'avais un pressentiment sur ce navire, qui s'est avéré trop fondé.

Le *Bellona* suivit bientôt l' exemple *du Flore ;* à onze heures quarante-cinq, elle a mis ses couleurs. Le brick *Mercurio tirait de temps en temps jusqu'à ce que le Favorite* eût heurté les rochers près desquels il avait jeté l'ancre, et s'occupait activement avec ses bateaux de sauver une partie de l'équipage du naufrage. Je croyais que le *Flore* augmentait sa distance sous le vent, et je craignais qu'il ait l'intention de copier le *Danaë* et *le Carolina* et d'essayer de pénétrer dans Lessina, un port français sur la côte dalmate, lorsque j'ai été enchanté par un message disant que le capitaine Hoste me voulait immédiatement. prendre possession de la frégate capturée ; le premier lieutenant Dunn, ayant été frappé d'incapacité, après avoir été gravement brûlé par une explosion sur la dunette, qui blessa également notre vaillant chef, son frère Thomas Edward Hoste, aspirant, et bien d'autres.

A cette occasion, le capitaine Hoste fit preuve du plus grand sang-froid et de la plus grande magnanimité possible. Le lieutenant Dunn avait été complètement arraché des jambes, et il ne restait plus une particule de peau sur son visage, et par conséquent il aurait pu être considéré comme *hors de combat* pour le moment ; mais ce brave officier resta toujours à son poste, montrant avec son chef un brillant exemple, ainsi que le lieutenant Thomas Moore des marines, qui avait été grièvement blessé et fut difficilement persuadé d'aller chez le chirurgien pour se faire panser, après quoi il retourna à ses quartiers.

La question était maintenant de savoir comment procéder à bord du prix ; car notre navire était dans un état presque démantelé, toutes les vergues et autres agrès étant mis en pièces, et les bateaux dans un état des plus brisés ; Cependant, l'une d'entre elles, qui ne paraissait pas aussi mauvaise que les autres, fut portée corporellement jusqu'à la passerelle et jetée à la mer avec une corde attachée à elle, par laquelle, bien qu'à moitié pleine d'eau, elle fut tirée jusqu'au bord du navire. Je suis immédiatement monté à bord avec M. Kempthorn, aspirant et quatre matelots, qui ont tous commencé à presser avec leurs chapeaux, etc., sauf un homme de chaque côté, qui a réussi à pagayer.

La *Flore* s'éloignant toujours, je demandai qu'on nous permettât d'essayer de l'atteindre ; mais notre vaillant chef, à cause de l'état dangereux de notre bateau, et n'imaginant pas un seul instant que l'ennemi vaincu pouvait agir de manière si déshonorante, après avoir été sous nos canons pendant tant d'heures, m'a ordonné de me rendre au plus proche, le *Bellona* , à bord du ce que nous avons eu du mal à obtenir vers midi.

Prenant deux membres de l'équipage du bateau, je fus reçu sur la passerelle par son premier lieutenant et les officiers survivants, à l'exception du capitaine (Duodo), qui, m'apprirent-ils, était alors dans sa cabine, mortellement blessé. Les apercevant tous avec des armes de poing, je demandai si leur navire s'était rendu. Ils répondirent par l'affirmative ; à quoi je fis remarquer que dans une telle occasion, il était habituel que les épées soient remises à l'officier qui en prenait possession ; à laquelle ils se sont immédiatement et volontairement conformés. J'ajoutai maintenant, le formulaire étant rempli, qu'ils étaient les bienvenus dans leurs armes, et je présentai son épée à chacun, qui déclina tous la faveur. Ces trophées furent donc remis dans le bateau, où je souhaitais que les défunts propriétaires se plaçaient également, afin qu'ils puissent rendre visite au commodore britannique : elle étant, après avoir mis en balles et bouché les fuites, dans un état plutôt meilleur que lorsque je l'a quittée. Ils parurent très réticents à se conformer à cette proposition et exprimèrent leur étonnement que j'aie risqué ma vie et celle de l'équipage dans un tel véhicule ; mais quand je leur ai assuré que si le *Bellona* en possédait un meilleur, ils étaient invités à le prendre, tous parurent enchantés et très reconnaissants de cet acte de bonté, et le premier lieutenant ordonna de descendre le canot arrière ; mais, à leur grand désarroi, elle était, si possible, dans un état pire que le nôtre. Ayant une légère brise favorable, nous réglâmes les voiles du mieux que nous pouvions, et fermâmes avec l' *Amphion* , ce qui raccourcit notre distance de près de moitié ; et je réussis à les décider à partir, et j'eus le plaisir de les voir tous monter du côté *de l'Amphion* .

J'ai eu la mortification de découvrir, au même moment, à distance de tir, le *Flore , réglant ses voiles et faisant route vers Lessina.* Soucieux maintenant de remettre le *Bellona* en ordre et de m'assurer de son état actuel, notamment en ce qui concerne le chargeur, etc., j'interrogeai le tireur, qui déclara que le capitaine Duodo lui avait donné l'ordre de placer secrètement dans le train de câbles quelques barils de de la poudre à canon, à laquelle était attaché un train, dans l'intention, supposait-il, dans le cas où il serait contraint de se rendre, que le navire, s'il n'était pas complètement détruit, serait rendu inutile aux ravisseurs - le fait qu'il ait été retiré du pont blessé a empêché cette catastrophe. . Je fus aussitôt conduit sur place, et j'y plaçai un des hommes *de l'Amphion* comme sentinelle, lui donnant les instructions nécessaires, tandis que je laissais l'autre à la barre.

Je me rendis ensuite dans la cabine du malheureux capitaine, que je trouvai étendu sur le dos, dans l'état le plus déplorable : sa blessure, la plus grave au ventre, étant devenue extrêmement offensante. Lors de ma visite, il parut très affecté et pressa ma main entre les siennes et pleura, exprimant de la manière la plus impressionnante sa gratitude pour la bonté que j'avais témoignée envers un ennemi vaincu. Je l'ai supplié de commander mes services de toutes les manières qui pourraient lui être bénéfiques, et je lui ai dit adieu.

Il serait difficile de décrire les horreurs qui se présentaient alors. Le carnage était épouvantable : les morts et les mourants gisaient dans toutes les directions ; les cris de ces derniers étaient des plus lamentables et des plus perçants. Le chirurgien, un homme herculéen, avec un tablier et ses manches de chemise relevées, assisté de son assistant et d'autres personnes, joua un rôle remarquable dans la tragédie, étant occupé à examiner les blessures, à déterminer les corps d'où l'étincelle vitale était réellement sortie. s'enfuir, et surveiller leur enterrement, ou plutôt se lancer hors des ports !

Il est étrange de dire que tous les hommes postés à l'un des canons avaient été tués, et comme on le supposait, par les mêmes coups de feu, [42] qui traversaient les deux côtés du navire dans la mer. Avec un autre fusil, le crâne d'un pauvre être était en effet logé dans la poutre au-dessus de l'endroit où il se trouvait, le tir ayant pris une direction oblique : bref, la scène était déchirante et écoeurante.

Les prisonniers se rassemblèrent sur le pont arrière et parmi eux se trouvaient un certain nombre de soldats assis sur leurs sacs à dos, apparemment dans l'espoir de suivre leurs officiers à bord du commodore britannique. Je me suis adressé à eux et leur ai assuré qu'ils devraient être traités avec gentillesse, mais que, en premier lieu, chacun devait retourner immédiatement à son poste et aider de bonne volonté à mettre le navire en état d'affronter le Borea, ou le nord. -coup de vent d'est, dont l'approche nous menaçait maintenant ; et j'ajoutai que j'étais conscient qu'ils devaient être dans une certaine mesure en manque de nourriture et épuisés, mais qu'il fallait d'abord faire le travail, et ensuite ils devraient avoir une double allocation. Ils acceptèrent ma proposition ; et ils se rendirent au travail très gaiement, certains me serrant et me baisant les mains, déclarant qu'ils obéiraient très volontiers à mes ordres.

Deux matelots s'avancèrent alors et, dans un anglais approximatif, se firent connaître comme étant portugais : l'un était quartier-maître et l'autre, homme d'artimon. J'ai exprimé mon regret et mon étonnement de trouver les sujets de notre ami et allié, leur roi, sur un navire ennemi, mais qu'il serait désormais en leur pouvoir de racheter, par une bonne conduite, leur caractère, auquel cas je devrais intercéder pour eux. avec le commodore, et espérait qu'ils seraient autorisés à entrer au service de Sa Majesté britannique, lorsqu'ils seraient considérés comme des Anglais. Ils parurent très satisfaits de cette nouvelle, et promirent fidèlement de faire tout ce qui était en leur pouvoir pour mériter l'approbation, promesse qu'ils honorèrent le plus scrupuleusement.

Le matelot à la barre était maintenant remplacé par le quartier-maître portugais, et je me sentais fort d'avoir quatre hommes sur lesquels je pouvais compter.

En peu de temps, nous nous trouvâmes dans un état un peu meilleur : les morts presque tous jetés par-dessus bord, avec quelques-uns qui n'étaient pas tout à fait sans vie, mais dont on ne pouvait pas nourrir le moindre espoir de guérison, comme me l'ont assuré à plusieurs reprises le chirurgien et son assistant. . Les longerons jaillis et brisés du haut furent envoyés vers le bas ; les voiles qui en avaient besoin, dépliées et remplacées ; et les ponts furent pelletés et débarrassés des tas de sang et *d'ordures* dont ils avaient été encombrés.

Le *Favoris* apparut à ce moment dans un éclat parfait sur les rochers. L'action était encore très animée entre l'*Active* et *Corona* , lorsque, vers deux heures et demie, après une résistance des plus obstinées, en l'honneur de son capitaine, Paschaligo (qui était un descendant d'un des plus célèbres de les Doges), ainsi que de ses vaillants ravisseurs, ces derniers furent maîtrisés.

L'*Amphion* et *le Volage* étaient dans un état des plus impuissants ; la coque du *Cerberus* était une énigme parfaite, bien que moins endommagée au niveau des mâts, des espars et du gréement que ses consorts. Vers quatre heures, le *Favorite* explosa ; l'explosion provoqua un choc terrible qui fut ressenti par toute l'escadre ; et nous, à bord du *Bellona* , étions très reconnaissants d'avoir si providentiellement échappé au même sort, car le capitaine Duodo avait été blessé.

Vers neuf heures du soir, le *Corona* était en danger imminent, ayant pris feu dans la hune principale, alors qu'il était remorqué par l'*Active* ; elle fut, bien sûr, instantanément mise à la dérive. Vers dix heures, les flammes nous paraissaient terribles, particulièrement sur le grand mât et le gréement, se trouvant alors à bout portant sur son travers sous le vent. J'ai déployé tous les efforts possibles et j'ai réussi à me mettre hors de portée de son heavy metal. A minuit, nous avons eu la satisfaction de voir le feu complètement éteint. Ceci avait été réalisé grâce à l'activité et aux efforts extraordinaires du lieutenant James Dickenson du *Cerberus* et de George Haye de l' *Active* , qui avaient dirigé leurs hommes et, se précipitant à travers l'élément dévorant de la manière la plus héroïque, coupèrent les espars lâches. gréement, etc. Un service si particulier ne pouvait être rendu sans préjudice aux personnes employées ; quelques vies furent perdues, et le lieutenant Haye, dont la bravoure avait été remarquable à plusieurs reprises, avait été, avec beaucoup d'autres braves gens, gravement brûlés.

Heureusement, l'escadre britannique, avec les prises *Bellona* et *Corona* , était confortablement amarrée à Port St. George, avant le vent de nord-est attendu, qui ne s'est produit que le 15, et nous étions tous occupés à boucher les trous de tir. et réparer tous les défauts, préparatoires à notre route vers Malte.

J'ai profité de la première occasion pour rendre visite à mon vaillant et digne chef, que j'ai trouvé, avec mon ami Dunn et bien d'autres, dans un état lamentable à cause de leurs blessures, devenues maintenant extrêmement douloureuses. Il m'a exprimé une grande satisfaction de me voir et m'a complimenté sur le fait que le *Bellona* ait été le premier navire à entrer dans le port et sur ma si bonne gestion des prisonniers. Il permit aux deux marins portugais d'entrer au service de Sa Majesté, et me commanda quelques membres supplémentaires de l' équipage *de l'Amphion* , avec deux ou trois marines.

Il paraissait très contrarié par la perfidie de la frégate *Flore capturée* , et préparait une lettre [43] à l'officier supérieur des fugitifs, exigeant qu'elle soit livrée, selon les lois de la guerre et de l'honneur. Dès que possible, nous avons soigneusement transporté le capitaine Duodo blessé à terre, dans la résidence confortable d'un dignitaire de l'église (un *canonico*), où il a expiré peu de temps après.

Le chirurgien du *Bellona* étant le doyen et considéré comme habile, le capitaine Hoste ordonna de placer sous sa surveillance tous les prisonniers blessés, parmi lesquels se trouvait un Français de la *Favorite* , dont la jambe droite était si gravement brisée que l'amputation fut immédiatement nécessaire. Soucieux de connaître l'histoire de ce pauvre garçon, je lui rendis visite dans le cockpit, où je le trouvai étendu sur la plate-forme, l'opération étant effectuée. Son moral était bon.

Il m'a assuré qu'il n'avait aucun souvenir d'une seule circonstance après l'incendie de son navire ; lui et plusieurs de ses compagnons blessés étaient alors prosternés sur les ponts ; tous ceux qui étaient capables de se déplacer avaient bien entendu quitté le navire. Il a dû être projeté sur le rivage lorsque le navire a explosé ; et il supposait que ses malheureux compagnons d'infortune étaient tombés à la mer. « Le sort de notre navire, observa-t-il, fut rapide et extraordinaire. *La moitié à sauté dans l'air, l'autre à coulé à fond* » ; et il ajouta : « Je suis votre prisonnier et j'ai perdu ma jambe ; mais, mon bon officier, j'ai un excellent appétit, et un bon repas me ferait bien plaisir. Je n'ai pas besoin de dire que ce brave Français fut particulièrement soigné jusqu'à ce qu'il fut envoyé le 20 avec tous les blessés à Lessina.

Deux cents membres de l' équipage *du Favorite* , qui s'étaient échappés à terre, furent contraints de rendre les armes dimanche, par la conduite entreprenante de M. James Lew et de M. Robert Kingston, aspirants de l' *Active* , laissés responsables des prises à Lissa. qui se mirent à la tête de quelques hommes corsaires qu'ils persuadèrent de se porter volontaires à cette occasion.

L'escadre et les prises étant dans un état passable pour affronter les périls de la mer, le 25 nous quittâmes Port Saint-Georges pour nous diriger vers Malte ; et au large du port, le capitaine Hoste communiquait avec le *Magnifique* (soixante-quatorze) et *l'Éclair* (brigade), qui surveillaient l'ennemi.

Le jeudi 28 mars, au large du cap Colonna, sur la côte calabraise, un violent coup de vent s'est levé, ce qui a fait travailler extrêmement le *Bellona* , faisant rouler ses vergues inférieures presque dans l'eau, et toute l'escadre a été très sollicitée. Nous trouvâmes les pompes étouffées et les fuites s'accentuant rapidement ; mais, cependant, nous avons nettoyé tout autour du puits à pompe et commencé à presser avec des seaux, ce à quoi les prisonniers étaient le plus actifs, et nous avons effectivement proposé leurs services pour combattre les canons, dans le cas où nous tombions sur un ennemi. Cette faveur, leur ai-je assuré, je ne pouvais pas l'accepter, car si nous étions malheureusement repris, ils seraient tous mis à mort. Le fait est qu'ils étaient trois fois plus nombreux que nous, et je les laissai rester dans leurs lits pendant la nuit, et je fis placer des sentinelles au-dessus des écoutilles, sans qu'ils s'en doutent, pour empêcher qu'un grand nombre ne monte à la fois sous quelque prétexte que ce soit. Les pompes furent enfin débarrassées et se mirent au travail, le vent s'apaisa et tout fut de nouveau en ordre.

Le dimanche 31, nous arrivons au port de La Valette, à Malte. La joie et l'enthousiasme avec lesquels nous avons été reçus ont été des plus gratifiants pour les sentiments de toute l'escadre. Les lignes étaient occupées spontanément par toute la garnison ; je ne suppose pas non plus qu'il restait dans aucune des maisons un individu qui pouvait par quelque moyen déménager ou monter sur leurs toits plats, qui semblaient bondés à l'excès, tandis qu'un hourra et *des vivas continus* se poursuivaient depuis le moment où nous sommes entrés dans le port jusqu'à les navires étaient ancrés et les voiles enroulées.

Des fêtes, des bals, et toutes sortes d'hommages et d'attentions étaient rendus par les différentes familles et individus, de toutes classes, dans la garnison, aux vainqueurs ; et le vaillant prisonnier, le capitaine Paschaligo, partagea tous les honneurs qui leur étaient rendus, et pour lesquels il parut vraiment reconnaissant. L' *Amphion* et *le Volage* étaient tellement divisés, que les mettre en état d'atteindre l'Angleterre avec les prises était tout ce qu'il était possible d'espérer ou de tenter.

Le 26 avril, j'ai eu beaucoup de plaisir à lire à notre petit équipage du *Bellona* une lettre complémentaire, pour leur vaillante conduite le 13 ultime, du commandant en chef, Sir Charles Cotton, qu'ils ont reçue avec des acclamations réitérées. .

Le lieutenant Dunn, maintenant presque rétabli, fut chargé de prendre en charge la plus grande frégate de prix, la *Corona* , et le lieutenant James Dickenson, du *Cerberus* , me remplaça sur le *Bellona* , lorsque je revins à l' *Amphion* , et devint maintenant, *de facto* , ce que j'avais en quelque sorte le droit de me considérer, *de jure* , comme premier lieutenant, car mon ami n'était dans cette situation que depuis quelques semaines. Cependant, à cette époque, il a été nommé commandant et m'a laissé à l'arrière-plan.

Le 2 juin, l' *Amphion* quitta l'hospitalière île de Malte, le *Volage* et les prises en compagnie ; et, ayant un passage propice, il arriva sain et sauf dans la vieille Angleterre, en passant par les Needles. Au large de Portsmouth, nous avons reçu des instructions pour nous rendre à Deptford avec nos prises, et j'ai eu le plaisir d'être présenté au révérend Dixon Hoste, le père de mon digne capitaine. Le 12 août, l' *Amphion* fut mis hors service et l'équipage fut autorisé à rendre visite à ses amis dans différentes régions du Royaume-Uni.

Même maintenant, je ne pouvais pas me débarrasser du sentiment fort qui prédominait dans mon cœur, que, comme j'avais si justement droit à une promotion, celle-ci finirait par avoir lieu. J'ai profité de la première occasion pour rendre visite à M. Charles Yorke, qui était alors premier lord de l'Amirauté. Il me reçut avec cette manière courtoise et conversa avec moi avec cette franchise qui l'avait justement rendu populaire dans le service. J'ai pleinement exposé l'extrême difficulté de mon cas, du fait que j'avais perdu la certitude absolue d'une promotion par un officier placé à ma tête et qui n'était que de mon rang. M. Yorke entra dans mes vues et mes sentiments, et m'assura que je serais nommé premier lieutenant du capitaine Hoste, dans son prochain commandement. Il m'a ensuite autorisé à rendre visite à mes amis en Irlande, que j'avais quittés très jeune et dont j'étais séparé depuis seize ans. À ceux qui ont rendu visite à leurs parents les plus chers et au lieu de leur naissance et de leur enfance, après une longue séparation et une aussi longue période d'affliction, je n'ai pas besoin de décrire les joies que j'ai ressenties à la perspective de revoir et d'embrasser tout ce qui était m'est cher; mais, au point de départ, j'ai reçu, à mon grand chagrin et à mon grand désarroi, une nomination pour rejoindre, comme sous-lieutenant, le *Volage*, alors apte à la station des Indes orientales.

Je me rendis à l'Amirauté et rencontrai M. Edgecombe, le secrétaire particulier du premier lord, dans le hall, qui venait de quitter son bureau. Il s'est étonné de cet événement, a pris ma lettre, et le lendemain elle a été annulée, et j'ai obtenu l'autorisation officielle de visiter mon pays natal. Mon compagnon dans cet heureux voyage a été mon compagnon de souffrance lors de ma fuite de Bitche, Barklimore.

Tout en profitant du plus grand de tous les bienfaits, de l'accueil affectueux et des caresses des plus chers amis et parents, je reçus du capitaine Hoste la nouvelle qu'il devait prendre le commandement de la *Bacchante*, alors sur les stocks de Deptford, et que je devais être son premier lieutenant.

Le 16 novembre 1811, j'étais à bord de la *Bacchante* lors de sa mise à l'eau ; et, au milieu d'une assemblée joyeuse et brillante, il se glissa dans l'élément dans lequel il était destiné à rendre des services à sa patrie et à faire la gloire de tous à bord.

Nous avons été rejoints par une vingtaine de membres de l' équipage *de l'Amphion*, et presque tous nos anciens aspirants, à savoir. MM. Farewell, Few, Hoste, Langton, Paley, Rees et Waldegrave, dont le congé était expiré. Comme cette fidélité et cet attachement des marins envers les officiers et le navire contrastent magnifiquement avec l'impression et les divers ennuis qui engendrent chez eux une inclination à déserter.

En route vers notre station en Méditerranée, nous devions emmener le duc de l'Infantado, qui était alors l'un des personnages politiques les plus importants d'Espagne. On nous a ordonné de le débarquer à Cadix.

Le matin du 13 mars, le vieil *Amphions* vint me trouver sur le gaillard d'arrière et me demanda un congé de vingt-quatre heures, afin de pouvoir dîner à terre à Portsmouth et célébrer le premier anniversaire de notre glorieux triomphe au large de Lissa. . James Bealy, quartier-maître, était porte-parole et présenta un code de règlements et un menu pour le dîner, avec des copies de deux chansons composées par lui-même et un marin du *Volage*, pour être chantées à cette joyeuse occasion. [44] Tous sont revenus à leur heure exacte.

Ce n'est que le 3 juin que nous quittions Spithead, et le 13 nous débarquâmes le duc del Infantado, avec sa nombreuse suite, à Cadix, d'où il envoya un présent de 300 dollars à nos sous-officiers et à l'équipage du navire. Je rendis ce cadeau d'une manière courtoise, en exprimant mes remerciements, mais en laissant entendre que les navires de guerre anglais n'acceptaient jamais de tels cadeaux. Je n'ai pas besoin de dire que ma conduite reçut l'approbation du capitaine Hoste.

En route vers Malte, communiquant d'abord avec le commandant en chef Sir Edward Pellew, au large de Toulon, nous reprenons un commerçant de Liverpool, qui venait d'être pris par un corsaire franco-napolitain, *La Victoire* , qui, après une longue poursuite , nous avons également capturé.

Le 19 août, nous sommes apparus au large d'Ancône et avons fait tout ce qui était en notre pouvoir pour provoquer l' *Uranie* , une frégate française de quarante-quatre canons, avec quatorze canonnières, à nous poursuivre. Nos provocations furent représailles, car l'ennemi ne leva pas l'ancre.

Nous nous dirigeâmes ensuite vers Trieste, lorsque nous découvrîmes le *Danaë* , d'une célébrité peu enviable (le 13 mars, au large de Lissa), couché en sécurité sous les batteries, flanqué d'une formidable galère portant plusieurs canons et pleine d'hommes ; et bien que nous ayons capturé et détruit de nombreux petits vaisseaux en leur présence, leurs vaillants protecteurs n'ont jamais bougé de leur position.

Le 31, au large de Rovigno, sur la côte d'Istrie, on reçut des informations selon lesquelles plusieurs navires chargés de bois de construction pour le gouvernement vénitien se trouvaient au petit port de Lema. Les bateaux, au nombre de cinq, dont deux petits ou grands, avaient été prêts dès le début de la soirée, du commandement desquels j'avais été honoré par le capitaine Hoste, qui m'a laissé, comme il en avait l'habitude, le pouvoir discrétionnaire de procéder. et découpez-les si possible.

Le port où ils débarquaient était à environ huit milles en amont d'une rivière dont l'entrée était à huit ou dix milles de Rovigno. À environ deux milles en amont de la rivière, bien que la nuit ne soit pas du tout claire, nous découvrîmes deux navires marchands haletés sous la falaise, qui était haute et crayeuse ; en en prenant possession, ils se révélèrent chargés de vin : les maîtres avaient à bord leurs femmes et leurs familles ; ils nous informèrent qu'il y avait plusieurs navires prenant du bois de navire sous la protection d'un chébec armé et de deux canonnières, à environ sept milles plus haut.

J'ai ancré les prises au centre de la rivière : j'en ai la garde, j'ai laissé M. Langton, un jeune homme solide, et quelques hommes, pour être prêt à nous rejoindre à notre retour, emportant avec moi dans mon bateau le mes maîtres, qui étaient extrêmement réticents à devenir mes pilotes et mes compagnons, affirmant que la force que nous possédons n'était en aucun cas égale à l'attaque, et que nous finirions par être capturés et qu'ils étaient bien sûr fusillés sur place.

Cependant, en les persuadant un peu et en leur assurant qu'ils ne couraient aucun danger, ils devinrent plus tranquilles et plus réconciliés. Nous avançâmes maintenant avec la plus grande prudence dans une ligne en avant ; les rames furent étouffées et le silence le plus profond fut observé. Une douce brise nous permettait d'utiliser nos voiles, mais nous ne pouvions nous empêcher de penser qu'en revenant, elle serait contre nous.

Lorsqu'on nous informa que nous étions à moins d'un mille de l'ennemi, nous abaissons nos voiles et nous nous installons confortablement pour l'abordage, après avoir réduit notre force de propulsion à deux rames de côté, mais tous les autres étaient sortis et prêts dans les rullocks. Quand nous étions à deux ou trois encablures, seulement

Londres Edward Arnold, 1902.

on se servait d'une rame de bord, et chacune tombait doucement dans l'eau, tandis que j'assignais à chaque bateau son adversaire, conformément à la manière dont les pilotes avaient décrit les positions de l'ennemi, me réservant le plus gros, le chébec, qui gisait. le plus en haut, et dont l'attaque devait être le signal général de l'abordage, bien qu'aucun ennemi ne soit encore perceptible.

Continuant ainsi lentement et prudemment, sans qu'aucun ennemi n'apparaisse, j'ai presque cru qu'un canular avait été joué par ces hommes, mais ils ont déclaré qu'ils renonceraient volontiers à leur existence si les informations qu'ils avaient données n'étaient pas exactes, et à cet instant ils ont posé eux-mêmes à plat au fond du bateau, quand par une voix de stentor, je fus salué en anglais, dans la langue la plus insultante : « Approchez-vous, espèce de connards anglais. Je les ai remerciés de l'invitation et, cédant de toutes nos forces, je leur ai assuré que nous serions immédiatement avec eux. Nous étions, sous une décharge de raisin de notre caronade de douze livres et une volée de mousqueterie, sur les ponts du chébec en un clin d'œil !

Ses fusils étaient amorcés et des allumettes à la main, dont certaines étaient ramassées allumées ; mais l'équipage, à cause de la rapidité de nos mouvements, parut paralysé, et le *maître d'équipage* , qui avait été, nous dit-on, au service anglais, et par qui nous fûmes défiés, avec beaucoup d'autres, sauta par-dessus bord.

Dans le conflit, le capitaine avait été blessé dans sa cabine et avait réussi à s'échapper par les chaînes du gouvernail. Le bruit dit que ce malheureux, bien que très près du rivage, ne l'atteignit jamais.

L'attaque générale fut simultanée, comme précédemment concertée, et elle réussit ; mais à cause du feu vif qu'entretenaient des deux côtés les autres partis, je redoutais de graves conséquences.

Le lieutenant Gostling, avec M. Hoste, avait très vaillamment embarqué et transporté une canonnière ; tandis que M. Few, aspirant, dans le style le plus intrépide et le plus déterminé, dans son cabriolet, l'épée à la main, portait l'autre.

Les navires marchands ont été trouvés par M. Powell, avec les voiles dépliées et fixées au rivage par leur poupe. En recevant cette nouvelle, je laissai M. Haig aux commandes du chébec, qui le conduisit sur la rivière d'une manière supérieure, et me mis à l'aide de M. Powell. En peu de temps, nous parvînmes à mettre les navires marchands à la dérive et à remorquer nos bateaux, obligeant leurs propres équipages (que nous trouvâmes cachés en dessous) à lever leurs voiles et à les plier ; Pendant ce temps, les navires dérivaient sur le fleuve, et la brise tournait providentiellement au beau.

Il était minuit passé, et à la lueur de la lune qui apparaissait à peine au-dessus de l'horizon, nous pouvions constater qu'il ne restait plus aucun navire dans le port ; et, pour compléter notre joie, après enquête, pas un homme n'a même été blessé.

Bien qu'il y ait des corps de troupes dans le voisinage qui, comme le battement de leurs tambours nous en ont convaincus, se hâtaient d'intercepter notre descente de la rivière, qui n'était qu'à une distance d'une portée de mousquet, nous nous enfuîmes avec toutes nos prises, et furent rejoints par un autre, un vaisseau à vin, qui sortit d'une petite crique à l'entrée de la rivière, nous prenant pour des amis en voyant les couleurs françaises, mais n'apercevant pas le drapeau au-dessus d'elles. Le capitaine Hoste était ravi de notre succès et de voir son vaillant jeune frère aux commandes d'une des canonnières.

Je lui représentai les services qui nous avaient été rendus par les maîtres des vaisseaux à vin, ainsi que l'erreur commise par le dernier pauvre garçon, dont toute la propriété consistait dans le petit vaisseau et la cargaison, pour laquelle il avait tant travaillé. le matin pour le placer sous ma protection. Le capitaine Hoste, avec sa bonté habituelle, accéda volontiers à mes vœux, et les trois navires avec leurs équipages furent libérés.

Le chébec fut immédiatement équipé et placé sous le commandement de M. Powell, qui se distingua grandement contre l'ennemi. Nous avons apporté nos prises à Lissa et, le 16 septembre, nous avons navigué pour rejoindre l'escadre de blocus au large de Venise.

Le vent étant mauvais, nous nous étendîmes jusqu'à la côte des Pouilles, et, au point du jour du 18, nous découvrîmes un convoi ennemi de vingt-six navires stationné au bord du rivage, entre les îles de Tremite et de Vasto. Le vent était trop léger et trop déroutant pour que la frégate puisse s'en approcher, et la barge, la chaloupe, deux yawls et un cabriolet furent immédiatement équipés et placés sous mes ordres discrétionnaires. Une poursuite générale commença alors.

Nos bateaux avaient été formés en trois divisions, à savoir. la chaloupe et le deuxième yawl à terre, à droite ; la barge et le premier yawl au centre ; et les gigots à gauche au large, à une telle distance que leur force, peu considérable, ne devait pas être reconnue. L'ennemi s'est dirigé vers une baie semi-circulaire confortable, prenant sa forme dès qu'il nous a découvert. Dans cette position forte, la tête tournée vers nous, les gouvernails non embarqués, les palans allant de la tête de mât au rivage, et de solides attaches à l'arrière, ils halèrent leur poupe tout près de la plage ; huit d'entre eux, étant des vaisseaux armés, étaient judicieusement placés, trois sur chaque corne ou aile, et deux au centre.

Notre mode d'attaque était organisé en conséquence. J'ai poussé vers le centre; MM. Haig et Powell, avec la chaloupe et le deuxième yawl, balayèrent le rivage sur la droite, et les bateaux reçurent l'ordre d'avancer lentement sur la gauche. Nous nous sommes approchés en bon ordre et rapidement. Lorsque nous arrivâmes à portée de mousquet, les vaisseaux armés commencèrent une lourde canonnade, à laquelle nous répondîmes au compliment par des acclamations seulement, jusqu'à ce qu'à demi-coup de pistolet, nous ripostâmes avec des raisins et des cartouches de notre caronade de douze livres. Au deuxième déchargement, nous étions à quai, et les équipages s'enfuirent précipitamment par la poupe, pataugeant dans l'eau jusqu'au rivage, où ils se formèrent ensuite pour nous agresser avec leurs mousqueteries, mais furent bientôt mis en déroute par nos marines et un groupe dirigé par MM. Webb et Farewell, réservés à cet effet, et conduits à une distance respectable, à laquelle ils étaient maintenus, tandis que le reste de nos vaillants camarades étaient activement employés à retirer le palan du rivage, à expédier les gouvernails, à tirer les navires du sol. et hors de la baie, dont certains, en deux heures, étaient effectivement sous-pesés pour la frégate. À l'exception de six navires à sel, les cargaisons consistaient en amandes et en huile, et à quatre heures, toutes furent conduites au navire, à l'exception de deux seulement, qui furent coulées par notre tir et ne purent être déplacées ; la partie au-dessus de l'eau fut détruite par le feu et effectivement démolie avant notre départ.

La brise commença alors à se rafraîchir, et l'atmosphère avait toute l'apparence d'un début de Borea, ou coup de vent du NE ; par conséquent, nous ne perdîmes pas de temps pour envoyer autant de prix que possible à Lissa. Les bateaux à sel ont été sabordés et coulés ; les navires restants que nous avons remorqués.

Le vent s'est accru pendant la nuit et nous a causé de grandes inquiétudes quant à la sécurité des onze prises expédiées, dont deux nous sommes tombées sur le lendemain matin ; l'un étant démâté, l'équipage l'avait quitté et nous l'avons pris en remorque. Ils nous informèrent qu'un homme sous le commandement de l'honorable HJ Rous, aspirant, avait renversé ; mais la cargaison (pétrole) étant de nature flottante, le navire flottait sur sa bordée, ce qui a permis à un autre, son épouse, sous les ordres de l'honorable William Waldegrave, un jeune officier prometteur, de le récupérer, lui et son équipage, à l'exception d'un homme (je pense à Oliver Cooke), qu'ils ne pouvaient en aucun cas joindre pour le moment.

Peu après, nous rencontrâmes M. Rous, qui nous donna l'orientation de l'épave et la distance apparente. Bien entendu, nous avons immédiatement laissé notre remorque à la dérive, et après de nombreuses heures de virement de bord, de portage et de recherche diligente, dans diverses directions, avec tous les télescopes du navire en réquisition, dans l'attente sérieuse et anxieuse de découvrir le malheureux pauvre garçon, Nous étions, à midi, sur le point de perdre tout espoir, lorsque notre sous-lieutenant (Hood) crut avoir découvert quelque chose derrière nous, qui s'avéra être l'épave, et très vite nous aperçûmes l'objet de nos inquiétudes là-dessus.

Nous avons immédiatement fait le tour, et en un instant, même si la mer était très haute et que c'était un service dangereux, j'ai eu un équipage de volontaires sur un bateau et je l'ai récupéré.

Il avait réussi à s'attacher avec un morceau de corde à l'une des têtes de bois du plat-bord supérieur, d'où, en raison de son extrême faiblesse et de sa langueur, il avait beaucoup de peine à se dégager. Les moyens judicieux auxquels a eu recours notre habile chirurgien (William Lodge Kidd), ainsi que l'attention que lui ont portée tous ceux à bord, ont redonné au patient en peu de temps au moins le sentiment de sa situation améliorée.

Il nous informa qu'à la lumière du jour, il avait aperçu le navire s'avançant vers l'épave, et qu'il était ravi, persuadé que nous avions dû l'observer ; mais, lorsqu'il nous vit sur le point de partir, il crut que son cœur allait se briser instantanément. Compte tenu de la taille d'une grande frégate et de l'épave d'un navire relativement petit, parfois recouvert par la mer, il est facile d'expliquer la différence dans nos optiques.

Tous nos prix sont arrivés sains et saufs, sauf deux, dont j'ai le regret de dire qu'on n'en a jamais entendu parler. Ils étaient commandés par des jeunes hommes très prometteurs, Dobson et Mason. M. Few, dont j'ai déjà eu l'occasion de faire une mention honorable, commandait l'un des navires capturés, qui était sans aucune attaque au sol, et constatant qu'il dérivait rapidement devant le vent sur la côte ennemie, il adopta l'ingénieux artifice d'avoir lancé un canon de douze livres et de l'avoir lâché comme ancre, et par ce moyen le navire a traversé la tempête et a été sauvé de la destruction. Un autre aspirant, M. Richardson, en déplaçant ses câbles par l'arrière et en lâchant ses ancres de l'arrière, quoique dans des eaux très profondes, parvint à retarder la dérive de son navire jusqu'à ce que le vent se calme, et ainsi il sauva sa prise. Ce jeune venait tout juste de commencer sa carrière navale.

C'est à cette époque qu'un accident vraiment épouvantable se produisit à bord de la *Bacchante* , et qui plongea tous nos officiers et équipages dans la plus profonde mélancolie. Au mouillage, un vaisseau léger fut amené à notre hauteur, afin que nous puissions le charger de quelques-uns des tonneaux d'huile que nous avions sauvés des prises en train de couler. Un jeune homme remarquablement beau, le fils du vicomte Anson, venait de quitter mon côté et était descendu dans le navire pour voir le procédé employé pour le charger. Il n'était pas à bord depuis deux minutes et était apparemment en train de jouer avec un autre jeune à peu près de son âge, un certain M. William Barnard, lorsqu'un de nos canons du pont principal, pour une raison inexplicable, explosa et le tua sur le pont principal. sur place, sans blesser son compagnon ou toute autre personne quelle qu'elle soit. La balle, cependant, était sur le point de tuer le capitaine Duff Markland, du navire de l'amiral, le *Milford* , car elle sifflait près de sa tête alors qu'il regardait par la fenêtre de la galerie arrière.

Comment cette arme fatale avait-elle explosé si malheureusement était incompréhensible. Les longes et le tablier de plomb au-dessus de la serrure et du trou de contact étaient fixés de la meilleure manière habituelle. Aucun feu ni aucun moyen d'allumage ne se trouvaient à proximité ; et quant à toute vibration ou commotion des ponts, causée par notre retrait des tonneaux, si elle existait, elle devait être très légère et également efficace dans les canons adjacents. Quoi qu'il en soit, nous avons dû confier à sa dernière et longue demeure le corps mutilé d'un jeune officier, soudainement coupé de toute la promesse de la jeunesse, dans un moment d'innocence ludique et au milieu de l'affection de tous. lui. Notre courageux capitaine fut profondément touché, car le pauvre jeune Anson avait été confié par ses parents à ses soins et à sa surveillance particuliers.

Le 25, nous nous dirigeâmes de nouveau vers la côte des Pouilles et essayâmes en vain d'obtenir des renseignements sur nos camarades et nos prises perdues. Notre objectif ultime était le blocus de Venise. On avait pourtant entendu parler du sort le plus tragique de la *Danaë*, frégate française, amarrée au large de Trieste.

Un marin qui avait été puni (et sa nature mécréante permet de présumer que sa punition avait été méritée) avait, par quelque artifice ou autre, obtenu l'accès au magasin. Ayant tout prêt, il n'attendait que le retour du capitaine à bord. Cet officier était à l'Opéra, après avoir retrouvé la splendeur raffinée et luxueuse dont il était revenu dans ses quartiers les plus rudes, et il avait à peine pu monter dans son lit, lorsque l'assassin diabolique appliqua son allumette à la poudre, et le noble vaisseau , avec son effectif complet d'hommes courageux (je n'en doute pas), fut en un instant réduit en atomes ; car il ne restait plus que quatre d'entre eux pour raconter cette misérable histoire.

La frégate *Flore* , qui s'était si honteusement échappée après nous avoir heurtés, avait fait naufrage quelque temps auparavant au large de Venise ; et tout ce qui restait de la belle escadre, dont Napoléon avait formé de si grands espoirs, était la *Caroline* . Quel pourrait être un meilleur compliment pour notre noble capitaine ?

J'étais engagé pour dîner avec lui le 29 septembre, ou jour de Saint-Michel, et hors d'oie, un étrange dîner anglais dans une telle partie du monde. Le matin, le calme tombant, et notre frégate n'étant qu'à douze ou quatorze milles de la ville fortifiée de Viesta, il frappa au capitaine Hoste que, par un drapeau de trêve, je pourrais savoir si nos pauvres camarades des deux prises avaient péri à mer ou s'ils avaient été refoulés sur les côtes ennemies et faits prisonniers de guerre.

Comme il n'était pas rare que les officiers de Napoléon manquaient de respect aux drapeaux de trêve et violaient la sécurité que leur payaient les nations civilisées, je pris le pire bateau (un vieux cabriolet), avec quatre volontaires, et je me munis d'un sac à dos, et toutes autres choses qui pourraient me permettre, si j'étais capturé, de me livrer à mes vieilles habitudes d'échapper aux griffes françaises plutôt que d'être de nouveau emmené à Bitche ; où l'on pourrait avoir de moi un souvenir qui ne serait en aucun cas conforme à mes souhaits.

Après une longue et fastidieuse querelle, nous approchâmes des batteries, qui étaient occupées et exhibaient tout le bruit des tambours et des clairons, et tous les autres symptômes d'excitation et d'audace courageuse et noble, comme si elles avaient été approchées par un premier. un navire de guerre de qualité, au lieu d'un petit bateau ne contenant que quatre hommes sous un pavillon de trêve, ce qui prouvait qu'ils n'étaient pas armés.

A mesure que nous approchions du centre du fort, les soldats se pressèrent sur les remparts, faisant les démonstrations les plus violentes avec leurs armes de poing, brandissant leurs épées et usant à notre égard des propos les plus injurieux.

Je poursuivis mon but en montrant mon drapeau de trêve et un paquet de papiers que je tenais entre mes mains ; mais un certain nombre d'officiers et de soldats se précipitèrent du port de sortie jusqu'au bord de l'eau, usant le langage le plus dégoûtant, jurant qu'ils nous tailleraient en morceaux si nous essayions d'atterrir.

J'en appelai à l'officier sur le respect dû à un drapeau de trêve : et je m'informai avec anxiété du sort de mes compagnons, mais j'étais malheureusement convaincu qu'il ne savait rien d'eux, car la seule réponse que j'obtins fut une accusation selon laquelle, en vertu de sous prétexte d'un drapeau de trêve, je m'étais approché uniquement dans le but de connaître l'état de la garnison, et nous méritions d'être fusillés comme espions. Je n'eus donc qu'à rejoindre mon navire, où une ample portion d'oie m'était réservée par mon bon chef.

Nous nous réparâmes au large de Venise, où, le 14 octobre, nous découvrîmes, en compagnie de l' *Achille* , que l'ennemi avait trois voiles de ligne plus prêtes que disposées, imaginions-nous, à prendre la mer. Avec cette nouvelle, nous fûmes envoyés chez notre amiral Freemantle, à Lissa, et revînmes de nouveau, après avoir capturé deux *trabaccolos* , chargés de bois de chauffage, proches de la côte d'Istrie. Il y eut beaucoup de combats de bateaux à cette occasion, car ils étaient couverts par les mousqueteries du rivage ; cependant, nous n'avions subi aucune perte ; et nous avons bientôt eu un bien meilleur exploit.

Comme il ne pouvait y avoir pour l'Adriatique et ses côtes un meilleur pilote que le capitaine Hoste, en passant entre les îles Brioni et la mer, nous avons découvert une grande quantité de bois de navire gisant sur la plage, près de la ville de Fazano, sur la côte d'Istrie, qu'il résolut de saisir et d'embarquer à la première occasion opportune, qui se présenta bientôt.

Le 13 novembre, après avoir été combattus par des vents contraires et entraînés par les courants, nous trouvâmes le commodore, le capitaine Rowley, à bord de l' *Aigle* , avec l' *Achille* , le capitaine Hollis, en compagnie. Le capitaine Hoste donna l'information au premier, qui acquiesça immédiatement à une proposition faite par notre vaillant chef d'enlever le bois. Le commodore a aimablement déclaré que, comme il l'avait découvert, le commandement des forces nécessaires à l'exécution de ce service serait confié à son premier lieutenant (moi-même), et que lui, le commodore, avec l'autre ligne. de navire de combat, serait très heureux de fournir autant d'officiers et d'hommes que cela pourrait être jugé opportun à cet effet.

Des dispositions furent donc prises : des vents légers, ainsi que le tirant d'eau qu'ils exigeaient, empêchaient les navires de bataille de s'approcher suffisamment du rivage pour couvrir la débarcation, mais la *Bacchante* put prendre position suffisamment près de la ville. , avec des ressorts sur ses câbles, et tous les bateaux étaient sortis et prêts à une heure avant le jour du 14.

Les marins, avec les matelots de l' *Aigle* et *de la Bacchante* destinés au service, quittèrent la frégate pour le rivage au point du jour (ceux de l' *Achille* , étant à grande distance au large, n'étant pas arrivés), avec trois acclamations chaleureuses. , qui ont été rendus avec une grande animation par notre bon capitaine et nos camarades de bord. Mes ordres, comme autrefois, étaient discrétionnaires, à condition qu'en premier lieu il était indispensable de prendre la ville de Fazano.

En vingt minutes environ, nous étions tous débarqués et, en très peu de minutes, nous prenions possession de la ville et avions le plaisir de voir les couleurs britanniques flotter du haut du clocher de l'église sans opposition, car les troupes et la milice avaient abandonné la zone. place à notre démarche. Toutes les positions avantageuses furent immédiatement occupées par nos marines, sous le commandement des lieutenants Holmes et Haig ; Nous avons observé l'ennemi sur les hauteurs adjacentes, attendant, supposons-nous, un renfort de la garnison de Pola, distante de seulement huit milles, et où il avait une force redoutable, ayant en cet endroit des fortifications régulières.

Immédiatement après que nos couleurs furent déployées, je cherchai et trouvai le *padré* , ou chef du clergé, à qui je communiquai notre intention d'enlever tout le bois du navire, car c'était une affaire de Napoléon ou du gouvernement, ajoutant que nous ne menions aucune guerre contre le habitants, et ils ne devraient pas non plus être inquiétés de la moindre manière ; quelles que soient les provisions ou les marchandises dont ils devaient disposer, nous devions les acheter à leurs propres prix ; je mettrais en réquisition les pêcheurs et les bateaux pour aider à l'embarquement du bois, après quoi ils seraient autorisés à partir librement. Tous ces détails que j'ai demandés, le bon *padré* aurait la bonté de les communiquer à ses ouailles, qui reçurent avec joie la nouvelle, et nous nous rendîmes au travail très volontiers, pas plus que les indigènes, qui, je crois, s'ils osaient le déclarer, étaient plus attaché à nous qu'à l'usurpateur et à ses myrmidons.

Le bois s'est avéré être du chêne massif, et si lourd qu'au lancement, il a coulé comme du plomb ; nous étions donc obligés d'élinguer ou d'accrocher chaque poutre et chaque morceau aux côtés des bateaux, car il était hors de question de les évacuer par rafting.

Au coucher du soleil, la frégate était presque pleine ; les ponts inférieurs et les perches étaient les seuls endroits où il pouvait être commodément placé, afin de ne pas interrompre le fonctionnement des canons, et notre signal fut fait pour le réembarquement, ce qui fut obéi avec la plus exacte précision et en parfait état. l'ordre, sans faire de victimes, à l'exception de la disparition d'un de nos charpentiers, nommé Remmings, que nous soupçonnions fortement d'avoir l'intention de déserter. Les troupes et les miliciens entrèrent dans la ville au moment de notre embarquement. Le lendemain 15, de bonne heure, nous débarquâmes de nouveau et reprenâmes nos fonctions avec la même facilité, l'ennemi s'étant retiré de la ville sur les hauteurs comme la veille ; et à dix heures, nous avions expédié tout ce que le navire pouvait contenir. Après avoir détruit le reste, nous retournâmes à la frégate ; au moment où j'appris que l'ennemi avançait en grande force, avec la détermination de nous jeter à la mer.

Nous fûmes ensuite envoyés à Corfou, au large de laquelle le capitaine Hoste apparut le 24 décembre, alors qu'il soufflait un ouragan.

Le 5 janvier 1813, en passant devant l'île de Fano, au début de l'après-midi, nous découvrîmes une flottille de canonnières se dressant au large, évidemment en route vers Otrante. Le vent étant favorable à l'Adriatique, nous encombrâmes toutes les voiles possibles, comme pour remonter le golfe sans apercevoir la flottille ennemie, qui abaissa ses voiles et se hissa sous les hautes falaises de l'île. Dès que nous les avons perdus de vue, nous avons raccourci la voile et nous sommes restés au près au vent, vers Otrante, dans l'espoir de les couper le lendemain matin. A minuit, nous fûmes heureux de recevoir un certain nombre de lettres d'Angleterre que *Weazle* avait récemment reçues.

Le 6, vers cinq heures et demie, l'officier de quart envoya un aspirant pour m'informer que le calme était parfait, avec une lumière seulement suffisante pour distinguer que nous étions à peu de distance de cinq canonnières ennemies, puis exactement à mi-chemin entre Corfou et Otrante. Jusqu'à présent, notre *ruse de guerre* s'était révélée fructueuse. Le *Weazle* n'était pas à plus de quatre milles de nous, mais dans une direction opposée à la flottille, maintenant distante d'environ six ou sept milles. Ce service, comme il n'y avait pas de vent, devait nécessairement être exécuté par nos bateaux, qui étaient prêts à six heures, et que j'avais l'honneur de commander.

Comme autrefois, mon vaillant ami, le lieutenant Haig des marines, toujours actif et zélé au service de son roi et de son pays, m'accompagnait dans la barge. Le lieutenant Hood commandait le lancement ; Lieutenant Gosling, le deuxième yawl ; M. Edward Webb, second du maître, le premier yawl et deux cabriolets, dont l'un était commandé par M. Hoste, aspirant.

Les ennemis, apercevant les préparatifs, se séparèrent, deux d'entre eux reprenant la direction de Corfou ; les trois autres, les voiles repliées, maintenaient leur cap vers Otrante, balayant de toutes leurs forces la division que nous poursuivions, M. Webb, avec qui les bateaux *du Weazle* avaient été chargés de coopérer, poursuivant la première division.

Après deux bonnes heures de poursuite, nous nous rapprochâmes, dans la barge, de la canonnière la plus arrière, dont l'officier entretenait un feu incessant et bien dirigé de balles et de raisins, qui brisa plusieurs des rames ; mais aucun homme n'a été blessé, et à cet incendie nous ne pouvions répondre que par des acclamations, sinon nous aurions été obligés de remettre nos rames, ce qui, bien sûr, retarderait notre progression vers la fermeture. Alors, presque à côté, et sur le point de cesser de ramer, nous déchargeâmes notre caronade de douze livres avec du raisin, qui blessa deux de ses hommes ; et, voyant que nous étions prêts à le mettre à bord, il crut devoir baisser ses couleurs.

Les autres bateaux arrivant, j'ai poussé vers le suivant. A M. Hoste, dont le cabriolet restait tout le temps près de la péniche, je laissai la garde de la prise. Je le vis prendre possession avec style avec son petit équipage, renvoyer les prisonniers du pont hors du pont, et, avec une célérité étonnante, il fit porter son fusil à archet, qui traversait sur un pivot, pour soutenir la chasse, contribuant grandement à sa réussite.

Londres. Édouard Arnold. 1902.

capitulation, bien qu'une bonne brise se levât maintenant, ce qui leur permit de mettre à la voile — ce que, bien sûr, nous fîmes aussi ; tout comme la frégate lorsqu'elle l'atteignit, quoique à une grande distance sous le vent.

La troisième canonnière se rapprochait fortement de la côte napolitaine, mais nous la gagnâmes, et en un peu plus d'une heure nous eumes la satisfaction d'avoir tout capturé, sans aucune perte de notre côté.

M. Webb, dans le premier yawl, captura le plus arrière des deux qu'il poursuivait, avant que le *Weazle* ou ses bateaux (malgré tous leurs efforts) aient pu coopérer. Cependant, comme ils avançaient rapidement, il leur laissa sa prise en possession et, poussant en avant, aborda et porta, de la manière la plus vaillante, l'autre, habilement soutenu par l'hon. HJ Rous. Tous se révélèrent être des navires d'une qualité supérieure et des embarcations très rapides : leurs officiers déclarèrent qu'ils étaient à destination d'Otrante, dans le but de récupérer et de rapporter à Corfou des espèces pour le paiement des troupes dans cette île.

Leurs canons étaient montés sur un pivot, ce qui leur permettait de traverser et de tirer dans n'importe quelle direction, sans modifier la trajectoire ; c'est par ce moyen qu'ils purent tant gêner nos bateaux à l'approche, comme je l'ai déjà dit. Nous avons jugé nécessaire de soutenir la baie de Valona, afin de mettre nos prises en état d'affronter le mauvais temps, ce qui, selon toute apparence, était alors prévisible.

Le 8, nous partîmes avec eux pour l'île de Zante ; et le lendemain, au large de Fano, nous capturâmes un convoi composé de cinq navires chargés de provisions, pour Corfou. Le temps redevenant bruyant nous obligea de regagner notre mouillage et de détruire deux des canonnières ; il en manquait un troisième, dont nous craignions qu'il ait disparu. Si je ne me trompe pas, il s'agissait du *Calypso* , sous le commandement de M. Edward O. Pocock.

13 janvier. — Nous étions maintenant de nouveau en route vers Zante avec les prises capturées le 9 instant. : le temps devenant bruyant, les secoua beaucoup, et le 23 il devint encore plus inclément, ce qui nous obligea d'emmener le jeune M. Hoste. et l'équipage en resta jusqu'à ce que le temps se calme. Un autre, commandé par M. Few, que nous avions laissé parfaitement en sécurité et bien sous l'île de Zante, nous l'avons aperçu tôt le lendemain matin (24), se dirigeant vers nous avec le signal de détresse en tête de mât. J'obtins du capitaine Hoste la permission de procéder avec un équipage volontaire (comme c'était l'habitude dans les occasions dangereuses) à son secours. En arrivant sous la grêle, j'ai reçu la mélancolique nouvelle de la perte de ce jeune homme très prometteur, M. Few, [45] dans la nuit. Il arriva qu'en le portant, la vergue du navire le heurta et le jeta complètement par-dessus bord : la nuit était excessivement noire, et une mer montagneuse coulait ; l'équipage l'avait entendu crier, mais ne pouvait le voir ni lui porter secours. Cette grave perte a jeté une tristesse partout. Un autre jeune gentilhomme fut placé aux commandes ; et, après avoir vu toutes nos prises en sécurité à Zante (à l'exception des trois qui manquaient), nous reprenâmes notre station au large de Corfou.

CHAPITRE XVIII

Capture du général Bordé et de son état-major. — Un vaillant exploit d'abordage. — Un horrible meurtre par des prisonniers de guerre italiens. — Le succès de notre marine. — Une balance des comptes. — Ma promotion. — Quitter la *Bacchante* . — *La* douleur de quitter de vieux amis et de braves camarades de bord. — La peste. à Malte — Le capitaine Pell me donne un passage pour rentrer chez moi. — Une poursuite inefficace et une évasion étroite. — Stratagèmes de l'ennemi. — Toulon — Gibraltar — La Manche. — Dispositif ingénieux du capitaine Pell aboutissant à la curieuse capture d'un corsaire français. — Arrivée en Angleterre. — Un accueil aimable du Premier Lord de l'Amirauté — Une promesse officielle — « L'espoir différé rend le cœur malade » — Un retour à Londres — La paix de 1814 — Ses conséquences — La demi-solde et la fin de toutes les aventures.

LE 13 février, vers 22 heures, après une longue poursuite, nous avons capturé le *Vigilante* , une canonnière de messagerie française en route vers Otrante avec des dépêches qui, bien sûr, ont été jetées par-dessus bord avant que nous en prenions possession. Elle avait à son bord le général Bordé avec son état-major, qui, nous l'avions découvert par des lettres interceptées, était alors en route pour prendre le commandement des forces françaises à Vérone.

A 2 heures du matin, se trouvant à environ dix ou douze milles d'Otrante, on aperçut une voile se dirigeant vers ce port. Le vent étant très léger, nos bateaux furent expédiés sous les ordres du lieutenant Hood, qui captura l'ennemi en abordant, dans un style vaillant, après un chaleureux salut de raisin et de mousqueterie, et avant que le reste de nos bateaux puisse le rejoindre. Cet exploit courageux reflétait le plus grand honneur pour cet officier et l'équipage de son bateau.

Le prix s'est avéré être l' *Alcinous* , transportant une caronade de vingt-quatre livres à l'avant et une de dix-huit livres à l'arrière. Elle était partie de Corfou avec huit navires marchands, que nous capturâmes en entier. La seule personne blessée à cette occasion fut le vaillant commandant, le lieutenant Hood, qui reçut une blessure aux vertèbres, qui finit par le priver de l'usage des membres inférieurs par paralysie.

De nos trois prises récentes, qui manquaient lorsque nous avons quitté Zante, nous avons découvert que l'une était arrivée à sa destination, mais la troisième était encore inconnue, et un récit des plus mélancoliques a été rendu sur la seconde, sous le commandement de M. Cornwallis Paley, un jeune gentilhomme remarquable et prometteur, aimé et estimé de notre capitaine et de tout le monde à bord, et qui s'était distingué dans l'action au large de Lissa.

L'équipage de M. Paley, lorsqu'il prit en charge la prise, se composait de trois excellents matelots et d'un jeune garçon, un homme à tête d'artimon. Trois des prisonniers italiens ont été laissés à bord pour aider à la navigation du navire. Après s'être séparés, un quatrième Italien, caché dans la cale, fait son apparition sur le pont. Il s'est avéré qu'il était la principale personne intéressée par le navire et sa cargaison. Le courageux et honorable Anglais, influencé par son humanité, permit à la créature suppliante de rejoindre ses compatriotes. Il était plausible et obséquieux, et le pauvre Paley, semble-t-il, avait plutôt apprécié sa société comme un soulagement à l'ennui et à la monotonie de son voyage. Encalminé au large de Corfou, ce mécréant proposa à M. Paley de jeter l'ancre, ce qu'il fit, et descendit dîner avec ses trois matelots, laissant les quatre Italiens et le jeune Anglais sur le pont. Les Italiens ont saisi l'occasion et, s'emparant du jeune homme, l'ont assassiné, puis l'ont installé sur les écoutilles pour maintenir les Anglais en dessous. Le pauvre Paley, entendant du bruit sur le pont, soupçonna que tout n'allait pas bien, et partant de la table, il força suffisamment une des écoutilles pour pousser sa tête sur le pont, lorsque les misérables inhumains le saisirent par les cheveux, lui tirèrent la tête en arrière. sur les peignages, et lui coupa instantanément la gorge. Les trois autres Anglais furent attaqués successivement et abattus à coups de hache : les meurtriers finirent par emmener le navire à Corfou, où furent enterrés le pauvre Paley et deux de nos matelots ; les deux autres, après avoir été guéris de leurs blessures, furent échangés et envoyés à notre bord ; et c'est d'eux que nous avons appris des informations épouvantables. N'était-il pas honteux que les pouvoirs publics n'aient pas traduit ces criminels en justice ? Permettre aux prisonniers de s'élever contre leurs ravisseurs ne peut avoir pour effet que d'obliger les conquérants à accroître la sévérité inséparable de la captivité, même sous sa forme la plus douce ; mais lorsque les prisonniers recourent au massacre et au meurtre, il incombe à tous les gouvernements civilisés de les traduire en justice.

Faute de pain et de provisions, nous fûmes obligés de nous rendre à Malte ; et de là nous retournâmes à Zante et à l'Adriatique, pour dire adieu à l'amiral Freemantle, le capitaine Hoste ayant, entre-temps, reçu l'ordre du commandant en chef (Sir Edward Pellew) de le rejoindre au large de Toulon.

Mais, de nouveau arrivé à Malte le 19 avril, je reçus presque aussitôt du capitaine Hoste la joyeuse nouvelle que l'Amirauté, en récompense de mes services jusqu'au 18 septembre 1812, m'avait promu au grade de commandant. Ce serait une injustice envers mes bons amis, si la crainte d'être accusé de vanité me faisait hésiter à dire que ma promotion a été saluée par mon courageux capitaine, ainsi que par tous mes frères officiers et l'équipage du navire, avec une cordialité très reconnaissante envers mon sentiments. Le

22, je quittai mes compagnons d'armes et mes amis mondains, et dis adieu à la glorieuse frégate *Bacchante* , qui reçut des contre-ordres de Sir Edward Pellew de regagner la station Adriatique.

Ma commission était datée du 22 janvier, seize jours après que j'eus été engagé dans la capture de la flottille de Corfou ; et, dans l'espoir que l'arrivée de la nouvelle de cette victoire inciterait Leurs Seigneuries de l'Amirauté à me donner le commandement d'un sloop de guerre dans la Méditerranée, je restai à Malte, malgré la peste qui faisait rage avec la plus grande violence. C'était la doctrine de la profession médicale que la maladie pouvait être contractée, non par infection, mais seulement par contact, et c'est pourquoi, monté sur un fougueux destrier, je parcourais quotidiennement tous les quartiers de la ville.

Le capitaine Hollis de l' *Achille* eut de la difficulté à me conduire comme passager en Angleterre, craignant que je ne communique la peste ; et enfin j'ai navigué à bord du bombardier HM *Thunder* , commandé par Watkin O. Pell.

En passant par le détroit de Bonifacio, nous avons poursuivi sans succès plusieurs bateaux coralliens corses. Certains de nos croiseurs ont eu plus de chance. Le *Rainbow* , du capitaine William Gawen Hamilton, en a attrapé deux.

Nous avons débarqué au large de Toulon tôt le matin et avons échappé de peu à la capture. Nous fûmes ravis de découvrir ce que nous supposions être notre propre flotte méditerranéenne, composée de seize voiles de ligne, à une dizaine de milles du cap Sicie. Nous nous serions précipités dans les bras de prétendus amis, si nous n'avions pas constaté, en arrivant à distance du signal, que notre signal privé n'avait pas reçu de réponse. L'ennemi, pour mieux nous tromper, gardait en avant quatre voiles de ligne (sur lesquelles nous dirigeions et leur faisions notre signal), afin que les douze restantes pussent apparaître comme une flotte française à la poursuite d'une escadre anglaise. Ayant découvert notre erreur, nous avons rassemblé toutes les voiles, et la prudence de l'ennemi s'est manifestée ; car nous naviguions lourdement, et pourtant ils n'osaient pas nous suivre (bien qu'ils eussent un vent dominant), de peur de perdre l'occasion de regagner leur port.

A Gibraltar, j'ai eu la satisfaction de recevoir de nombreuses lettres d'amis de chez moi, dont certains de très vieille date, qui me poursuivaient dans toute la Méditerranée et le Levant.

Enfin nous arrivâmes à Portsmouth et dumes rester six semaines en quarantaine à la Mother-Bank. Les joies de revisiter notre propre pays furent ainsi cruellement atténuées. Jamais les hommes n'ont autant souffert de tentations. Pourtant, le 4 octobre, j'ai eu le bonheur de poser le pied sur le sol anglais. J'ai débarqué à Portsmouth, j'ai dit adieu à mon hospitalier hôte du *Thunder* et à ses aimables et excellents officiers, et j'ai pris des dispositions pour me rendre à Londres.

J'ai dû regretter de ne pas avoir remonté la Manche avec mon ami le capitaine Pell, qui avait reçu l'ordre de conduire le *Thunder* jusqu'à Woolwich. À la lumière des rames, il découvre un lougre au vent, sous voilure facile, qu'il soupçonne d'être un ennemi. Le capitaine Pell modifia immédiatement sa route et se dirigea vers la terre, comme si, pour éviter d'être capturé, il avait l'intention de faire descendre son navire à terre. Il bâillait et dirigeait sauvagement, et par ces symptômes, ainsi que par d'autres symptômes de peur et de confusion, l'ennemi était complètement trompé. Le lougre se lança bientôt à la poursuite et fit une épouvantable démonstration de pensionnaires ; ses ponts étaient remplis d' hommes armés. Elle a finalement hélé le capitaine Pell pour qu'il arbore ses couleurs, sinon elle le coulerait. L'ordre, bien entendu, ne fut pas obéi, et le lougre mit le gouvernail à bord. Pell a immédiatement mis son gouvernail dans la direction opposée, ce qui a immédiatement amené l'ennemi vantard et confiant à travers l'écubier du navire HM *Thunder*, et non du navire marchand inoffensif qu'il avait supposé. Le courageux et ingénieux Pell avait maintenant réussi son stratagème et sa manœuvre ; et, saisissant le moment critique, il versa aux Français étonnés le contenu complet du raisin et de la cartouche de quatre fusils ; et, suivi d'une volée de mousqueterie, il se précipita avec ses hommes (qu'il avait jusqu'alors cachés) sur le pont ennemi, et bientôt le drapeau anglais flotta sur le drapeau tricolore. L'ennemi eut quatre hommes tués et dix blessés ; le *Thunder* n'eut que deux blessés. Ce fut une heureuse fin pour la croisière de notre vaillant officier. Le prix s'est avéré être le *Neptune*, de seize canons, avec un effectif de soixante-cinq hommes réellement à bord ; et la capture était importante, car ce navire à voile rapide et bien équipé avait été un grand inconvénient pour notre commerce dans la Manche. Elle a été emmenée à Ramsgate. Mon ami, le capitaine Pell, fut très justement avancé, pour ses nombreux services, au grade de post-capitaine, le premier du mois de novembre suivant.

Arrivé à Londres, le premier Lord de l'Amirauté, Lord Melville, me reçut courtoisement et me complimenta sur ma promotion, qu'il se plaisait à dire que j'avais gagnée par mes services et mon mérite. Je fis remarquer à Sa Seigneurie que la capture importante de la flottille de Corfou, que j'avais obtenue, était inconnue en Angleterre lorsque ma promotion m'avait été donnée, et je lui dis que j'espérais que ce dernier service pourrait me procurer un navire. La réponse de Lord Melville fut, lorsque je pris congé de Sa Seigneurie : « Vous irez à flot, capitaine O'Brien ; nous ne vous garderons pas à terre.

J'ai été accueilli avec une grande joie par tous mes amis ; tandis que mes compagnons de marine me félicitaient de la certitude de recevoir bientôt un commandement éligible. Semaine après semaine, je restais dans la métropole chère, dans l'espoir de trouver un bateau.

Le succès des Américains en mer et la capture du vaillant *Guerrière* , [46] par son adversaire Léviathan, formaient désormais le sujet de conversation publique et privée. J'avais très hâte d'être sur les rives du Nouveau Monde ; mais après avoir écrit à Lord Melville et lui avoir rappelé sa promesse, j'ai reçu une réponse officielle : « Que j'ai été retenu pour examen *à une occasion opportune* .

Il était clair que de longues vacances m'attendaient, alors en passant en Irlande, j'ai eu le bonheur céleste d'embrasser mes honorés et bien-aimés parents, venus dans la métropole irlandaise pour me recevoir. Que personne ne sous-estime le bonheur de la vie qui a ressenti la joie d'embrasser ses parents, après une longue et douloureuse absence, au cours de laquelle il a beaucoup souffert, et qui a également eu la chance de jouer un rôle distingué en participant à des services publics honorables.

Au cours de l'automne 1814, je fus atteint de fièvre, maladie commune à la baie de Dublin, et j'étais en convalescence lorsque je reçus une lettre officielle bienvenue et inattendue de l'Amirauté, me priant de me rendre immédiatement à Londres.

Je me rendis immédiatement à Londres, mais, à la suite d'un voyage bruyant et désagréable, j'ai eu une rechute de la maladie. Cependant, dès que j'en fus à la hauteur, je vis M. Hay, le secrétaire particulier du Premier Lord de l'Amirauté, qui me reçut très gentiment ; et l'entretien se termina par sa demande de quitter mon adresse à Londres, car le Premier Lord avait l'intention de me donner un navire.

Je remerciai beaucoup M. Hay de ce renseignement et pris congé en lui déclarant que j'étais alité depuis quinze jours et que c'était ma première tentative de déménager.

Jour après jour, je passais dans des inquiétudes fébriles en attendant l'arrivée de la lettre me nommant à un commandement. Des jours, des semaines, des mois et, je puis dire, des années se sont écoulés sans qu'une telle lettre ne soit reçue.

Malheureusement pour moi, Napoléon était tombé six mois auparavant, et l'on parlait désormais de paix avec l'Amérique ; à cela j'attribue principalement la négligence de mes demandes incessantes et anxieuses d'être employé. La réponse était toujours : « J'ai été retenu pour examen à une occasion opportune » ; mais on y ajouta peu après la malheureuse nouvelle, «

qu'il n'était pas prévu pour le moment de mettre d'autres navires en service ».

J'avais assisté à mon dernier service de guerre et je peux maintenant conclure mon récit.

Quelles qu'aient pu être les circonstances de ma captivité, les aventures douloureuses que j'étais destiné à endurer et les innombrables incidents variés qui ont pesé sur mon destin mouvementé, j'espère qu'une chose est évidente pour le lecteur : que l'honneur du L'empire britannique, avec le caractère du service naval, a toujours été au premier plan dans mon esprit : j'ai toujours servi loyalement...

Le drapeau qui a bravé mille ans
La bataille et la brise.

FINI

ANNEXE

Une copie de CELUI DE M. ARCHIBALD BARKLIMORE *Lettre au* capitaine DH O'BRIEN , *à son arrivée en Angleterre* .

14 rue Dean, Soho ,

MON CHER O'BRIEN , je m'empresse, sachant combien vous serez impatient d'avoir des nouvelles de votre ancien compagnon de voyage et codétenu, de vous informer de mon arrivée saine et sauve à Londres, où j'ai été reçu et accueilli par de nombreux amis, ainsi que si j'avais réellement été une créature ressuscitée de l'autre monde.

Quand je regarde maintenant autour de moi et vois les visages joyeux du peuple de la vieille Angleterre, béni en sécurité sous un gouvernement paternel et juste, je ne peux m'empêcher de les contraster avec les visages maigres et sordides de ceux que nous avons laissés derrière nous, gémissant sous la tyrannie. d'un usurpateur. Je ne peux pas non plus, mon cher ami, vous cacher que je ressens en moi quelque chose qui proclame à haute voix la grande supériorité de la nation britannique et qui ne me fait plus m'étonner que ses fils, avec leur esprit audacieux, franchissent les prisons, les verrous. , et les bars, et vole pour protéger une maison si sacrée ! Oublierai-je jamais nos exploits à escalader les remparts, échappant à la vigilance des sentinelles et des gardes, et tous les paysages de l'épaisseur d'un cheveu que nous avons dû rencontrer, depuis le moment où nous avons quitté la forteresse de Bitche, jusqu'à ce que vous ayez été hissé sur une chaise. , avec ton bras handicapé (que je crains que tu ne perdes), à bord de l' *Amphion* ? Cela, mon bon ami, a été un conflit grave et que je n'oublierai jamais. C'était la première fois que je mettais le pied à bord d'un bateau de guerre britannique ; et il me faudra, je l'espère, beaucoup de temps avant que je me porte de nouveau volontaire pour faire une croisière sur la côte ennemie, en tout cas sur la côte de Dalmatie.

Une circonstance très remarquable s'est produite depuis que vous et moi nous sommes séparés, et ressemblerait plus à ces contes de romans contre nature dont nous lisons dans les romans, qu'à quelque chose de fondé en vérité incontestable. Vous devez vous rappeler la situation misérable et dénuée dans laquelle se trouvait notre malheureux compagnon, le pauvre Batley, lorsque nous avons été contraints de le laisser à Rastadt : eh bien, il a été de nouveau arrêté dans le Wurtemberg et enfermé étroitement dans une prison ; d'où, après quelques semaines, il eut la chance de déjouer ses gardiens et de s'enfuir. Les fonds du pauvre garçon étaient maintenant presque épuisés, et il lui restait peu ou pas d'espoir de réussir un jour. Dans cet état désespéré, tout à fait découragé et accablé d'angoisse, son aspect singulier -

vous savez quel grand, maigre et pauvre être «gros Jack» était - attira l'attention d'une dame qui mourait à ce moment-là. la route. Son air bienveillant lui donnait du courage ; il s'avança et l'aborda de la meilleure manière - car Jack avait les manières et l'adresse d'un gentleman - lui expliqua franchement qui il était et sa situation déplorable, et la supplia sincèrement de l'aider à poursuivre son voyage à Trieste. Heureusement pour lui, cette dame s'est avérée être l'épouse d'un officier de l'époque de l'armée britannique. Elle entra pleinement dans son état de détresse, lui procura les moyens qui lui permirent d'atteindre Vienne ; de là il se rendit à Trieste, où il trouva votre vieux navire *Amphion* prêt à naviguer pour Malte, et y arriva seulement, dit-il, quelques minutes avant que l'honnête Hewson et vous ayez quitté Malte sur le *Leonidas*, pour rejoindre Lord Collingwood.

Le navire dans lequel j'étais touché à Gibraltar ; et en débarquant là-bas, la première personne que je rencontrai fut mon ami Batley, perdu depuis longtemps : jamais deux personnes ne furent plus surprises et plus heureuses de se revoir. Il quitta immédiatement son navire et engagea un passage sur le même navire que moi, et nous arrivâmes ensemble sains et saufs en Angleterre.

Je reste, mon cher O'Brien,

Votre sincère ami,
(Signé) ARCHD. BARKLIMORE.

2 avril 1809.

Imprimé par R. & R. CLARK, LIMITED, *Édimbourg*.

NOTES DE BAS DE PAGE :

[1] Les porteurs les plus célèbres du nom étaient Donogh O'Brien, roi de Thomond (1208-1244), et Earl Donough O'Brien (1577-1624), l'un des rares loyalistes irlandais de la reine Elizabeth et un combattant remarquable en elle. au nom de.

[2] L'un des navires s'est rendu au Texel en 1799.

[3] Je crois ici qu'il est de mon devoir de déclarer que, pour les bateaux que nous avons saisis aux pauvres pêcheurs, des lettres de change ont été remises au gouvernement anglais pour le montant total de leur valeur.

[4] Pointe St. Mathieu, à gauche en entrant dans Brest.

[5] La marche est la partie du mât qui se fixe dans le bateau ; l'attache avant, la corde par laquelle la voile d'avant est hissée.

[6] Il s'est enfui, par la suite, avec quelques autres officiers de marine, de Bitche.

[7] Il s'agit probablement du *préfet maritime de Brest ;* le ministre de la Marine serait bien entendu à Paris.

[8] Dans l'intéressante *Autobiographie* de Sir Jahleel Brenton, le lecteur peut trouver un long récit de la misère qui prévaut parmi les prisonniers britanniques à Givet et des efforts qu'il a déployés pour obtenir réparation de leurs griefs.

[9] Il mourut à Port-Mahon le 25 juillet 1811, après avoir été mortellement blessé le 28 juin, jour de la prise de Tarragone par le maréchal Suchet.

[10] Ils obligeaient les aspirants, bien que leurs officiers en fussent responsables, à assister à deux *appels* ou rassemblements *journaliers* ; le fait de ne pas se présenter à l'heure exacte était autrefois une amende de trois livres (2 shillings 6 d.), mais ensuite les contrevenants étaient envoyés à Sarrelouis ou à Bitche, les dépôts du supplice.

[11] Cette commune est située au bord de la rivière Serre, en Picardie. On a appris depuis qu'elle est réputée pour ses manufactures de serges.

[12] Ashworth et Tuthill, comme nous le verrons, ont été repris par les *gendarmes* presque immédiatement. Ils furent envoyés à Bitche et y partageèrent la captivité d'O'Brien. Finalement, ils s'enfuirent, mais pas en compagnie de notre héros, et se dirigèrent, comme lui, vers Trieste, où ils atteignirent un navire anglais.

[13] Certainement pas Zurich, qui se trouve à plus de cinquante kilomètres de là, avec quelques hauteurs entre les deux. Peut-être qu'O'Brien veut dire Schaffhouse.

[14] Le Überlinger See, ou bras nord du Boden See fourchu.

[15] La géographie politique d'O'Brien est ici complètement fausse. Constance et sa destination, Meersburg, se trouvaient sur le territoire badois. Il n'y a donc eu aucune difficulté à la frontière, ni aucune demande de passeport. Il franchit véritablement les frontières du Wurtemberg et de la Bavière sans le savoir, lors de sa marche nocturne entre Meersburg et Lindau.

[16] Géographie erronée. Meersburg, la ville vers laquelle le ferry partait de Constance, se trouve toujours à Baden.

[17] Probablement Fischbach dans le Wurtemberg, à sept milles à l'est de Meersburg. O'Brien a dû échapper au garde-frontière sans le savoir.

[18] Ce serait Nonnenhorn, à quatre milles à l'ouest de Lindau, au bord du lac.

[19] Mais avant de quitter la présence du commandant, je pris la liberté de l'assurer que, même si j'étais renvoyé en France, j'étais sûr que, par la bénédiction de Dieu, j'effectuerais de nouveau mon évasion, et dans lequel Dans ce cas, je lui écrirais et l'informerais de mon succès. C'est ce que j'ai finalement fait depuis Trieste. Je me souviens avoir raconté cette anecdote à Lord Collingwood à sa table à bord de l' *Océan*, son navire amiral, au large de Toulon, et dont il parut très satisfait.

[20] Il s'agit évidemment d'un bordereau pour Munich, auquel la demande serait envoyée. Ulm se trouve dans le Wurtemberg, pas en Bavière.

[21] Il s'agissait probablement de la ville de Stockach.

[22] Cette petite ville avait beaucoup souffert de l'incendie et avait récemment été entièrement reconstruite. Elle est située sur le Danube, à trente-trois milles au nord-ouest de Constance.

[23] C'est celui que j'ai cité comme exception, avec le bon geôlier d'Arras, à tous les autres que j'ai rencontrés en France.

[24] Dans la guerre franco-allemande de 1870-1871, Bitche était encore si forte, même contre l'artillerie moderne, qu'elle se maintint longtemps après la chute de Strasbourg, Metz et de toutes les autres forteresses orientales et fut, avec Belfort, le seul endroit où une défense vraiment longue et obstinée a été faite.

[25] Pour un texte complet des débats de cette cour martiale, le lecteur peut consulter le récit de M. Ashworth sur ses aventures, publié dans les numéros 28, 31, 33 du *Naval Chronicle* .

[26] Apparemment Lauterbourg.

[27] Batley était destiné à s'échapper. Pour les détails de ses aventures, voir la lettre de Barklimore en annexe A.

[28] Il est impossible de dire ce que O'Brien veut dire par là. Le prince héréditaire de Bade, bien que très favorisé par Napoléon et marié à Stéphanie Beauharnais, sa fille adoptive, ne fut jamais fait roi.

[29] Pape, dans « Essai sur l'homme ».

[30] O'Brien fait allusion à la campagne de Wagram, alors seulement six mois plus tard.

[31] La dernière extension sauvage du système continental par Napoléon prévoyait qu'un navire neutre devait être considéré comme une bonne prise s'il avait visité un port britannique, ou même s'il avait été fouillé par un croiseur britannique.

[32] Ce certificat, je l'ai toujours avec moi. Il m'a été donné par le lieutenant. Henry T. Lutwidge, notre sous-lieutenant, digne officier, à Verdun, le 21 février 1807, et maintenant commandant.

[33] En novembre 1808, date du séjour d'O'Brien à Trieste, toutes les rives orientales de l'Adriatique étaient territoire français à l'exception des petites bandes de terre autour de Trieste et de Fiume, qui étaient autrichiennes. La Dalmatie et l'Istrie, comme les autres anciens domaines de Venise, avaient été annexées au royaume d'Italie de Napoléon. En 1809, l'Empereur s'appropria également Trieste et Fiume, après sa victoire sur l'Autriche à Wagram. Ainsi O'Brien, un an plus tard, aurait trouvé Trieste française.

[34] Pour cette blessure très grave, je n'ai jamais reçu de pension, car elle n'était pas considérée comme équivalente à la perte d'un membre, lorsque j'ai été inspecté par ordre des Lords de l'Amirauté en mai 1817 ; et pourtant quelle est la différence entre la perte d'un membre et la perte de l'usage d'un membre ?

[35] *C'est-à-dire que* l'escadre méditerranéenne, alors commandée par Lord Collingwood, s'engagea dans le blocus de Toulon.

[36] Il parut que le brigadier de *gendarmerie* avait été invité par eux à prendre part à leur dîner, le jour même où ma lettre était arrivée. Il remit à Tuthill *cette* lettre, disant que ce n'était pas une lettre anglaise mais allemande et,

contrairement à l'usage habituel, il n'en brisa pas le sceau ni ne l'inspecta : bien sûr, elle ne fut lue qu'après le dîner, et après qu'il l'eut lu. défunt.

[37] Tiré du récit d'Ashworth dans le *Naval Chronicle* , vol. xxviii., il semble que lui, avec Tuthill, Brine et deux autres, se soient échappés le 8 décembre 1808, au moyen d'une corde tout aussi semblable à celle qu'O'Brien avait employée. Ils sont repartis sains et saufs et ont atteint Trieste en février.

[38] Le lecteur trouvera dans le vol. v. de James's *Naval History,* de nombreux extraits similaires de cette même source.

[39] Pour se rendre compte de la disparité des forces, il suffit de donner la liste des deux escadrons :

FRANCO-ITALIEN.

[Les trois premiers navires appartenaient à la marine française, les autres à la marine italienne.]

Préféré   40 armes à feu Commodore B. Dubourdieu.

Flore   40   »   Capitaine J. Alexandre Péridier.

*Danaé_*   40   »   ?   ?   ?   ?

Couronne 40   »   Capitaine Paschaligo.

Bellone   32   »   Capitaine Duodo.

Caroline 32   »   Capitaine Palicuccia.

Avec le brick *Mercurio* (16 canons), une goélette de 10 canons, un xebek de 6 canons et deux canonnières.

BRITANIQUE.

Amphion 32 armes à feu Commodore William Hoste.

Actif   38   »   Capitaine JA Gordon.

Cerbère 32   »   Capitaine Henry Whitley.

Volage   22   »   Capitaine Phipps Hornby.

En excluant les petits navires, l'ennemi disposait de 224 canons, les Britanniques de 124 !

[40] Cette phrase de vingt lignes mérite d'être notée comme étant peut-être la plus longue de la littérature anglaise moderne.

[41] Pour rendre justice à un intrépide gaulois fils de Neptune, qui suscitait l'admiration générale, je dois dire qu'au moment où la *Flore* faisait l'effort de monter à bord de l' *Amphion* , un matelot apparut debout sur son avant-bras, tenant un feu. -un grappin prêt à être lancé sur nos ponts ; il ne quitta pas non plus sa position périlleuse jusqu'à ce qu'il soit délogé par notre mousqueterie, après que plusieurs balles eurent touché le grappin, lorsqu'il le jeta, mais, étant trop loin, sans effet, et se précipitant vers la vergue opposée, il sauta par-dessus bord. Nous ne pourrons jamais connaître le sort ultime de cet homme héroïque, mais je crains qu'il n'ait péri.

[42] Les armes sont à double coup.

[43] Cette lettre que le capitaine Hoste a ensuite transmise, sous pavillon de trêve, au capitaine du *Flore* , à laquelle une réponse a été écrite par le capitaine du *Danaë* , constatant l'impossibilité de M. Péridier de répondre à cause de sa blessure. , et niant que le *Flore* ait frappé ; mais le capitaine *du Danaë* , comme honteux de son nom, envoya sa lettre sans signature.

[44] Voir annexe n° II.

[45] Il s'agit de l'aspirant qui a réalisé le croquis à partir duquel est reproduite l'illustration en regard de la page 314.

[46] Capturée par la *Constitution* , le 19 août 1812. La frégate américaine était décidément un navire plus grand et plus solide, mais à peine assez pour justifier qu'O'Brien la qualifie de « léviathan ».

9 789359 941844